Jan Dieren

—

Hegels Rechtsphilosophie und die Europäische Union

EPISTEMATA

WÜRZBURGER WISSENSCHAFTLICHE SCHRIFTEN

Reihe Philosophie

Band 613 — 2024

Jan Dieren

Hegels Rechtsphilosophie und die Europäische Union

Königshausen & Neumann

Bibliografische Information der Deutschen Nationalbibliothek

Die Deutsche Nationalbibliothek verzeichnet diese Publikation in der Deutschen Nationalbibliografie; detaillierte bibliografische Daten sind im Internet über http://dnb.d-nb.de abrufbar.

Gedruckt auf säurefreiem, alterungsbeständigem Papier
Umschlag: skh-softics / coverart

Printed in Germany

ISBN 978-3-8260-6941-3
eISBN 978-3-8260-8904-6

www.koenigshausen-neumann.de
www.ebook.de
www.buchhandel.de
www.buchkatalog.de

Vorwort

Vor mehr als fünf Jahren habe ich die folgenden Überlegungen bei der Philosophischen Fakultät der Ruhr-Universität Bochum als Masterarbeit eingereicht. Schon damals habe ich eine Veröffentlichung in Betracht gezogen. Andere Dinge haben dann meine Aufmerksamkeit auf sich gezogen und die Masterarbeit in Vergessenheit geraten lassen. Durch freundliche Erinnerung des Verlegers ist das Projekt einer Veröffentlichung nun wieder aufgetaucht.

Wie das häufig so ist, blicke ich nun mit anderen Augen auf das, was ich vor einigen Jahren schrieb. Einen Anteil daran hat die sich aus dem Zweck der Arbeit ergebende Beschränkung. Auch mit Rücksicht darauf würde ich heute jedoch andere Schwerpunkte setzen, manches anders sehen, vieles anders schreiben. Mein damaliges Erkenntnisinteresse eines klareren Begriffs der Europäischen Union – und der Entwicklung der heutigen Staaten – hat sich hingegen nicht überholt. Eine Überarbeitung, die dem einen angemessenen Ausdruck verschaffen könnte, liefe aber auf einen neuen Text hinaus. Die Veröffentlichung der Arbeit erfolgt deshalb im Wesentlichen unverändert, mitsamt allen Unzulänglichkeiten des damaligen Studienergebnisses, und dient in erster Linie seiner Dokumentation. Bis auf einige wenige Literaturverweise sind jüngere Entwicklungen in Wissenschaft und Wirklichkeit nicht berücksichtigt.

Mein herzlicher Dank gilt Annette Sell, die das Erstellen meiner Masterarbeit als Professorin betreute. Mit ihrem philosophischen und kollegialen Rat hat sie die Arbeit selbst und ihre Veröffentlichung sehr gefördert. Weiterer Dank gebührt meinen Freunden und Kommilitonen Christoph Hövel, Yoonoh Kye und Steffen Münter sowie zu guter Letzt Markus Gante, der an der nun erfolgten Veröffentlichung entscheidenden Anteil hatte.

Moers, im April 2024 Jan Dieren

...denn alles, was entsteht,
Ist wert, dass es zugrunde geht.

Goethe, Faust I

Inhaltsverzeichnis

I.
Einleitung

Gesprochen wird dieser Tage viel über die Europäische Union; den Eindruck, dass dem ein klarer Begriff von ihr zugrunde liegt, gewinnt man dabei selten. Zwar finden sich Beschreibungen der Europäischen Union, ihrer Institutionen und Organisationen zuhauf und wir lesen tagtäglich von den unterschiedlichsten Auswirkungen der Europäischen Union auf unser aller Leben. Diese Beschreibungen beschäftigen sich allerdings sämtlich mit der empirischen Existenz und den empirischen Auswirkungen der Europäischen Union; sie versuchen meist gar nicht erst, sie zu begreifen. Auch unter Jurist:innen, deren Metier es ist, das Wesen rechtlicher Institutionen zu ergründen, fehlt es an begrifflicher Klarheit, wenn es um die Europäische Union geht.

Daher will ich im Folgenden unter Rückgriff auf Hegels Rechtsphilosophie einen Beitrag zu einem klareren Begriff der Europäischen Union leisten. Ich vertrete die These, dass Hegels Philosophie nur auf den ersten Blick grundsätzlich ungeeignet scheint, überstaatliche Zusammenhänge wie die Europäische Union zu begreifen. Zwar verneint Hegel in seiner Rechtsphilosophie die Wirklichkeit solcher Zusammenhänge, doch lassen sich seine systematischen Überlegungen für ihr Verständnis fruchtbar machen.

Mit Hegel will ich mich im Folgenden mit einem Denker an das Begreifen der Europäischen Union machen, dem die Philosophie das Wissen ist, „welches sich mit der Erkenntniß des festen Maßes und *Allgemeinem* in dem Meere der empirischen Einzelnheiten, und des *Nothwendigen*, der *Gesetze* in der scheinbaren Unordnung der unendlichen Menge des Zufälligen beschäftigt, und damit zugleich seinen *Inhalt* aus dem *eigenen* Anschauen und Wahrnehmen des Aeußern und Innern, aus der *präsenten* Natur, wie aus dem *präsenten* Geiste und der Brust des Menschen genommen hat.“[1] Diese Haltung im Denken

1 *Enzyklopädie (1830)*, GW 20, S. 46.

scheint die besten Voraussetzungen zu bieten, sich mit dem Meer der empirischen Einzelheiten, die uns über die Europäische Union vorliegen, auseinanderzusetzen. Dazu ist Hegel nicht nur ein Philosoph aus Europa, sondern auch seine Philosophie eine zutiefst europäische.[2] Auf Hegel zurückzugreifen, um einen Begriff der Europäischen Union zu erarbeiten, verspricht also viel;[3] „obwohl" – oder gerade weil – „Hegel *nicht* in die Geschichte der europäischen Einigungsbewegung gehört, keinen gemeinsamen europäischen Staat forderte und auch den Krieg innerhalb und außerhalb Europas nicht für endgültig überwindbar hielt."[4] Nichtsdestotrotz finden sich unter den Auseinandersetzungen mit der Hegelschen *Rechtsphilosophie* nur recht spärlich solche, die sich auf dieser Grundlage mehr als nebensächlich mit der Europäischen Union befassen.[5] Diejenigen aber, die sich eingehender mit Hegels Verhältnis zu Europa befassen, dienen mehr als Beispiel, aufzuzeigen, was im Folgenden nicht bezweckt wird. Wir wollen uns, um unser Anliegen genauer zu fassen, kurz mit vieren von ihnen aufhalten.

---

2 Was ihm nicht selten den Vorwurf des Eurozentrismus eingebracht hat – den Hegel vermutlich nicht einmal von sich weisen würde; vgl. bspw. Innerarity, Daniel: Hegels Idee von Europa, in *Zeitschrift für philosophische Forschung*. Bd. 46, Jg. 1992, S. 381–394, hier S. 381: „Es hat tatsachlich in der Neuzeit keinen so eurozentrischen Denker gegeben wie Hegel." Und auch Siep spricht vom „Eurozentrismus" Hegels (vgl. Siep, Ludwig: *Hegel und Europa*, Paderborn et al.: Schöningh, 2003, S. 6) und hält fest: „Hegels Geschichtsverständnis ist ohne Zweifel eurozentrisch." (Ebd., S. 8.) Allerdings spielt der „Begriff Europas [...] in den von Hegel selber veröffentlichten Werken keine zentrale Rolle." (Ebd., S. 6.) Vgl. ebenfalls Pinkard, Terry: *Does History Make Sense? Hegel on the Historical Shapes of Justice*, London: Cambridge MA, 2017, S. 50–67; Stone, Alison: Hegel and Colonialism, in: *Hegel Bulletin*, Bd. 41 (2), S. 247–270; James, Daniel/Knappik, Franz: Exploring the Metaphysics of Hegel's Racism: The Teleology of the 'Concept' and the Taxonomy of Races, in *Hegel Bulletin*, Bd. 44 (1), S. 1–28.

3 Für einen frühen Versuch dafür vgl. schon Bülck, Hartwig: Bandbreite Europa, in: Forsthoff, Ernst/Hörstel, Reinhard (Hg.): *Standorte im Zeitstrom. Festschrift für Arnold Gehlen zum 70. Geburtstag*, Frankfurt (Main): Athenäum, 1974, S. 1–26.

4 Siep, Ludwig: *Hegel und Europa*, Paderborn et al.: Schöningh, 2003, S. 6.

5 Das Verhältnis von Hegels Rechtsphilosophie zu den Verfassungsentwicklungen Europas seiner Gegenwart zu bestimmen versucht ein Sammelband: Lucas, Hans-Christian/Pöggeler, Otto (Hg.): *Hegels Rechtsphilosophie im Zusammenhang der europäischen Verfassungsgeschichte*, Stuttgart: frommann-holzboog, 1986.

Koschorke geht davon aus, dass es für eine Einigung Europas auf ein zusammenhaltendes „geistiges Element“[6] ankomme, stellt sich die Frage, warum es keine einigende europäische Erzählung gebe und will im Vergleich Preußens an der Wende zum 19. mit Europa an der Wende zum 21. Jahrhundert[7] die Bedingungen untersuchen, „die eine Wiederauflage von Hegels grandiosem geschichtsphilosophischen Epos heute nicht zulassen“.[8] Neben allen philosophische Entwicklung verunmöglichenden Voraussetzungen[9] bringt Koschorke sein Vorhaben, den Vergleich zwischen Hegels Rechts- und Geschichtsphilosophie und den „Erzählungen“ der Gegenwart zu ziehen, gleich zu Fall, indem er die Erstere als eine ebensolche Erzählung versteht, deren Zweck die Einigung Preußens gewesen sei.[10] Eine solche einigende Erzählung sucht er nun auch für das Europa der Gegenwart. Auf seiner Suche nach diesem „geistigen Element“ geht Koschorke durchaus kritisch vor, untersucht zuerst das Bestehen und Nicht-Bestehen von Erzählungen über Europa im Verlaufe der Zeit[11] und erkennt an, dass eine affirmative Bezugnahme auf Europa aufgrund der dort und von dort aus stattgefunden habenden Geschichte nicht ganz problemlos möglich sei[12] und kommt zum Schluss: „Es ist weder wünschenswert noch wahrscheinlich, dass Europa eine Zukunft als Großnation vor sich hat.“[13] Nichtsdestotrotz will er an der „Utopie eines in Frieden geeinten, demokratisch und sozialstaatlich verfassten Kontinents“[14] festhalten und wünscht sich zu diesem Zweck eine Europa-Erzählung des

6 Koschorke, Albrecht: *Hegel und wir*, Berlin: Suhrkamp, 2015, S. 23.

7 Vgl. ebd., S. 23ff.

8 Ebd., S. 147.

9 So präsentiert er gleich zu Beginn einen geistlosen, beinahe geistlichen Idealismus, indem er davon spricht, es seien „frei schwebende Ideen“ und deren „machttechnische Implementierung“ die „beiden Erscheinungsweisen sozialer Energie“ (ebd., S. 21), und verliert sich in begrifflichem Wirrwarr, wenn er von „kontrakten Gedankengebäuden“ – in denen sehr viel Bedeutung zusammengezogen sei – spricht, die als „kulturelle Energiespeicher“ (S. 133) anzusehen seien, von denen Hegel ein „Musterbeispiel“ (S. 134) abgebe.

10 Vgl. ebd., S. 172ff.

11 Vgl. ebd., S. 148ff.

12 Vgl. ebd., S. 189ff.

13 Ebd., S. 218.

14 Ebd., S. 215. – Bei einem Literaturwissenschaftler würde man vermuten, er wüsste die Metonymie geschickter einzusetzen.

Friedens und Pluralismus,[15] die, um eine integrierende Funktion erfüllen zu können, unscharf bleiben müsse.[16] Ziel sei dabei nicht, „dem vielstimmigen Konzert der in und über Europa zirkulierenden Erzählungen ein großes Einheitsnarrativ überzustülpen“,[17] sondern diese Vielstimmigkeit stehenzulassen für ein Europa „als weltoffenes, abgrenzungsschwaches, unfertiges Zukunftsprojekt“,[18] das als weltgeschichtlich Handelndes in den Hintergrund rückt und in erster Linie als Objekt der Erinnerung dient.[19] Diese vielstimmige Erzählung herzustellen, schlägt Koschorke vor, eine gemeinsame europäische Öffentlichkeit, eine gemeinsame Hoch- und Schulpolitik zu etablieren und dergleichen mehr.[20]

Nicht bloß mit einer Erzählung über Europa, sondern mit diesem selbst immerhin setzt sich Weiss auseinander.[21] Ausgehend von der Feststellung, dass es nicht einfach sei zu bestimmen, was Europa sei,[22] und vor dem Hintergrund der Hegelschen Geschichtsphilosophie, die er als Deutung der Geschichte als „Prozess der Selbsterkenntnis der Menschheit“[23] begreift, geht es Weiss darum, mit Hegel etwas spezifisch Europäisches in der Geschichte Europas zu erblicken.[24] Er findet dies sodann im „europäischen Geist“ – und damit in einem Begriff, der in Hothos Nachschrift über die Vorlesungen zur Geschichtsphilosophie nicht einmal auftaucht. Hegel spricht dort zwar über die „europaische Welt, deren höchstes Prinzip das Wißen des Geistes von seiner

15 Vgl. ebd., S. 199.

16 Vgl. ebd., S. 206.

17 Ebd., S. 223.

18 Ebd., S. 224. – Auch hier erweckt das „unfertige Zukunftsprojekt“ den Eindruck, der Literaturwissenschaftler schreibe aus Solidarität mit seinen in der Literaturkritik tätigen Kolleg:innen und aus Rücksicht auf deren Arbeitsplätze.

19 Vgl. ebd.

20 Vgl. ebd., S. 216f.

21 Weiss, Leonhard: *Hegels Geschichtsphilosophie und das moderne Europa*, Münster et al.: LIT, 2012; vgl. schon ders.: *G.W.F. Hegels Geschichtsphilosophie in ihrer Relevanz für ein Verständnis des modernen Europa*, Wien: Diss, 2010.

22 Vgl. Weiss, Leonhard: *Hegels Geschichtsphilosophie und das moderne Europa*, Münster et al.: LIT, 2012, S. 9.

23 Ebd., S. 15.

24 Vgl. ebd., S. 31ff.

Tiefe ist“[25] und vom „Volksgeist“;[26] sagt, „der Geist eines Volks ist also ein bestimmter Geist“[27] – aber von einem „europäischen Geist“ ist bloß die Rede an zwei Stellen im editorischen Zusatz der Theorie-Werkausgabe der *Enzyklopädie*.[28] Darum weiß Weiss, was ihn aber nicht hindert, im Folgenden weiter mit dem Begriff des „europäischen Geistes“ zu hantieren[29] und zum Schluss seiner Betrachtungen der Geschichte Europas als Entwicklung des „europäischen Geistes“ mit der Frage zu schließen, ob sich aus diesem „europäischen Geist“ „nicht auch die Forderung nach einer gemeinsamen politischen Verfassung der europäischen Völker erheben“ ließe.[30]

Auch Sinai will sich von einem philosophischen Standpunkt und mit Hegel mit Europa beschäftigen, da „the philosophical model of foundation and justification, of mutual recognition, of reason-giving and – ascribing, etc., is characteristic of and a essential to the identity of

25 Vorlesungen über die Philosophie der Weltgeschichte, Nachschrift Hotho, GW 27.1, S. 35.

26 Ebd., S. 40.

27 Ebd., S. 39.

28 TWA 10, S. 62 und f. – Ähnliche Formulierungen lassen sich bei Hegel allerdings durchaus ausmachen. Es finden sich bspw. in einer Rezension aus den *Jahrbüchern für wissenschaftliche Kritik* die Formulierungen „europäischen Vorstellungen“, (TWA 11, S. 132) „unsere europäische Vorstellungsweise“ (S. 186) und „die europäische Vorstellung“ (S. 188), wobei es hier meist um die Empfänglichkeit von Menschen in Europa für Literatur und Ideen aus Indien geht. In den Vorlesungen über die Geschichte der Philosophie findet sich die Formulierung „der harte, europäische Verstand“ (TWA 18, S. 169) und direkt darauf eine Stelle, aus der ein „europäischer Geist“ noch am ehesten hergeleitet werden könnte: „Die germanische Gedrungenheit hat es nötig gehabt, durch den harten Dienst der Kirche und des Rechts, die uns von Rom gekommen, hindurchzugehen und in Zucht gehalten zu werden. Erst dadurch ist der europäische Charakter mürbe und fähig gemacht für die Freiheit.“ (Ebd., S. 173.)

29 „Ich benütze an dieser Stelle, wie auch im weiteren Verlauf der Arbeit, diesen Begriff „europäischer Geist“ zur Bezeichnung jenes theoretischen und praktischen Weltverhältnisses und Menschenverständnisses, das, wie Hegels Überlegungen meines Erachtens zeigen, die europäische Geschichte und Kultur, besonders jene der europäischen Moderne, wesentlich bestimmte.“ (Weiss, Leonhard: *G.W.F. Hegels Geschichtsphilosophie in ihrer Relevanz für ein Verständnis des modernen Europa*, Wien: Diss, 2010, S. 48.)

30 Vgl. ebd., S. 194 und ff.

(modern) Europe."[31] Dabei will er nicht bloß die Philosophie überhaupt bemühen, sondern insbesondere Hegel, denn er sei „convinced that the deepest motive of Hegel's philosophy lies in reconstructing European identity."[32] Dies liege an der besonderen Weise, in der Hegel Freiheit begreife, die eben auch die Grundlage der europäischen Identität ausmache.[33] Nach einem Parforceritt durch Hegels dialektische Methode, der mit der Feststellung endet, dass in der Negation das Negierte aufgehoben bleibe,[34] überträgt Sinai diesen Anspruch Hegels nun auf eine „europäische Identität", deren Wesensmerkmal die Vermittlung sei: „The only possible conceptually justifiable European identity consists in the renunciation of any one positively given and fixed identity. We can thus assess the necessity for mediation as the dynamic structure of European identity."[35]

Zuletzt beschäftigt sich auch Siep in seinem Vortrag vor der Nordrhein-Westfälischen Akademie der Wissenschaften von 2003 mit der „Identität" und dem „Bewusstsein" Europas sowie mit deren Krise.[36] Angesichts des „rapide" vorsichgehenden und gerade deswegen beunruhigenden Prozesses der Entstehung der Europäischen Union stellt er sich die Frage, was denn dieses Europa ausmache, dessen Einigung zu beobachten sei.[37] Hegel als „der bis heute bedeutendste Philosoph der europäischen Kulturgeschichte"[38] bietet Siep dabei die geschichtsphilosophische Grundlage, um sich mit der europäischen Geschichte zu beschäftigten, da er „bedeutende Einsichten in die wesentlichen Prinzipien und Werte der europäischen Kultur vermitteln" könne.[39] Auf die

31 Siani, Alberto L.: Hegel and Europe: preliminary considerations, in Arndt, Andreas/Gerhardy, Myriam et al. (Hg.): Hegel-Jahrbuch 2014, Berlin et al.: de Gruyter, 2014, S. 346–350, hier S. 347.

32 Ebd.

33 Vgl. ebd., S. 347f.

34 Vgl. ebd., S. 349: „It ought to be clear that this third moment is in no way a static one. The moment of negation is not simply over and done with; it is preserved and actualised in the result, as indicated by the word Aufheben, ‚sublate'. Hence every truth holds in itself its own negation: truth is to be grasped as a dynamic process, not as an unrevisable statement."

35 Ebd.

36 Siep, Ludwig: *Hegel und Europa*, Paderborn et al.: Schöningh, 2003, S. 5.

37 Vgl. ebd.

38 Ebd., S. 6.

39 Ebd.

kommt es Siep an, denn „die europäische Kultur“, die Ergebnis und Erbe der Geschichte Europas sei, ist, wodurch Europa ein Bewusstsein seiner selbst gewinnen könnte und „ohne die Erhaltung und Aktualisierung dieses Erbes kann Europa sich nicht begreifen und nicht behaupten.“[40] Die Beantwortung der Frage, wogegen Europa sich behaupten soll, überlässt Siep dabei der Interpretation der LeserInnen – gibt aber zum Ende noch einen knappen Hinweis, welche Richtung er dieser Interpretation geben würde.[41] Siep geht dann, um das geschichtliche Erbe Europas und die europäische Kultur zu ergründen, auf die geschichtlichen Epochen ein, die Hegel für Europa darstellt, namentlich die griechische, die römische und die christliche Epoche der europäischen Geschichte.[42] Nachdem er deren Darstellung durch Hegel kurz nachvollzogen hat, kommt er zum Ergebnis, dass sich daraus – und überhaupt aus Hegels Philosophie – hinsichtlich des Prozesses der Entstehung der Europäischen Union wenig gewinnen ließe und „auf die Frage, in welchem Maße sich Europa staatlich integrieren soll, von Hegel aus dem Abstand von zwei Jahrhunderten kein deutlicher Rat zu erhalten“ sei.[43] Dennoch sei Hegels Philosophie hilfreich für „die Frage, welche Bedingungen erfüllt sein müssen, damit Europa ein Staat im vollen Sinne würde“[44] und „für das Problem, welche staatlichen Formen zu einem Gebilde dieser Größe passen angesichts einer Vielzahl unterschiedlicher Sprachen, regionaler Traditionen und religiöser Konfessionen – zunehmend auch islamischer.“[45] Im Ergebnis hält Siep dann fest, dass „die Bürger“ „die Identifikation mit einer kulturellen Gemeinschaft, mit gemeinsamen Verfassungsprinzipien und Staatszielen“ bräuchten,[46] beschreibt eine „politische Kultur“, die dies möglich mache,[47] und hält es schließlich für möglich, eine „Idee organischer Freiheit“ „in einem föderalen Europa“ zu verwirklichen, das „als Ganzes *unter* dem ‚Niveau‘ eines souveränen Einzelstaates bliebe.“[48] Siep geht

40 Ebd., S. 7.
41 Vgl. ebd., S. 19.
42 Vgl. ebd., S. 8ff.
43 Ebd., S. 18.
44 Ebd.
45 Ebd., S. 18f.
46 Ebd., S. 19.
47 Vgl. ebd.
48 Ebd.

es in seinem Vortrag also darum, die europäische Kultur als solche zu bestimmen, um sodann die Europäische Union als dieser Kultur mehr oder weniger angemessen zu bewerten.

Der Blick auf diese vier Beispiele ermöglicht nun eine deutlichere Abgrenzung meines eigenen Projekts. Es geht im Folgenden nicht darum, eine Einheit der Staaten Europas als ein erstrebens- oder wünschenswertes Ziel zu begründen. Es geht mir im Folgenden auch nicht darum, eine vorgängig gegebene Einheit der in Europa lebenden Menschen – einen „europäischen Geist", eine „europäische Kultur" oder Vergleichbares – herbeizuschreiben, hinter dessen Verwirklichung die „unvollendete europäische Einigung" unglücklicherweise zurückbliebe. Überhaupt geht es nicht um das, was sein soll. Stattdessen will ich einen Beitrag dazu leisten, zu begreifen, was die Europäische Union ist. Es geht also darum, einen *Begriff* von ihr zu entwickeln. Diesen Begriff in all seiner Konkretheit zu entfalten, werde ich hier nicht leisten können; die mannigfaltigen Bestimmungen, die dazu nötig wären, das Werden der Europäischen Union in seiner Gesamtheit darzustellen, wären schlicht zu umfangreich. Deshalb beschränke ich mich darauf, die Entwicklung der Europäischen Union in ihren Grundbestimmungen zu skizzieren.

In der Methode dieser Skizze werde ich mich an Hegel anlehnen. Das birgt jedoch einiges an Schwierigkeit. Hegel hat sich in seiner *Rechtsphilosophie* auch mit überstaatlichen Zusammenhängen beschäftigt und dabei recht unmissverständlich klargestellt, dass eine über den Einzelstaaten stehende Institution, die die Einzelstaaten in ihrer Souveränität beschränkt, mit seiner Konzeption von Staat und Sittlichkeit nicht zusammenzubringen ist. Wenn wir also die Europäische Union – von der wir schon vor aller begrifflichen Verständigung immerhin festhalten können, dass sie eine über den Einzelstaaten stehende Institution ist, die die Einzelstaaten in ihrer Souveränität beschränkt – mit Hegel begreifen wollen, scheint das unmittelbar widersprüchlich und bedarf einiger Rechtfertigung.

Ich will also im Folgenden zeigen, dass

1. in Hegels *Rechtsphilosophie* beträchtliche Widersprüche in der Darstellung überstaatlicher Zusammenhänge bestehen und Hegels Beharren auf der Einzelstaatlichkeit seiner eigenen philosophischen Konzeption widerspricht;
2. die Dynamik des Hegelschen Systems der Philosophie über den Einzelstaat hinaustreibt und wir daher Hegels Methode getreu seine Ergebnisse modifizieren und mit Hegel gegen Hegel das Herausbilden überstaatlicher Zusammenhänge begreifen können;
3. die Entwicklungen in der Gegenwart im Allgemeinen und das Werden der Europäischen Union im Besonderen sich vor dem Hintergrund der Hegelschen Philosophie und deren Weiterentwicklung begreifen lassen, sich gar an diesem Beispiel die zweite These bewahrheitet.

Hegel hat seine Rechtsphilosophie in mehreren Vorlesungen ausgeführt und die in den Vorlesungen vorgetragenen Überlegungen systematisch in einem Kompendium, den *Grundlinien der Philosophie des Rechts oder Naturrecht und Staatswissenschaft im Grundrisse*,[49] zusammengefasst. Die *Grundlinien* stellen dabei gewissermaßen eine Begleitlektüre für seine Vorlesungen dar, die Hegel in seinen Vorlesungen – sowohl

49 In Hegels Gegenwart fand eine lebhafte Auseinandersetzung zwischen Vertreter:innen eines Vernunftrechtes auf der einen Seite (bspw. Kant oder Fichte) und Rechtspositivist:innen, die einen zersetzenden und revolutionären Einfluss des Vernunftrechtes erblickten, auf der anderen Seite statt. Mit seiner *Rechtsphilosophie* wendet sich Hegel gegen beide Auffassungen gleichermaßen und versucht zugleich, beide zu umfassen: „Seine [Hegels, JD] Rechtsphilosophie sucht nach einer Durchfahrt zwischen der Scylla des Vernunftrechts und der Charybdis des bloß historischen, aber gleichwohl mit dem Anspruch auf Legitimationskraft auftretenden Rechtsgedankens." (Jaeschke, Walter: *Hegel-Handbuch*, Stuttgart: Metzler, 2010, S. 367. Vgl. auch Hösle, Vittorio: Der Staat, in Jermann, Christoph (Hg.): *Anspruch und Leistung von Hegels Rechtsphilosophie*, Stuttgart: frommann-holzboog, 1987, S. 183–226, hier S. 185f.) Damit „vereinigt und potenziert" Hegel die jeweils darin steckenden Potentiale eines aufklärerischen Rationalismus sowie eines aufklärerischen Historismus; vgl. Klenner, Hermann: Hegels Rechtsphilosophie: Zeitgeist oder Weltgeist?, in: Henrich, Dieter/Horstmann, Rolf Peter (Hg.): *Hegels Philosophie des Rechts*, Stuttgart: Klett-Cotta, 1982, S. 206–222; hier S. 214. Vgl. auch ebd., S. 214f.: „Seine [Hegels, JD] Unterscheidung zwischen ius positivum und ius naturale bedeutet nicht eine Entgegensetzung von vernunftloser Gewalt und gewaltloser Vernunft. In einem Zweifrontenkampf attackiert er sowohl die unhistorischen Naturrechtler als auch die unvernünftigen Historischrechtler." Vgl. auch §258 A.

vor als auch nach dem Erscheinen der *Grundlinien* – noch um einiges ergänzt und angereichert hat.[50] Nach einer knappen Verortung der Rechtsphilosophie in Hegels System der Philosophie[51] widme ich mich in einem kurzen Exkurs Kants politischer Philosophie und seinen Überlegungen zur Möglichkeit eines Völkerbundes oder einer Weltrepublik. Diese Überlegungen stehen Hegels zwar entgegen, bilden für sie jedoch einen wichtigen Bezugspunkt.

Sodann wende ich mich Hegels Konzeption der überstaatlichen Zusammenhänge in seiner Rechtsphilosophie zu und werde einige Widersprüche aufzeigen, die sich aus verschiedenen Entsprechungsverhältnisse zwischen dem Verhältnis der Staaten zueinander zu anderen Teilen der Rechtsphilosophie ergeben, bspw. zum abstrakten Recht sowie zur bürgerlichen Gesellschaft.

Diese Widersprüche in Hegels Konzeption zeigen, um darzulegen, dass die Position Hegels, wonach ein überstaatlicher Zusammenhang, der die Souveränität der Einzelstaaten aufhebt, ausgeschlossen sei, mit seinem philosophischen System im Allgemeinen und seiner Rechtsphilosophie im Besonderen inkonsistent ist. Ausgehend von diesen Widersprüchen werde ich sodann versuchen aufzuzeigen, dass ein überstaatlicher Zusammenhang, der die Souveränität der Einzelstaaten aufhebt, mit der Hegelschen Rechtsphilosophie zwar nicht vereinbar ist, aber dennoch aus ihrer Entwicklung mit Notwendigkeit folgt. Grundlage für diese These ist die Haltung des Hegelschen Systems der Philosophie, die die Wirklichkeit auf den Begriff bringen will. Die Entwicklung der Wirklichkeit aber hat zur Ausbildung solcher überstaatlichen Zusammenhänge geführt. Und sie hat dieses Resultat als Folge der Entwicklung ihrer inneren Gesetzmäßigkeiten – eben der Gesetzmäßigkeiten, die Hegel darzustellen den Anspruch hatte. Ich will also (am Beispiel der Europäischen Union) zeigen, dass Hegel die Gesetzmäßigkeiten, welche der Dynamik der Wirklichkeit zugrunde liegen, die

50 Vgl. Jaeschke, Walter: *Hegel-Handbuch*, Stuttgart: Metzler, 2010 S. 272. Hegel legt der Rechtsphilosophie einiges an Gewicht bei, was sich bspw. daran ablesen lässt, dass er auch in den Semestern, in denen er Vorlesungen über sein gesamtes System hält, mitunter noch zusätzlich über das Naturrecht doziert; vgl. ebd., S. 364.

51 „Denn auch der objektive Geist ist ein […] dem System eingeordnetes Problem und nur in diesem Zusammenhang in seinem Wesensgehalt zu erkennen." (Wenke, Hans: *Hegels Theorie des objektiven Geistes*, Halle (Saale): Niemeyer, 1927, S. 3)

zur Ausbildung die Souveränität der Einzelstaaten aufhebender überstaatlicher Zusammenhängen geführt hat, im Wesentlichen dargestellt hat – und es deshalb auch aus dieser Darstellung der Gesetzmäßigkeiten, Hegels Rechtsphilosophie, folgen muss, dass sich solche Zusammenhänge entwickeln. Zugleich werden wir sehen, dass die tatsächliche Entwicklung dieser Gesetzmäßigkeiten in der Wirklichkeit zu Hegels Gegenwart noch nicht so weit fortgeschritten war, dass Hegel die Ausbildungen solcher überstaatlicher Zusammenhänge als Resultat der von ihm dargestellten Entwicklungen hätte beschreiben können. Schließlich versuche ich im letzten Teil und anknüpfend an die zuvor angestellten Überlegungen, einen Beitrag zu einem Begriff der Europäischen Union zu leisten, der sich aus ihrer Entwicklung ergibt und sie als Ausdruck zugrundeliegender Bewegungen begreift.

II.

Hegels System der Philosophie und die Stellung der Rechtsphilosophie

1. Das Hegelsche System der Philosophie

Die Darstellung des Hegelschen Systems der Philosophie ist zumeist durch eine sich wiederholende Einteilung in drei Seiten bestimmt. Diese wiederkehrende Dreiteilung findet sich auch in der *Enzyklopädie*, in der Hegel einen Überblick über sein philosophisches System gibt. Die hauptsächliche Dreiteilung, nach der sich seine Philosophie im Ganzen darstellen lässt, ist die in Logik, Naturphilosophie und Geistphilosophie. Die *Logik* steht dabei am Anfang und bildet die Grundlegung für alles Folgende; ihr Gegenstand ist die Entwicklung der absoluten Idee, die sich zu ihrem Abschluss in das Dasein entäußert.[52] Es folgt die Naturphilosophie, auf sie die Geistphilosophie. In der Naturphilosophie ist alles Nicht-Geistige Thema, in der Geistphilosophie das Geistige. Oder, genauer: Die Naturphilosophie befasst sich mit dem Dasein, in dem der Geist zwar an sich schon vorhanden, aber noch nicht für sich, d.h. seiner noch nicht bewusst ist.[53] Den Übergang der Natur- zur Geistphilosophie markiert also das Seiner-selbst-bewusst-Werden des Geistes, das wir in der Anthropologie nachvollziehen können. Die Geistphilosophie beginnt dann mit dem seiner selbst bewussten Geist

52 „Aber insofern gesagt wird, daß *Verstand, daß Vernunft in der gegenständlichen Welt ist*, daß der Geist und die Natur *allgemeine Gesetze* habe, nach welchen ihr Leben und ihre Veränderungen sich machen, so wird zugegeben, daß die Denkbestimmungen eben so sehr objectiven Werth und Existenz haben." (GW 21, S. 35)

53 „Der Geist realisiert sich auch in der Natur, aber nur als das Andere des Geistes, als schlafender Geist." (Nachschrift Griesheim, GW 26.3, S. 1405) Es ließe sich dafür argumentieren, dass, während die Naturphilosophie die Umwelt der Menschen als Nicht-Menschliches behandelt (und dadurch das Nicht-Menschliche in den Umkreis des Menschlichen einbezieht), die Geistphilosophie hingegen das Menschliche – im objektiven Geist die gegenüber den einzelnen Menschen verobjektivierten gesellschaftlichen Strukturen, im absoluten Geist die Prozesse, in welchen diese gesellschaftlichen Strukturen ihrer selbst bewusst werden.

(vulgo: Mensch).[54] Die Geistphilosophie ihrerseits unterteilt sich (wie alle drei Teile des Systems) in drei Einteilungen: die Philosophie des subjektiven Geistes, die Philosophie des objektiven Geistes und die des absoluten Geistes. Die Philosophie des subjektiven Geistes befasst sich mit dem Sein des Geistes als Subjekt, wir könnten also sagen: mit der Lebenstätigkeit der individuellen Menschen. Sie umfasst Anthropologie, Phänomenologie und Psychologie. Die Philosophie des objektiven Geistes hingegen befasst sich mit derjenigen Lebenstätigkeit der Menschen, die außerhalb ihrer selbst liegt, ihnen in Institutionen objektiv wird.[55] Dazu gehören das abstrakte oder formale Recht, die Moralität und die Sittlichkeit. Schließlich endet die Philosophie des Geistes in der des absoluten Geistes, in welcher der Geist zu sich kommt. Unter die Philosophie des absoluten Geistes fallen Kunst, Religion und Philosophie.

Was das System der Hegelschen Philosophie von vielen anderen philosophischen Ansätzen trennt, ist, dass Hegel das Ganze als Ganzes zu begreifen versucht.[56] Jeder Teil des Systems steht in einem Verhältnis zu allen anderen Teilen, und indem Hegel in jedem Teil eine Seite des Ganzen zu greifen versucht, versucht er sie *als Teil eines Ganzen* zu

---

54 Vgl. TWA 12, S. 524f.: „[Die Freiheit] ist sogar das, wodurch der Mensch Mensch wird, also das Grundprinzip des Geistes."

55 „Der objektive ist der *überindividuelle, transsubjektive Geist*, das zwei oder mehreren Subjekten bzw. Subjekteinheiten (Familie, Stände, Verbände, Völker usf.) Gemeinsame." (Riedel, Manfred: *Studien zu Hegels Rechtsphilosophie*, Frankfurt (Main): Suhrkamp, 1969, S. 11) „An keiner Stelle jedoch finden wir bei Hegel eine abschließende, vollkommene und erschöpfende begriffliche Formulierung dieses Gehaltes; wir finden keine endgültige Definition des objektiven Geistes. Das liegt in Hegels Philosophie begründet. Die Definition eines Gegenstandes ist die Darstellung seiner Gesamtentwicklung; alles Definieren im engeren Sinne, alles abgrenzende Bestimmen (ὁρίζεσθαι) kann nur einseitig und vorläufig sein und wird durch die logische Eigenbewegung des Gegenstandes selbst, durch seine Dialektik, wieder aufgehoben." (Wenke, Hans: Hegels Theorie des objektiven Geistes, Halle (Saale): Niemeyer, 1926, S. 6)

56 „In Hegel gipfelt (und scheitert) der großangelegte Versuch des Bürgertums, mittels einer Gesamtanalyse der Welt einen Gesellschafts- und Rechtszustand zu konstruieren, in dem der Mensch seine Daseinsbedingungen mittels seiner Vernunft unter seine Herrschaft gebracht hat." (Klenner, Hermann: Hegels Rechtsphilosophie: Zeitgeist oder Weltgeist?, in: Henrich, Dieter/Horstmann, Rolf Peter (Hg.): *Hegels Philosophie des Rechts*, Stuttgart: Klett-Cotta, 1982, S. 206–222; hier S. 214)

begreifen.[57] Das hat zur Folge, dass sich keine strikten Trennungen und Grenzziehungen zwischen den einzelnen Teilen aufmachen lassen, sondern sie sich jeweils auseinander entwickeln oder ineinander übergehen. Die Logik bestimmt sich weiter in die Naturphilosophie, indem sich die absolute Idee in die Natur „frey entläßt"[58] und sich in der Wirklichkeit mit sich selbst vermittelt. Die Natur ist der Geist in seinem Anderssein[59] und die Naturphilosophie geht in die Geistphilosophie über, wie sich die Menschen aus der Natur erheben – ohne ihr je ganz zu entkommen. Und die Philosophie des absoluten Geistes geht an ihrem Ende wieder in die Logik über, da an ihrem Ende die Erkenntnis stehen muss, sich der eigenen Grundlage und Wahrheit bewusst zu werden, „den höchsten Begriff seiner selbst in der logischen Wissenschaft, als dem sich begreiffenden Begriffe"[60] zu finden. Und was für das System im Ganzen, gilt für jeden seiner Teile: sie sind auf unendliche Weise miteinander verwoben.

2. Die Rechtsphilosophie in Hegels System

Wo lässt sich nun Hegels Rechtsphilosophie innerhalb des Ganzen des Systems verorten? Sie fällt zusammen mit der Philosophie des objektiven Geistes. Und daraus lässt sich bereits eine wichtige Verortung ableiten: Auf der einen Seite umfasst die Rechtsphilosophie nicht das Ganze der Geistphilosophie, sondern macht bloß einen Teil derselben

---

57 „Für die Hegelsche Theorie der Begriffsbildung […] ist das Ganze, das Allgemeine Ausgangspunkt und Voraussetzung." (Wenke, Hans: *Hegels Theorie des objektiven Geistes*, Halle (Saale): Niemeyer, 1926, S. 31)

58 Von der Logik in die Naturphilosophie findet allerdings kein Übergang statt: „Diese Bestimmung ist aber nicht ein *Gewordenseyn* und *Uebergang* […]. Die reine Idee, in welcher die Bestimmtheit oder Realität des Begriffes selbst zum Begriffe erhoben ist, ist vielmehr absolute *Befreyung* […]. Das Uebergehen ist also hier vielmehr so zu fassen, daß die Idee sich selbst frey entläßt, ihrer absolut sicher und in sich ruhend." (GW 12, S. 253)

59 „*Geist* is the ‚truth' of nature, not at all ‚other' than nature". (Pippin, Robert: Hegel, Freedom, The Will, in: Siep, Ludwig (Hg.): G.W.F. Hegel: Grundlinien der Philosophie des Rechts, Berlin/Boston: de Gruyter, 4. A. 2017, S. 23–42, hier S. 31) Vgl. auch *Enzyklopädie*, §41.

60 GW 21, S. 253.

aus.[61] Auf der anderen Seite umfasst sie nicht bloß, was wir üblicherweise als Recht betrachten, das formale oder positive Recht.[62] Sie erstreckt sich vielmehr – als Philosophie des objektiven Geistes – über den ganzen Bereich, in dem sich der Geist selbst objektiv wird: „Wenn Hegel die Rechtsphilosophie als die Darstellung der Entwicklung des *objektiven Geistes* betrachtet, möchte er damit zeigen, dass das Recht genau diese vom freien Willen hervorzubringende und hervorgebrachte Welt ist."[63] Das Recht umfasst bei Hegel daher nicht nur das Recht im juristischen Sinne, sondern auch moralische, gesellschaftliche oder ökonomische Institutionen – alles, worin der Geist nicht mehr bloß in Beziehung auf sich selbst da ist, sondern wirklich wird, indem er hervorbringt, was wirklich ist, wirkt:[64] „Die Rechtsinstitutionen werden von Hegel als objektiver Ausdruck der Freiheit des Geistes aufgefasst."[65]

„Der sich wollende Wille ist der Grund alles Rechts und aller Verpflichtung und damit aller Rechtsgesetze, Pflichtengebote und auferlegten Verbindlichkeiten. Die Freiheit des Willens selbst, als solche, ist Prinzip und substantielle Grundlage alles Rechts, ist selbst absolutes, an und für sich ewiges Recht und das höchste, insofern andere, besondere Rechte danebengestellt werden; sie ist sogar das, wodurch der Mensch Mensch wird, also das Grundprinzip des Geistes."[66]

---

61 „Einige der gröbsten Mißverständnisse, welche die *Philosophie des Rechts* verdunkeln, lassen sich einfach dadurch beheben, daß man die Stellung des Werks im Hegelschen System berücksichtigt. Es behandelt nicht die ganze kulturelle Welt; denn das Reich des Rechts ist nur ein Teil des Reichs des Geistes, jener Teil nämlich, den Hegel als den objektiven Geist bezeichnet. Kurzum, es entfaltet oder erörtert nicht die kulturellen Realitäten der Kunst, Religion und Philosophie, in denen sich für Hegel die höchste Wahrheit verkörpert." (Marcuse, Herbert: *Vernunft und Revolution. Hegel und die Entstehung der Gesellschaftstheorie*, Neuwied: Luchterhand, 1962, S. 161)

62 Das Recht ist das „Dasein des freien Willens" (*Enzyklopädie*, §486) und damit „nicht nur als das beschränkte juristische Recht, sondern als das Dasein *aller* Bestimmungen der Freiheit" (ebd.) zu verstehen.

63 Bockenheimer, Eva: *Hegels Familien- und Geschlechtertheorie*, Hamburg: Meiner, 2013, S. 78.

64 Vgl. ebd., S. 78f.

65 Ebd., S. 88.

66 TWA 12, S. 524f.

In der Geistphilosophie geht es wesentlich darum, die Verwirklichung des Geistes *als Geist* begrifflich nachzuvollziehen. Die Verwirklichung des Geistes ist wohl bestmöglich zu verstehen als eine Verwirklichung der Freiheit der Menschen;[67] „*Geist* must be understood as ‚free will'."[68] Die Menschen sind wesentlich freie Lebewesen, sie sind also dazu in der Lage, einen freien Willen zu bilden und auszuüben. Sie werden jedoch geboren – und das gilt für jeden individuellen Menschen so sehr wie für die Gattung als ganze – in Unfreiheit und Abhängigkeit von ihrer Umwelt, der Natur. Aus dieser Abhängigkeit arbeiten sie sich nach und nach heraus und gewinnen dabei an Freiheit.[69] „Yet the attainment of this freedom is not given; it has to be mediated. The history of man is the history of man gaining selfconsciousness through his interaction with the objective world surrounding him. This is education, Bildung; man becomes free. His freedom is not to be found in any legendary state of nature, but evolves precisely out of his effort to dis-

---

67 Vgl. Peperzak, Adriaan: Zur Hegelschen Ethik, in: Henrich, Dieter/ Horstmann, Rolf-Peter (Hg.): *Hegels Philosophie des Rechts*; Stuttgart: Klett-Cotta, 1982, S. 103–131, hier S. 108: „[O]hne Einsicht in den schwierigen und meistens falsch verstandenen Begriff der Freiheit ist ein Wissen von Recht ganz und gar unmöglich."

68 Pippin, Robert: Hegel, Freedom, The Will, in: Siep, Ludwig (Hg.): G.W.F. Hegel: *Grundlinien der Philosophie des Rechts*, Berlin/Boston: de Gruyter, 4. A. 2017, S. 23–42, hier S. 28.

69 Die – bis heute lebhafte – und sich in Extremen bewegende (vgl. Planty-Bonjour, Guy: Vorwort, in: Lucas, Hans-Christina/Pöggeler, Otto: *Hegels Rechtsphilosophie im Zusammenhang der europäischen Verfassungsgeschichte*, Stuttgart: frommann-holzboog, 1986, S. 7–10, hier S. 8) Diskussion darum, ob Hegels Rechtsphilosophie im Wesentlichen eine national-autoritäre (vgl. z.B. Hook, Sidney: Hegel Rehabilitated?, in: Kaufmann, Walter (Hg.): *Hegel's Political Philosophy*, New York: Atherton, 1970, S. 55–70 und Popper, Karl: *The Open Society and Its Enemies. Volume 2: Hegel and Marx*, London/New York: Routledge, 1995, S. 30ff.) oder eine fortschrittliche (Weil, Éric: *Hegel et l'État*, Paris: Vrin, 1950, S. 72ff.) sei, lassen wir hier außen vor und begnügen uns mit einem kurzen Zitat von Eva Bockenheimer zu dieser Frage: „Seit Erscheinen der *Grundlinien* wird darüber diskutiert, ob Hegels Rechtsphilosophie als zutiefst reaktionär oder als erstaunlich revolutionär aufzufassen ist. Weder das eine noch das andere ist aber einseitig der Fall, sondern aufgrund der Hegelschen Methode sind die *Grundlinien* notwendigerweise zugleich *konservativ* und *fortschrittlich*, wodurch sie für die Nachwelt sowohl für reaktionäre wie für revolutionäre Thesen genutzt werden können und auch reichlich genutzt wurden." (Bockenheimer, Eva: *Hegels Familien- und Geschlechtertheorie*, Hamburg: Meiner, 2013, S. 73)

sociate himself from his state of primeval savagery."[70] In den *Grundlinien* vollzieht Hegel diesen Gang der Vermittlung der Freiheit für einen bestimmten Teil, nämlich den objektiven Teil, nach:[71] „The 360 sections of this book can be read as the systematic unfolding and realization of one single notion: the notion of freedom, or of spirit as free."[72] Innerhalb der *Grundlinien* entwickelt sich die Verwirklichung der Freiheit in drei Schritten: der unmittelbare Wille, der reflektierte Wille und beider Einheit, die Sittlichkeit.[73]

---

70 Avineri, Shlomo: *Hegel's Theory of the Modern State*, Cambridge: University Press, 1972, S. 132.

71 „The beginning of the *Encyclopedia* chapter on ‚objective spirit' shows more clearly than the *Grundlinien* that it [the objective spirit, JD] unfolds one side only of the (abstract concept of) free spirit. The unfolding of the other, more theoretical, side is postponed to the final chapter of the *Encyclopedia*, in which the absoluteness of spirit is identified as a contemplative [zweifelhaft] synthesis of both subjective and objective spirit." (Peperzak, Adriaan: *Hegel contra Hegel in His Philosophy of Right: The Contradictions of International Politics*, in: Journal of the History of Philosophy 32, Jg. 1994, S. 241–263, hier S. 242)

72 Ebd. „This mediation, leading man to the consciousness of freedom, is the Central Theme of the *Philosophy of Right*." (Avineri, a.a.O., S. 133) Dass die Freiheit das zentrale Motiv der Freiheit in Hegels Rechtsphilosophie ist, wurde oft missdeutet, und nicht nur von GegnerInnen Hegels; für die im Grunde Hegel Wohlgesinnten mag Marcuse sprechen: „Es ist keine Inkonsequenz im Hegelschen System, daß die individuelle Freiheit so von der dem Allgemeinen übertragenenen Autorität überschattet wird und das Vernünftige schließlich im Gewand der gegebenen Gesellschaftsordnung auftritt. Die offenkundige Inkonsequenz reflektiert die historische Wahrheit und spiegelt den Gang der Antagonismen der individualistischen Gesellschaft, die Freiheit in Notwendigkeit und Vernunft in Autorität verwandelt. Hegels *Philosophie des Rechts* verdankt ihre Bedeutung in hohem Maße der Tatsache, daß ihre Grundbegriffe die Widersprüche dieser Gesellschaft in sich aufnehmen, festhalten und ihnen bis zum bitteren Ende folgen. Das Werk ist soweit reaktionär wie die Gesellschaftsordnung es ist, die es widerspiegelt, und ist soweit fortschrittlich wie jene fortschrittlich ist." (Marcuse, Herbert: *Vernunft und Revolution. Hegel und die Entstehung der Gesellschaftstheorie*, Neuwied: Luchterhand, 1962, S. 161)

73 „The stages of this mediation of the will are as follows: (a) the will as immediate – absolute of formal right; (b) the will reflected – subjective morality; (c) the unity of both – ethical life." (Avineri, a.a.O., S. 133)

Exkurs: Kants politische Philosophie – Weltrepublik oder Völkerbund?

Kant wird, hauptsächlich aufgrund seiner Schrift *Zum ewigen Frieden*, häufig als Vordenker überstaatlicher Organisationen wie der UNO dargestellt.[74] Wenn Kant auch bis heute interessante Überlegungen zu den zwischenstaatlichen Verhältnissen anstellt, springt es doch ins Auge, dass Kant einen Weltstaat für ausgeschlossen hält und deshalb in *Zum ewigen Frieden* bloß für einen globalen Staatenbund[75] argumentiert.[76] Das überrascht, da der sonst auch als „Rigorist" bezeichnete Kant[77] an dieser Stelle offenbar pragmatische Überlegungen seine Argumentation bestimmen lässt: wenn ein Weltstaat, so wünschenswert er auch sein mag, nicht zu realisieren ist, dann ist ein Staatenbund immer noch besser als das Fortdauern des Naturzustandes zwischen den Staaten und damit des beständigen Krieges.[78] Mag diese Abwägung auch zutreffend sein, steht ihr Ergebnis doch in deutlichem Kontrast zu Kants Anspruch, Handlungsmaximen – und auch politische Normen fallen darunter – bloß aus der Vernunft abzuleiten, sodass die einzelne

---

74 Vgl. Röd, Wolfgang: Der Weg der Philosophie, Bd. 2, München: Beck, 1996, S. 172.

75 So zumindest Hegels paraphrasierende Formulierung – bei Kant findet sich kein eindeutiger Begriff; vgl. Lucas, Hans-Christian: „Es giebt keinen Prätor zwischen Staaten." Zu Hegels Kritik an Kants Konzeption, in Kodalle, Klaus-M.: *Der Vernunftfrieden. Kants Entwurf im Widerstreit*, Würzburg: Königshausen & Neumann, 1996, S. 53–60, hier S. 53f.

76 Kant: *Zum ewigen Frieden*, S. 222ff.

77 Schiller, Friedrich: *Über Anmuth und Würde*, in: Sämtliche Werke, Bd. 5, München: Hanser, 3. A. 1962, S. 433–488, hier S. 464f.

78 „Der Kongress unabhängiger Staaten ist die äußerste Annäherung an die vernünftige Idee einer Weltrepublik innerhalb der Grenzen der menschlichen Natur." (Siep, Ludwig: Kant und Hegel über Krieg und Völkerrecht, in: Janssen, Dieter/ Quante, Michael (Hg.): *Gerechter Krieg. Ideengeschichtliche, rechtsphilosophische und ethische Beiträge*, Paderborn: mentis, 2003, S. 100–115, hier S. 107) Dass Kant den Krieg so eindeutig ablehnt, ergibt sich erst im Laufe seines Werkes. Noch wenige Jahre vor dem Verfassen von *Zum ewigen Frieden* sah Kant durchaus dem Fortschritt dienliche Momente in Kriegen. Vgl. Gerhardt, Volker: Eine kritische Theorie der Politik. Über Kants Entwurf „Zum ewigen Frieden", in Kodalle, Klaus-M.: *Der Vernunftfrieden. Kants Entwurf im Widerstreit*, Würzburg: Königshausen & Neumann, 1996, S. 5–20, hier S. 7. Zur historischen Entwicklung der Kantischen politischen Philosophie vgl. auch Cavallar, Georg: Kant's Society of Nations: Free Federation or World Republic?, in: Journal of the History of Philosophy 32, Jg. 1994, S. 461–482, hier S. 462ff.

Maxime „von allem, was nur empirisch sein mag und zur Anthropologie gehört, völlig gesäubert wäre".[79] Kant kommt zu dem Schluss, dass ein Staatenbund anstelle eines Weltstaates anzustreben wäre;[80] aber nicht bloß nicht unter Ausschluss der Empirie, er bringt vielmehr, gerade *um* zu diesem Schluss zu kommen, die Empirie bei.

Schauen wir uns, um das nachzuvollziehen, zuerst die entsprechende Stelle in *Zum ewigen Frieden* an, um sie dann in den Gesamtzusammenhang von Kants Geschichtsphilosophie einzuordnen. Der Ausgangspunkt der Argumentation Kants für den Staatenbund ist der Weltzustand, in dem es eine Vielzahl von Staaten mit unterschiedlichen Staats- und Regierungsformen[81] gibt. Die Staaten stehen im Naturzustand, das heißt einem Zustand größtmöglicher Unsicherheit und Bedrohung gegeneinander, und es ist jederzeit möglich, dass ein Krieg zwischen ihnen ausbricht. Zwar können die Staaten miteinander Friedensverträge schließen, doch handelt es sich dabei im Grunde genommen um nicht mehr als Waffenstillstandsabkommen: es ist nie sicher, ob sich nicht einer der vertragschließenden Staaten vorbehält, die Zeit des Waffenstillstandsabkommens zum Rüsten zu nutzen und den Pakt zu brechen. Es gibt keine Instanz, die beurteilen kann, ob das Beginnen eines Krieges rechtens oder Unrecht ist. Einzelne Kriege können so zwar beendet werden, der dauerhafte Kriegszustand zwischen den Staaten bleibt aber bestehen.[82] Es liegt nun nahe, auf diesen Zustand dauerhaften Krieges und dauerhafter Unsicherheit das *exeundum*-Argument in Entsprechung heranzuziehen. Das *exeundum*-Argument übernimmt Kant von Hobbes. Es besagt, dass die Menschen den Naturzustand aus Angst vor dem schädlichen Krieg aller gegen alle verlassen wollen (exeundum).[83] Hobbes zufolge liegt es im wohlverstande-

79 Vgl. die Vorrede der *Grundlegung zur Metaphysik der Sitten*, S. 13.

80 Zur Kontroverse darum, ob Kant sich von dem Konzept eines Weltstaates tatsächlich vollständig verabschiedet, vgl. Cavallar, Georg: Kant's Society of Nations: Free Federation or World Republic?, in: Journal of the History of Philosophy 32, Jg. 1994, S. 461–482, hier S. 461f.

81 Zur Unterscheidung beider Begriffe vgl. *Zum ewigen Frieden*, S. 206.

82 Vgl. ebd., S. 221.

83 Vgl. Hobbes, Thomas: *De Cive*, in: Opera Philosophica, Bd. 2, Aalen: Scientia, S. 157–432, hier S. 166: „Nam unusquisque naturali necessitate bonum sibi appetit, neque est quisquam qui bellum istud omnium contra omnes, quod tali statui naturaliter adhaeret, sibi existimat esse bonum. Atque ita evenit, ut mutuo metu e tali

nen Egoismus der Individuen, einen Teil der Freiheiten, die sie im Naturzustand unbeschränkt genießen können, aufzugeben und sich gegenseitig zu versprechen, auf bestimmte Handlungen gegen andere zu verzichten, um nicht länger in der Unsicherheit des Naturzustandes zu verharren. Es bedarf außerdem einer neutralen Instanz – des Staates –, die darüber wacht, dass die Individuen sich an ihre Versprechen auf Verzicht bestimmter Handlungen halten. Bei Hobbes ist die Gewalt, die der Staat dafür erhält, eine absolute, in anderen Versionen des *exeundum*-Argumentes wird dem Staat weniger Gewalt zugesprochen. Kant bezieht sich häufiger auf das *exeundum*-Argument; er verwendet es sowohl bei der Begründung gesellschaftlicher Zustände überhaupt als auch bei der Begründung des Staatenbundes.[84]

Im letzteren Fall betont Kant zwar, dass das *exeundum*-Argument eigentlich keine Anwendung auf den Zustand der Staaten gegeneinander finden können, da es sich bei den Staaten schon um vernunftgemäß eingerichtete Gesellschaften handle, ein Naturzustand im eigentlichen Sinne also gar nicht vorliege.[85] Es gilt aber für den Zustand der Staaten gegeneinander in Entsprechung dasselbe, was für die Individuen im (fiktiven) Naturzustand gilt:

„Für Staaten, im Verhältnis untereinander, kann es nach der Vernunft keine andere Art geben, aus dem gesetzlosen Zustande, der lauter Krieg enthält, herauszukommen, als daß sie, eben so wie einzelne Menschen, ihre wilde (gesetzlose) Freiheit aufgeben, sich zu öffentlichen Zwangsgesetzen bequemen, und so einen (freilich immer wachsenden) Völkerstaat (civitas gentium), der zuletzt alle Völker der Erde befassen würde, bilden.“[86]

Das wohlverstandene Eigeninteresse der Völker müsste sie also dazu bringen, ihre Einzelstaatlichkeit aufzugeben und sich in einer Weltrepublik zu vereinen. Wenn dies auch das wohlverstandene Eigeninteresse sein mag, erkennen, so Kant, die Staaten dieses nicht oder sind zumindest nicht bereit, demzufolge zu handeln und ihre Freiheiten

---

statu exeundum et quaerendos socios putemus; ut si bellum habendum sit, non sit tamen contra omnes, nec sine auxiliis.“

84 Vgl. *Zum ewigen Frieden*, S. 211, wo Kant eine Unterscheidung zwischen dem Naturzustand zwischen den Menschen und den Staaten aufmacht.

85 Ebd., S. 211.

86 Ebd., S. 212.

aufzugeben. Nichtsdestotrotz sei die Möglichkeit, einen weniger durchsetzungsfähigen Völkerbund einzurichten, realistisch und daher zu verfolgen Pflicht.[87] Bei dieser Auflösung des Problems handelt es sich nicht um eine Abkehr vom *exeundum*-Argument, sondern um eine schwächere Schlussfolgerung daraus. Der Völkerbund bedeutet, wie Kant ausführt,[88] durchaus das Versprechen, auf bestimmte Handlungen zu verzichten. Was der Völkerbund gegenüber der Weltrepublik ermangelt, ist die Gewalt, jenes Versprechen gegen die einzelnen Staaten durchzusetzen. Wie es aber im ursprünglichen *exeundum*-Argument verschiedene Versionen der Staatsgewalt gibt, ist dies auch hier der Fall. Der Grad der Gewalt, die der neutralen Instanz übertragen werden muss, entscheidet sich an der Beantwortung zum einen der anthropologischen Frage, wie viel Gewalt nötig ist um die Individuen oder individuellen Staaten zur Einhaltung ihres Versprechens zu zwingen und zum anderen an der politischen, wie viel Gewalt zu übertragen möglich ist. Beide Fragen sind empirische, sind bloß aus der Betrachtung der realen Gegebenheiten zu beantworten. Letzten Endes entscheidet sich für Kant die Frage nach Völkerbund oder Weltrepublik also an der Empirie. Das letztlich Empirische ergibt sich aus der Offenheit des *exeundum*-Argumentes: aus ihm lässt sich schließen, *dass* aus dem Naturzustand in vernunftgemäße Verhältnisse überzugehen sei, nicht aber, wie diese auszusehen haben. Das weiß Kant, weswegen er an anderer Stelle gegen Hobbes' mit absoluter Gewalt ausgestatteten Leviathan ins Felde führt, dass die Grenzen der Gewalt des Staates zunächst durch die Vernunft gegeben sind, kein Staat, als Gesamtheit der Bürger, also über seine Mitglieder verfügen dürfe, was diese nicht über sich selbst verfügen können.[89] Wenn Kant also das *exeundum*-Argument an dieser Stelle in *Zum ewigen Frieden* anführt, dann im Bewusstsein, dass sich daraus für die Bestimmung einer vernunftgemäßen Verfassung zwischen den Staaten allenfalls ein Negatives ergibt – und begibt sich damit ohne Not in die Notwendigkeit, diese Bestimmung allein aus pragmatischen Erwägungen und der empirischen Politik zu ziehen. – Ohne Not allerdings, da Kant das *exeundum*-Argument nicht braucht, weder an dieser Stelle, noch um den gesell-

87 Vgl. ebd., S. 212f.

88 Vgl. ebd., S. 200f. oder S. 213ff.

89 „Was ein Volk über sich selbst nicht beschließen kann, das kann der Gesetzgeber auch nicht über das Volk beschließen." (Kant: *Gemeinspruch*, S. 162)

schaftlichen Zustand überhaupt als notwendigen herzuleiten. Durch die Offenheit des *exeundum*-Argumentes verhindert Kant vielmehr selbst, die konsequenten Schlussfolgerungen aus anderen Überlegungen seines Werkes zu ziehen.

Das *exeundum*-Argument erscheint in der Schrift *Zum ewigen Frieden* an einer merkwürdigen Stelle: Während dieses Argument üblicherweise verwendet wird, um darzulegen, warum es notwendig ist, aus dem Naturzustand in eine vernunftgemäße Ordnung einzutreten, dient die Stelle, in der Kant das Argument einführt – der zweite Definitivartikel – der Begründung, warum es ein *Föderalismus* souveräner Staaten ist, der die Bedingung für den ewigen Frieden darstellt, und nicht die Weltrepublik.[90] Die vorausgegangenen Präliminarartikel und der erste Definitivartikel behandeln Punkte, die erkennbar unter der Voraussetzung stehen, dass sich einzelne Staaten zueinander verhalten, den zweiten Definitivartikel also voraussetzen; ebenso der dritte Definitivartikel. Erst im ersten Zusatzartikel gibt Kant eine ausführliche Begründung, warum es mit Notwendigkeit zu einer vernunftgemäßen Ordnung zwischen den Staaten kommen muss und zieht dafür die Vorsehung der Natur heran – die Argumentation bricht dort aber an der Stelle ab, an der aus ihr Konsequenzen für diese Ordnung zu ziehen wären, und es bleibt bei der simplen Feststellung, dass sie mit Notwendigkeit folgt.[91] Aus diesem Argument wären konkrete Konsequenzen für diese vernunftgemäße Ordnung zu ziehen; der Notwendigkeit sie zu ziehen, entzieht sich Kant aber mit Rekurs auf das *exeundum*-Argument und dessen Offenheit bzw. Rückzug auf die Empirie. Das Argument, das Kant im ersten Zusatzartikel verwendet, findet sich immer wieder in seiner Geschichtsphilosophie und Anthropologie; in *Zum ewigen Frieden* erscheint dieser Widerspruch bloß besonders offenbar. Ich will Kants Argument, so wie es in seinen Schriften *Idee zu einer allgemeinen Geschichte in weltbürgerlicher Absicht*, *Mutmaßlicher Anfang der Menschheitsgeschichte* und *Über den Gemeinspruch: Das mag in der Theorie richtig sein, taugt aber nicht für die Praxis* erscheint, knapp rekonstruieren und aufzeigen, dass es jeweils durch Einfügen des *exeundum*-Argumentes abgeschwächt wird, um sodann die Schlussfolgerung zu ziehen, die daraus folgen

90 Vgl. *Zum ewigen Frieden*, S. 211f.

91 Vgl. ebd.

müsste. Das Argument erscheint in den verschiedenen Schriften in unterschiedlichen Versionen, die sich im Kern aber gleichen – ich rekonstruiere das Argument hier in seiner allgemeinen Weise.

Das wesentliche Argument vollzieht sich in drei Schritten, daraufhin folgen die beiden Schritte des *exeundum*-Argumentes. Die erste Prämisse lautet – sinngemäß: Alle Lebewesen streben nach Vervollkommnung ihres Wesens, d.h. Entwicklung ihrer wesentlichen Fähigkeiten. Diese Setzung findet sich zu Beginn der *Idee zu einer allgemeinen Geschichte in weltbürgerlicher Absicht* explizit ausgeführt,[92] sie tritt aber an anderen Stellen auch implizit auf; in der Vorstellung bspw., dass durch die Geschichte hindurch eine Vorsehung der Natur wirke[93] oder dass es eine Tendenz des Obsiegens des Guten über das Böse gebe.[94]

Der zweite Satz des Argumentes sagt, die wesentliche Eigenschaft der Menschen sei, dass sie Vernunft besitzen; dies trenne sie von anderen Lebewesen. Diese anthropologische Bestimmung findet sich in der *Idee zu einer allgemeinen Geschichte* unmittelbar in Folge auf die erste Setzung.[95] Aus ihr folgt, in Verbindung mit der ersten Setzung, dass es die Bestimmung der Menschen ist, ihre Fähigkeit zur Vernunft weiterzuentwickeln. Die erstmalige Entwicklung dieser Fähigkeit will Kant in der Schrift *Mutmaßlicher Anfang der Menschheitsgeschichte* beschreiben. Er geht davon aus, dass der Mensch anfangs bloß instinktgeleitet war, sich in ihm dann aber die Vernunft regt, mit der er neue Begierden „erkünsteln“ könne. Er erkennt dadurch, dass er anders als andere Tiere frei darin ist, seine Lebensweise zu wählen.[96] Sind die ersten Instinkte noch ganz tierische der Selbsterhaltung, nämlich der nach Nahrung (Reproduktion des Individuums) und der des Geschlechtstriebs (Reproduktion der Gattung),[97] steht am Ende mehrerer Schritte der Vernunft die Erkenntnis, dass die Menschen als vernünftige Wesen von den Tieren unterschieden sind und sie sich zu Untertanen machen können. Eben jene Erkenntnis ist es aber auch, durch welche die Vernunft es den Menschen verbietet, dass sie einander bloß als

92 Vgl. *Idee zu einer allgemeinen Geschichte in weltbürgerlicher Absicht*, S. 35.
93 Vgl. ebd., S. 45; *Zum ewigen Frieden*, S. 217.
94 Vgl. *Mutmaßlicher Anfang der Menschheitsgeschichte*, S. 102.
95 Vgl. *Idee zu einer allgemeinen Geschichte in weltbürgerlicher Absicht*, S. 35.
96 Vgl. *Mutmaßlicher Anfang der Menschheitsgeschichte*, S. 87f.
97 Vgl. ebd., S. 89.

Mittel gebrauchen.[98] Die Menschen müssten sodann lernen, vernunftgemäß, aber nicht gegen die Natur zu leben – was sie bisher nur unvollständig schaffen.[99] Hier wäre für Kant der Punkt gewesen, um anzusetzen und einen wirklichen Begriff der geschichtlichen Entwicklung der Menschen zu erarbeiten – anhand der gemeinsamen Entwicklung der Vernunft durch den Verlauf der Zeit. Das kann Kant aber nicht gelingen, da er trotz der richtigen Eingangsworte, dass der Anfang bei der bloßen Existenz der Menschen zu machen wäre,[100] er nicht die Menschen *in concreto*, sondern den Menschen *in abstracto* betrachtet. Kant will den Menschen als vernünftigen und setzt ihn, so wie er ihn will, an den Anfang der Geschichte. Es findet dann jedoch keine eigentliche Entwicklung, das heißt keine Geschichte der Menschen statt. Nichtsdestotrotz unterstellt Kant eine Tendenz der Weiterentwicklung der Vernunft, der Entwicklung der Menschen vom Schlechteren zum Guten.[101] Es ist die Pflicht jedes einzelnen Menschen, daran mitzuwirken.[102]

Aus der Schlussfolgerung der ersten beiden Sätze folgt der dritte: Ihre Vernunft zu entwickeln können Menschen nur gemeinsam, da sie gesellschaftliche Lebewesen sind. Die Mitwirkung der einzelnen Menschen ist also auch notwendig, da die Menschen ihre Vernunft nur gemeinsam entwickeln können.[103] Durch die Menschen hindurch wirkt ein Antagonismus, der es ihnen ermöglicht und sie dazu verdammt, ihre Vernunft beständig gemeinsam weiterzuentwickeln. Diesen Anta-

---

98 Vgl. ebd., S. 90f. – Vgl. auch den Kategorischen Imperativ in der Selbstzweck-Version: „Handle so, daß du die Menschheit, sowohl in deiner Person, als in der Person eines jeden andern, jederzeit zugleich als Zweck, niemals bloß als Mittel brauchest.“ (*Grundlegung zur Metaphysik der Sitten*, S. 61)

99 Vgl. *Mutmaßlicher Anfang der Menschheitsgeschichte*, S. 94f., Fn.

100 „Will man nicht in Mutmaßungen schwärmen, so muß der Anfang von dem gemacht werden, was keiner Ableitung aus vorhergehenden Natururssachen durch menschliche Vernunft fähig ist, also: mit der *Existenz der Menschen*; und zwar in seiner *ausgebildeten Größe*, weil er der mütterlichen Beihilfe entbehren muß; in *einem* Paare, damit er seine Art fortpflanze; und auch nur in *einem einzigen* Paare, damit nicht so fort der Krieg entspringe […].“ (Ebd., S. 86) Vgl. auch Marx, Karl/Engels, Friedrich: *Deutsche Ideologie*, MEW 3, S. 28.

101 Vgl. Kant: *Gemeinspruch*, S. 168ff.

102 Vgl. *Mutmaßlicher Anfang der Menschheitsgeschichte*, S. 102.

103 Vgl. *Idee zu einer allgemeinen Geschichte in weltbürgerlicher Absicht*, S. 35ff.

gonismus nennt Kant die „gesellige Ungeselligkeit“ der Menschen.[104] Den Menschen wohnt so sehr eine Neigung zur Vereinzelung inne wie auch eine der Vergesellschaftung – die ihrerseits Voraussetzung für die Vereinzelung ist. Kant führt für die Tendenz der Vereinzelung ebenso wie für die der Vergesellschaftung noch empirische Belege an, dass nämlich die Natur vermittels des Krieges und der Verteilung der natürlichen Ressourcen die Menschen in alle Erdteile verstreut, mit der Ungleichverteilung der Ressourcen und der dadurch entstehenden Notwendigkeit zu Handel sie aufeinander einzugehen gezwungen hat.

Die Menschen sind also dazu gedrungen, ihre Vergesellschaftung voranzutreiben, die gesellschaftlichen Zustände weiterzuentwickeln, um in die Lage zu gelangen, weniger auf andere Menschen angewiesen zu sein, sich also mehr vereinzeln zu können. Dieser Antagonismus muss die Menschen zur Hervorbringung gesellschaftlicher Zustände überhaupt, im Besonderen aber der Herausbildung der bürgerlichen Gesellschaft mit den bürgerlichen Freiheiten führen. Wenn auch die Freiheit oder das Recht auf Nichtbeeinträchtigung natürlicherweise den Menschen zugehören mögen, können sie sie nicht zwangsläufig auch realisieren, sondern bedürfen dazu bestimmter gesellschaftlicher Zustände, unter anderem einer vernünftigen Regierung.[105] Aus ihrem Wesen heraus streben die Menschen bei Kant also schon zur Einführung gesellschaftlicher Zustände und deren Weiterentwicklung:

„Man kann die Geschichte der Menschengattung im großen als die Vollziehung eines verborgenen Plans der Natur ansehen, um eine innerlich- und, zu diesem Zwecke, auch äußerlich-vollkommene Staatsverfassung zu Stande zu bringen, als den einzigen Zustand, in welchem sie alle ihre Anlagen in der Menschheit völlig entwickeln kann.“[106]

Kant führt nun als Weiteres, um darzulegen, dass die Menschen in gesellschaftliche Zustände eintreten müssen, das *exeundum*-Argument an: Die Prekarität des Naturzustandes zwingt die Menschen, in gesellschaftliche Zustände einzutreten, um ihr Leben zu sichern. Das *exeundum*-Argument folgt bei Kant in der Argumentation auf die bisherigen drei Schritte und scheint auch aus diesen zu folgen. Es führt

---

104 Vgl. ebd., S. 37.

105 Vgl. Kant: *Gemeinspruch*, S. 164.

106 Kant: *Idee zu einer allgemeinen Geschichte in weltbürgerlicher Absicht*, S. 45.

scheinbar zum selben Ergebnis wie die Schlussfolgerung aus den vorigen drei Schritten – dass gesellschaftliche Zustände anzustreben sind –, bleibt jedoch tatsächlich in seinem Gehalt hinter dem vorigen auf dem gesellschaftlichen Antagonismus bestehenden Argument zurück. Das *exeundum*-Argument nämlich lässt den gesellschaftlichen Zustand als notwendig erscheinen, trifft über dessen Gestaltung jedoch keine Aussage. Es ist also ein bloßes Argument *ex negativo*: die Menschen müssen den Naturzustand verlassen, einen Nicht-Naturzustand erreichen.

In einem fünften Schritt aber, bei der Beurteilung überstaatlicher Verhältnisse, baut Kant nun auf diesem vierten Schritt des exeundum-Argumentes auf: Im gesellschaftlichen Zustand finden sich die einzelnen Staaten wieder in einem Naturzustand gegeneinander. Aus dessen Prekarität ist wiederum in eine vernunftgemäße Ordnung zwischen den Staaten einzutreten. Im Verhältnis der Staaten zueinander erkennt Kant das Muster des Naturzustandes wieder. Gleicht das Verhältnis der Staaten untereinander aber dem Naturzustand, ist nicht ersichtlich, warum nicht auch die daraus gezogene Schlussfolgerung entsprechend gelten sollte,[107] auch die Staaten also aus dem Zustand der wilden Freiheit gegeneinander[108] austreten in vernunftgemäße Verhältnisse. Da dieser argumentative Schritt nun aber bloß auf dem vorhergehenden, dem *exeundum*-Argument, aufbaut, gilt auch hier: die Schlussfolgerung ist eine bloß negative; die Staaten müssen den gesetzlosen Zustand zwischen sich beenden – über die weitere Bestimmung eines vernunftgemäßen Zustandes zwischen den Staaten ist damit nichts ausgesagt.

Eben deswegen aber kann Kant im Folgenden für einen Friedensbund und gegen einen Weltstaat argumentieren.[109] Beide erfüllen die negative Bedingung, den Naturzustand in einen vernunftgemäßeren zu überführen. Die Abwägung zwischen beiden kann sodann nach prag-

---

107 Vgl. ebd., S. 42.

108 Vgl. *Zum ewigen Frieden*, S. 212,

109 Vgl. aber Gerardi: „In der Schrift Über den Gemeinspruch von 1793 wurde zwar als einziger Weg zur Überwindung der zwischenstaatlichen Konflikte die Schaffung einer zwangsmachtfähigen Weltinstitution gefordert, aber in den darauffolgenden Schriften wird diese These eingeschränkt: Kant lehnt die Idee eines Weltstaates ab und gibt seinen Vorzug dem Projekt eines bloßen Völkerbundes." (Gerardi, Giovanni: Hegels Kritik am kantischen Kosmopolitismus, in Arndt, Andreas et al. (Hg.): *Hegel-Jahrbuch 2017*, Berlin et al.: de Gruyter, 2018, S. 323–328, hier S. 324)

matischen Erwägungen erfolgen, einen zwingenden Vernunftschluss gibt es nicht.[110] Der Friedensbund und das Weltbürgerrecht als zumindest grundlegende Voraussetzungen, den Zustand dauerhaften Krieges zu beenden, ergeben sich so als ausreichende.

Anderes ergäbe sich offenbar, leitete man die Beurteilung der Frage nach Friedensbund oder Weltrepublik nicht aus dem *exeundum*-Argument, sondern aus den ersten drei aufeinander aufbauenden Schritten ab. Es ist nämlich dem folgend nicht ersichtlich, warum der gesellschaftliche Antagonismus der Menschen, ihre „gesellige Ungeselligkeit" nach dem Erreichen der bürgerlichen Gesellschaft zu wirken aufhören sollte. Im Gegenteil: der zunehmende Handel der Staaten miteinander müsste mehr rechtliche Sicherheit erstrebenswert erscheinen lassen. Die Tendenz der Vergesellschaftung hört nicht auf, sobald die Menschen in gesellschaftliche Zustände eingetreten sind, sondern führt darüber hinaus zu einer globalen vernunftgemäßen Ordnung.

Die Weiterentwicklung ihrer wesentlichen Fähigkeit, gemeinsam ihre Vernunft zu gebrauchen, muss die Menschen also mit Notwendigkeit über den vernunftgemäßen Stand der bürgerlichen Gesellschaft hinaustreiben und auch für die Welt als Ganze eine vernunftgemäße Einrichtung und deren Weiterentwicklung anstreben. Ergebnis der Weiterentwicklung eines globalen gesellschaftlichen Zustandes kann aber bloß die Weltrepublik sein. Wenn also, wie Kant verbildlicht, aus dem Wirken der „großen Künstlerin Natur [...] sichtbarlich Zweckmäßigkeit hervorleuchtet",[111] kann dieser Zweck letzten Endes nichts anderes als eine Weltrepublik sein. Es wäre also, der Kantischen Pflichtlehre folgend, aller Menschen Pflicht, an deren Entstehen mitzuwirken.

Wir haben also gesehen, dass Kant eine Schlussfolgerung, die aus den Voraussetzungen und der Entwicklung seiner politischen Philosophie folgen müsste, nicht zieht. Dieser Befund ist für uns von Interesse, da wir im Weiteren sehen werden, dass auch Hegel die sich aus der Entwicklung seiner Philosophie ergebende Folge der Verrechtlichung zwischenstaatlicher Verhältnisse vermeidet. Um zu verstehen, warum auch Hegel diese Folge meidet, ist für uns aufschlussreich zu sehen,

110 Vgl. ebd., S. 327: „Kant bevorzugt zwar den Völkerbund vor dem Völkerstaat, aber er tut es nur aus pragmatischen Gründen."

111 Ebd., S. 217.

dass auch der „Rigorist" Kant, der gewöhnlicherweise pragmatischer Zugeständnisse in seiner Philosophie nicht verdächtig ist, diese Folge seiner philosophischen Entwicklung argumentativ ausschließt.

III.

Die überstaatlichen Zusammenhänge in Hegels System

Der Staat als Individuum bildet den eigentlichen Höhepunkt der Philosophie des objektiven Geistes.[112] Zwar geht Hegel in der *Rechtsphilosophie* mit der Beschreibung des Verhältnisses der Staaten gegeneinander im Äußeren Staatsrecht (§§330–340) und der Darstellung der Weltgeschichte als Verwirklichung des allgemeinen Weltgeistes (§§341ff.) gewissermaßen über den Staat als Individuum hinaus – er behandelt beide Abschnitte allerdings als Unterabschnitte des Staates, ordnet sie also diesem als Momente unter.[113] Insofern ist es folgerichtig, dass Hegel in der späten Vorlesung von 1824/25 das äußere Staatsrecht schon im allgemeinen Begriff des Staates erörtert und dabei zugleich klarstellt, dass die Individualität des Staates sein Höchstes bleibt:

„Der Staat als wirklich ist wesentlich individueller Staat und weiter hinaus auch besonderer Staat. Die Individualität ist von der Besonderheit zu unterscheiden, sie ist Moment der Idee, die Besonderheit aber ist der Geschichte angehörend. Die Individualität ist wesentlich Moment des Staats, als solche ist dieser Staat ausschließend gegen andere. Die Einzelnheit ist wesentlich dieß, sich ausser sich, gegen sich zu setzen, so tritt das Verhältniß mehrerer Staaten

112 „Not only is the last chapter of Hegel's *Rechtsphilosophie* dominated by the figure of the individual state, but from its beginning it is oriented by it." (Peperzak, Adriaan: *Hegel contra Hegel in His Philosophy of Right: The Contradictions of International Politics*, in: Journal of the History of Philosophy 32, Jg. 1994, S. 241–263, hier S. 245)

113 Und durch diese Momente des Staates hebt er sich selbst auf: „The main theme of the last chapter as indicated by the title of its third part, ‚The State', is thus a first moment (A), whose necessary overcoming and destruction are shown in two further parts (B and C)." (Ebd., S. 244) In dieser Selbstaufhebung des Staates, die jedoch noch in seinen Grenzen verbleibt, deutet sich bereits an, dass die begriffliche Dynamik hier eine über Hegels Gegenwart hinausschießende Tendenz hat; vgl. weitergehend Abschnitte 8 und 9.

ein, das äussere Staatsrecht. Dieß reduziert sich jedoch auf wenige Bestimmungen, die Staaten sind unabhängig von einander und das Verhältniß kann also nur ein äusserliches sein, so daß ein Drittes über ihnen sein muß[114]*. Dieß Dritte ist nun der Geist der sich in der Weltgeschichte Wirklichkeit giebt, er ist der absolute Richter über sie. Es können zwar mehrere Staaten als Bund gleichsam ein Gericht über andere bilden, wie z.B. die heilige Allianz, aber dieß ist immer nur relativ, wie der ewige Frieden beschränkt. Der absolute Richter der sich immer und gegen das Besondere geltend macht, ist der an und für sich seiende Geist, der sich als das an und für sich Allgemeine, als wirkende Gattung in der Weltgeschichte darstellt.*“[115]

Die überstaatlichen Zusammenhänge als Verhältnis der einzelnen Staaten zueinander (Äußeres Staatsrecht) einerseits und allgemeiner Geist, dem gegenüber die Staaten bloß besondere sind, (Weltgeschichte) andererseits bilden also zwar einen Teil der *Rechtsphilosophie*, werden in ihr von Hegel aber dem Staat untergeordnet. Strukturell liegen damit beide, Äußeres Staatsrecht sowohl als Weltgeschichte, insofern sie über den Staat hinausgehen, gewissermaßen schon außerhalb der Systematik der *Rechtsphilosophie.*[116]

Hegel bezieht sich in den *Grundlinien*, wenn er über das Verhältnis der einzelnen Staaten zueinander und eine etwaige Weltrepublik spricht, – ob explizit oder nicht – auch auf Kant und dessen politische Philosophie.[117] In der Frage, ob es einen Zustand des Friedens zwi-

114 Die sich in TWA 7, S. 405, im Zusatz zu §259 findende von der Nachschrift abweichende Formulierung „so daß ein drittes Verbindendes über ihnen sein muß“ geht wohl auf Eduard Gans zurück; bereits in der 1833 von ihm herausgegebenen Ausgabe der *Grundlinien* findet sich der Zusatz in dieser Form; vgl. Gans: *Grundlinien*, S. 321. An anderer Stelle spricht Hegel nicht von einem Verbindenden über den Staaten – und das sicherlich mit Bedacht. Gans Ergänzung muss hier also als sinnentstellende, zugleich aber sinnherausstellende Veränderung betrachtet werden; vgl. dazu auch Abschnitt 8.

115 Nachschrift Griesheim, GW 26.3, S. 1406f.

116 Vgl. hierzu die Abschnitte 4. und 5.

117 Siep benennt die Gemeinsamkeit („Hegel sieht das Völkerrecht wie Kant als ein Rechtsverhältnis zwischen selbständigen Staaten, die Völker verschiedener Charaktere ‚organisieren‘.“) – und zeigt zugleich das beiden gemeinsame Problem auf: „Wenn die vernünftige Rechtsverfassung das Ziel der Geschichte ist, wozu dann ist die abgesonderte staatliche Existenz von Völkern noch nötig?“ (Siep, Ludwig: Das Recht als Ziel der Geschichte, in: Fricke, Christel et al. (Hg.): *Das Recht der Ver-*

schen den Staaten geben könnte, den Kant in seiner Schrift *Zum ewigen Frieden* hergeleitet hatte, bezieht sich Hegel auf Kants Position[118] und nimmt eine widersprechende ein: was einzig im Verhältnis der Staaten zueinander erreicht werden könne, seien Waffenstillstandsabkommen.[119] Hegel lässt dabei keinen Zweifel an seiner Position aufkommen: Der Friede kann immer nur ein zeitweiliger sein, Hoffnung auf einen dauerhaften, gar ewigen Frieden gibt es nicht.[120] Da es mangels einer übergeordneten Gewalt nie ein verrechtlichtes Verhältnis der Staaten geben könne, sei die Aufrechterhaltung des Friedens bloß von der Willkür der Staaten abhängig und damit kein eigentlicher Friede:[121]

„Die Kantische Vorstellung eines ewigen Friedens durch einen Staatenbund, welcher jeden Streit schlichtete, und als eine von jedem einzelnen Staate anerkannte Macht jede Mishelligkeit beilegte, und damit die Entscheidung durch Krieg unmöglich machte, setzt die Einstimmung der Staaten voraus, welche auf moralischen, religiösen oder welchen Gründen und Rücksichten, überhaupt

---

nunft. Kant und Hegel über Denken, Erkennen und Handeln, Stuttgart: frommann-holzboog, 1995, S. 355–380 hier S. 368)

118 Wenn Hegel auch in der Rezeption der Kantschen Theorie wenig Differenzierung zu erkennen gibt und bspw. den Unterschied zwischen Völkerstaat, Weltrepublik und Völkerbund nivelliert; vgl. Gerardi, Giovanni: Hegels Kritik am kantischen Kosmopolitismus, in Arndt, Andreas et al. (Hg.): *Hegel-Jahrbuch 2017*, Berlin et al.: de Gruyter, 2018, S. 323–328, hier S. 325.

119 „Auf den ersten Blick ist Hegels Konzeption von Völkerrecht, Krieg und Frieden zwischen den Nationen Kant genau entgegengesetzt." (Siep, Ludwig: Kant und Hegel über Krieg und Völkerrecht, in: Janssen, Dieter/Quante, Michael (Hg.): *Gerechter Krieg. Ideengeschichtliche, rechtsphilosophische und ethische Beiträge*, Paderborn: mentis, 2003, S. 100–115, hier S. 107)

120 „Eine Weltfriedensordnung oder gar ein Weltstaat ist so für Hegel bloß ein politischer Traum, der zudem dem Souveränitätsprinzip insofern zuwiderläuft, als ein Staat nur im Verhältnis zu anderen Staaten souverän sein kann". (Schnädelbach, Herbert: Die Verfassung der Freiheit, in: Siep, Ludwig: *G.W.F. Hegel: Grundlinien der Philosophie des Rechts*, Berlin/Potsdam: de Gruyter, 4. A. 2017, S. 261–280; hier S. 278)

121 „Die Rechtsphilosophie geht über die Vielfalt der souveränen Nationalstaaten nicht hinaus." (Ottmann, Henning: Die Weltgeschichte, in: Siep, Ludwig: *G.W.F. Hegel: Grundlinien der Philosophie des Rechts*, Berlin/Potsdam: de Gruyter, 4. A. 2017, S. 281–297; hier S. 281)

immer auf besonderen souverainen Willen beruhte, und dadurch mit Zufälligkeit behaftet bliebe." (§333 A)[122]

Obwohl Hegel eine Kants Position widersprechende einnimmt, zeigt sich in beider Voraussetzungen eine auffällige Gemeinsamkeit: beide benennen den Zustand der Staaten gegeneinander als einen Naturzustand, verneinen aber die Notwendigkeit daraus in einen positivrechtlichen Zustand, d.h. in eine verrechtlichte überstaatliche Ordnung überzugehen. In unserem Exkurs zu Kant sind wir zu dem Schluss gekommen, dass sich durchaus aus der Systematik der politischen Philosophie Kants die Notwendigkeit eines verrechtlichten Verhältnisses zwischen den Staaten herleiten lasse. Hegel fasst den Gegensatz noch etwas deutlicher als Kant. Die Alternative zum Naturzustand zwischen den Staaten wäre für Hegel – richtigerweise – nicht ein Völkerbund, in dem die Souveränität der Staaten erhalten bleibt – und der deswegen weiter auf einem Sollen beruht – (so aber Kant), sondern ein „Weltstaat" – und den wollen weder Hegel noch Kant.[123]

Im Folgenden werde ich der Frage nachgehen, ob sich nichtsdestotrotz auch aus der Systematik der Hegelschen Philosophie für eine Verrechtlichung der zwischenstaatlichen Verhältnisse argumentieren ließe. Zu diesem Zweck will ich zuerst an mehreren Stellen aufzeigen, inwiefern sich aus der Position Hegels, dass eine Verrechtlichung des Verhältnisses zwischen den Staaten vernunftwidrig wäre, Widersprüche innerhalb seines Systems ergeben. Dafür greife ich auf die von Hegel selbst gezogene Analogie zwischen dem Verhältnis der Staaten zueinander auf der einen Seite und der Ausbildung des abstrakten Rechts aus Eigentum und Vertragsverhältnissen (Abschnitt 1) bzw. des Staates aus der bürgerlichen Gesellschaft (Abschnitt 2) auf der anderen Seite zurück. An beiden versuche ich aufzuzeigen, dass sie strukturell dem Verhältnis der Staaten gegeneinander entsprechen, in dem sich auch Individuen gegenüberstehen, die sich eine äußerliche Sphäre ihrer Frei-

---

122 Vgl. auch Lucas, Hans-Christian: „Es giebt keinen Prätor zwischen Staaten." Zu Hegels Kritik an Kants Konzeption, in Kodalle, Klaus-M.: *Der Vernunftfrieden. Kants Entwurf im Widerstreit*, Würzburg: Königshausen & Neumann, 1996, S. 53–60.

123 Vgl. Ottmann, Henning: Die Weltgeschichte, in: Siep, Ludwig: *G.W.F. Hegel: Grundlinien der Philosophie des Rechts*, Berlin/Potsdam: de Gruyter, 4. A. 2017, S. 281–297; hier S. 285.

heit geben und die in ihrem Verhalten gegeneinander jeweils bloß auf ihr eigenes Interesse bedacht sind, wodurch sich durch ihr Handeln ein gemeinsames Interesse durchsetzt. Wie Hegel für das abstrakte Recht und für den Staat eine Verrechtlichung dieser Struktur begrifflich entwickelt, müsste dies, wenn die *Rechtsphilosophie* die Darstellung der Verrechtlichung und Verobjektivierung der menschlichen Freiheit ist, auch für das Verhältnis der Staaten zueinander gelten – oder bleibt ein Widerspruch in Hegels System. Ebenfalls widersprüchlich ist Hegels Verwendung des Bildes vom Naturzustand zwischen den Staaten (Abschnitt 3); während Hegel an anderen Stellen immer wieder davon spricht, dass der Naturzustand als Vorstellung einzig dazu taugt, darzustellen, was zu verlassen wäre, verwendet er ihn als Beschreibung des Zustandes zwischen den Staaten. Wie wir sehen werden, verwendet Hegel dieses Bild zumindest bis zur Verfassung der *Grundlinien*, während es sich danach nicht mehr in seinen Vorlesungen findet – woraus sich schließen ließe, dass ihm diese Selbstwidersprüchlichkeit bewusst wurde. Einen vierten Widerspruch in Hegels Systematik versuche ich an der logischen Struktur der Rechtsphilosophie aufzuzeigen. Während Hegel streng darauf bedacht ist, seine *Rechtsphilosophie* vor dem Hintergrund der in der *Logik* entwickelten logischen Strukturen und das Recht als diesen Strukturen zumindest nicht widersprechenden Ausdruck der Wirklichkeit zu konzipieren, widerspricht die Stellung des Äußeren Staatsrechtes der logischen Entwicklung innerhalb der *Rechtsphilosophie* (Abschnitt 4); die Dynamik der Logik müsste auch hier über das von Hegel entwickelte hinaustreiben – so verharrt Hegels Entwicklung in der Selbstwidersprüchlichkeit. Schließlich versuche ich einen Widerspruch in Hegels Systematik aufzuzeigen, indem ich eine Parallelisierung des Abschnitts über das Äußere Staatsrecht zur *Rechtsphilosophie* insgesamt vornehme (Abschnitt 5); Hegels Systematik folgend müssten sich in der höchsten Stufe der Entwicklung die vorausgehenden Momente aufgehoben finden. Und tatsächlich lassen sich im äußeren Staatsrecht die Sphäre des abstrakten Rechts und der Moralität wiederentdecken, nicht allerdings die der Sittlichkeit. Hegel kommt es schließlich darauf an, eine Sittlichkeit zwischen den Staaten zu verneinen – und verbleibt damit im Widerspruch. Im Anschluss an die Entwicklung dieser Widersprüche in Hegels philosophischer Entwicklung gehe ich auf drei naheliegende Einwände ein, warum es trotz aller Widersprüche aus der Systematik der Hegelschen Philosophie folgen müsse, keine Sittlichkeit zwischen den Staaten zuzulassen. Dafür sehen wir uns Hegels Auseinandersetzung mit der 1815 gegründeten Heiligen Allianz an (Abschnitt 6), betrachten Hegels Argumentation für die Individualität des Staates (Abschnitt 7) und setzen uns mit Hegels Argumentation für die Notwendigkeit des Krieges auseinander (Abschnitt 8); wenn auch aus allen dreien vorderhand die Verneinung einer Sittlichkeit zwischen den Staaten zu folgen scheint, versuche ich jeweils aufzuzeigen, dass dieser Schluss aus Hegels Systematik nicht mit Notwendigkeit folgt. Schließlich stellen wir uns die Frage, warum Hegel nichtsdestotrotz und aller Widersprüche eingedenk zu dem Schluss kommt, eine Verrechtlichung der Verhältnisse zwischen den Staaten mit der Entwicklung der Vernunft für nicht vereinbar zu behaupten. Wie wir sehen werden (Abschnitt 9), erhellt diese Position Hegels aus den historischen Verhältnissen zu seinen Lebzeiten: hat Hegel den Fortgang der Entwicklung der Freiheit beschreiben wollen, so war dieser zu seinen Lebzeiten nicht bis zur rechtlichen Ausbildung zwischenstaatlicher Verhältnisse fortgeschritten – und einen bestimmten Stand der Entwicklung als deren Ergebnis darzustellen, muss der Systematik der Darstellung ihres Fortganges widersprechen.

1. Die Analogie zur Ausbildung des abstrakten Rechts

Hegel geht noch vor dem Abschnitt über das äußere Staatsrecht, nämlich im Abschnitt zur Souveränität gegen Außen innerhalb des inneren Staatsrechts, in einer Anmerkung auf überstaatliche Zusammenhänge ein. §322 beschäftigt sich mit dem Verhältnis der einzelnen Staaten zueinander. Die einzelnen Staaten, die aus ihrer inneren Verfassung heraus ihre Souveränität ableiten und so Individuen sind, stehen nämlich als Individuen notwendig in einem Bezug auf anderen Individuen, also andere Staaten:[124] „Die Individualität, als ausschließendes Für-sich-seyn erscheint als *Verhältniß zu anderen Staaten*, deren jeder selbstständig gegen die andern ist." (§322) In den Folgeparagraphen §§323–329 setzt sich Hegel hauptsächlich damit auseinander, welche Folgen diese Bezogenheit auf andere Staaten für die innere Verfasstheit der einzelnen Staaten haben muss; vor allem geht er auf die Notwendigkeit der einzelnen Individuen, sich für das Staatsganze im Kriege

124 Vgl. auch §331 A.

aufzuopfern, die Bedeutung der Tapferkeit und die Verortung der äußeren Beziehungen bei der fürstlichen Gewalt ein.

Es mag daher verwundern, dass sich Hegel bereits an dieser Stelle mit „Wünschen einer Gesamtheit" (§322 A) der Staaten beschäftigt und sie mit einer Anmerkung abtut, statt sie mit einem Paragraphen zum Ende des Abschnitts über die Souveränität gegen Außen oder im äußeren Staatsrecht (bspw. in §333) abzuhandeln. Die Abhandlung an gerade dieser Stelle erhält allerdings ihre Berechtigung, wenn wir uns im Folgenden ansehen, welche Parallelen zwischen dem Verhältnis der Staaten gegeneinander und dem Übergang des inneren ins äußere Staatsrecht auf der einen und dem Verhältnis der einzelnen Personen gegeneinander und dem Übergang vom Eigentum zum Vertragsverhältnis bestehen. Wie sich die Notwendigkeit des Vertragsverhältnisses schon aus dem Begriff des Eigentums herleitet, so entspringt die Notwendigkeit des äußeren Staatsrechts schon aus der inneren Verfassung der Staaten – und es wäre im Übergang vom Ersteren zum Letzteren der richtige Ort, die Reichweite dieses Übergangs argumentativ zu beschränken, um das Resultat einer Verrechtlichung der zwischenstaatlichen Verhältnisse zu vermeiden.

Zu Beginn des Abschnitts über das äußere Staatsrecht stellt Hegel eine Analogie her zwischen dem Verhältnis der Staaten zueinander auf der einen und dem Verhältnis der individuellen Menschen zueinander auf der anderen Seite. Bestimmend für diese Analogie ist beider Bedürfnis nach Anerkennung: „So wenig der Einzelne eine wirkliche Person ist ohne Relation zu andern Personen [...]; so wenig ist der Staat ein wirkliches Individuum ohne Verhältniß zu andern Staaten [...]." (§331 A) Diese Analogie ist mehr als ein vergleichendes Bild und beruht auf über das Bedürfnis nach Anerkennung hinausgreifenden systematischen Ähnlichkeiten; die Sphäre des abstrakten Rechts verhält sich strukturell parallel zum Verhältnis der Staaten zueinander.[125] Wie

125 „Indeed, the transition from one individual state to a multiplicity of states repeats on a higher level the transition from one human person to a plurality of persons [...]. Just as the abstract right of persons was the immediate consequence of free will in-and-for-itself, so the state's being-for-itself is the ground of its right to be recognized as such." (Peperzak, Adriaan: *Hegel contra Hegel in His Philosophy of Right: The Contradictions of International Politics*, in: Journal of the History of Philosophy 32, Jg. 1994, S. 241–263, hier S. 248) Das ist natürlich, bedenken wir Hegels Konzeption der *Rechtsphilosophie* als der Logik entsprechend, kein Zufall,

sich der freie Wille im Eigentum eine erste äußere Sphäre gibt, die sodann im Vertrag anerkannt werden muss, so gibt sich der Staat in seiner inneren Verfassung eine erste Sphäre des Daseins, die sodann im Verhältnis der Staaten zueinander anerkannt werden muss.

Die Selbstständigkeit, d.i. die Souveränität des Staates bedarf einer vernunftgemäßen inneren Verfassung, aber sie „beruht eben so auf der Ansicht und dem Willen des Andern“ (§331), der den einzelnen Staat als solchen anerkennt. Dieses Bedürfnis der Anerkennung entspricht dem Bedürfnis nach Anerkennung der einzelnen Personen. Wie das Rechtsgebot des abstrakten Rechts lautet „sey eine Person und respectire die andern als Personen“ (§36), so ist die „erste absolute Berechtigung“ eines jeden einzelnen Staates, „[a]ls solcher *für den andern* zu seyn, d.i. von ihm *anerkannt zu seyn*“. (§331) Im Eigentum gibt sich die Person „eine äußere *Sphäre ihrer Freyheit*“ (§41), worin allerdings die einzelne Person sich nur auf sich bezieht; „die Freyheit ist hier die des abstracten Willens *überhaupt*, oder ebendamit *einer einzelnen* sich nur zu sich verhaltenden Person.“ (§40) Aus diesem Dasein des abstrakten Willens tritt die Freiheit heraus, indem sich der Wille auf sich als anderen bezieht.[126] Das Eigentum der Person muss, um wirklich zu sein, von anderen Personen anerkannt werden:

„Diese Beziehung von Willen auf Willen ist der eigenthümliche und wahrhafte Boden, in welchem die Freyheit Daseyn hat. Diese Vermittlung, Eigenthum nicht mehr nur vermittelst einer Sache und meines subjectiven Willens zu haben, sondern ebenso vermittelst eines andern Willens, und hiemit in einem gemeinsamen Willen zu haben, macht die Sphäre des Vertrags aus.“ (§71)

Der Vertrag setzt die Bereitschaft voraus, das Eigentum der anderen Person als solches grundsätzlich anzuerkennen. Mit dem Entstehen von Verträgen ist das Eigentum also über die subjektive Setzung der Person hinaus und zu einem objektiven Dasein gekommen, wirklich geworden.[127] Der Schritt im Fortgang der Freiheit, dass die Menschen Vertragsverhältnisse eingehen, ist daher aus der Vernunft ein notwendiger; den einzelnen Menschen erscheint das Schließen von Verträgen

sondern Prüfstein des Anspruches der inneren Entwicklung. Allerdings ergeben sich daraus Folgen für die weitere Entwicklung.

126 „Das Daseyn ist als bestimmtes Seyn wesentlich Seyn für anderes“. (§71)

127 Vgl. §71 A.

bloß ein Mittel zur Bedürfnisbefriedigung und dergleichen zu sein – und das ist es *auch* –, im Wesentlichen entspringt es aber mit Notwendigkeit aus dem Eigentum selbst als nächstfolgender Schritt im Fortgang der Freiheit.[128] Aus ihrer subjektiv gesetzten äußeren Sphäre der Freiheit müssen die Menschen übergehen in deren gegenseitige Anerkennung, worin die einzelnen Sphären der Freiheit nicht bloß von einzelnen gesetzt, sondern von allen gemeinsam gewollt werden.

Diese Struktur des Übergangs vom Eigentum ins Vertragsverhältnis findet ihre Entsprechung im Übergang vom inneren zum äußeren Staatsrecht. Die innere Verfassung eines Staates – welche weit mehr umfasst als was wir heute unter einer Verfassung verstehen, nämlich insbesondere auch die bürgerliche Gesellschaft, das heißt die Produktion der Lebensmittel, Befriedigung der individuellen Bedürfnisse und Weiteres[129] – ist „*unendlich negative* Beziehung *auf sich* [...] und damit ausschließend" (§321). In seiner inneren Verfassung ist jeder Staat sich nur auf sich Beziehen – dies entspricht der äußeren Sphäre der Freiheit im Eigentum, in welchem die einzelne Person sich nur auf sich bezieht. Die Individualität der Staaten erscheint jedoch zugleich, indem sie die Anderen ausschließt, als Bezogensein auf andere, als „*Verhältniß zu andern Staaten*, deren jeder selbstständig gegen die andern ist." (§322) Dies entspricht dem Bezogensein der freien Willen aufeinander.

Aus dieser Selbstständigkeit der Staaten gegeneinander erwächst die Notwendigkeit und somit die Berechtigung der einzelnen Staaten, von den anderen als solche anerkannt zu werden.[130] Die Anerkennung

128 „Es ist durch die Vernunft eben so nothwendig, daß die Menschen in Vertrags-Verhältnisse eingehen [...] als daß sie Eigenthum besitzen [...]. Wenn für ihr Bewußtseyn das Bedürfniß überhaupt, das Wohlwollen, der Nutzen u.s.f. es ist, was sie zu Verträgen führt, so ist es an sich die Vernunft, nehmlich die Idee des reellen (d.i. nur im Willen vorhandenen) Daseyns der freyen Persönlichkeit." (§71 A) Hegel wendet sich hiermit auch gegen vertragstheoretische Begründungen des Staates, denen eine Argumentation zugrundeliegt, nach der es das Bedürfnis ist, das die Menschen Verträge eingehen lässt, die wiederum zu ihrer Durchsetzung der staatlichen Gewalt bedürfen.

129 Vgl. Schnädelbach, Herbert: Die Verfassung der Freiheit, in: Siep, Ludwig: *G.W.F. Hegel: Grundlinien der Philosophie des Rechts*, Berlin/Potsdam: de Gruyter, 4. A. 2017, S. 261–280, hier S. 262f.

130 Vgl. §331. „Dem korrespondiert die Pflicht, ebenso die anderen Staaten als solche anzuerkennen." (Meyer, Thomas: Kant und Hegel über internationale Strafge-

der Staaten zueinander erfolgt in erster Linie durch das Schließen von Verträgen, in welchen die gegenseitige Anerkennung vorausgesetzt ist. Diese Anerkennung kann entweder implizit in den mannigfaltigen Verträgen, durch welche die Staaten ihr Verhältnis ausgestalten, enthalten sein[131] oder ausdrücklich in einem Friedensvertrag. Auch in der Nicht-Anerkennung eines Staates durch einen anderen, indem er gegen ihn Krieg führt, ist die grundsätzliche Anerkennung des anderen Staates enthalten,[132] und sogar der Verzicht auf Anerkennung setzt die Anerkennung voraus.[133]

Bei den einzelnen Personen liegt die grundsätzliche Anerkennung der anderen Person zwar schon im Vertragsschluss, in dem sich (zwei) besondere Willen zusammenschließen und darin einen gemeinsamen Willen hervorbringen, der die einzelnen Willen als solche in ihrem Dasein anerkennt. Darin finden sich die an sich identischen Wil-

---

richtsbarkeit, in Arndt, Andreas et al. (Hg.): *Hegel-Jahrbuch 2017*, Berlin et al.: de Gruyter, 2018, S. 405–410, hier S. 408)

131 Vgl. §332.

132 Vgl. Nachschrift Hotho, GW 26.2, S. 1041: „Auch im Kriege selbst besteht noch ein Band zwischen den Staaten, nehmlich die Anerkenntniß ihrer als an und für sich gültiger."

133 Vgl. TWA 7, S. 499: „Wenn Napoleon vor dem Frieden von Campoformio sagte: ‚Die französische Republik bedarf keiner Anerkennung, sowenig wie die Sonne anerkannt zu werden braucht', so liegt in diesen Worten weiter nichts als eben die Stärke der Existenz, die schon die Gewähr der Anerkennung mit sich führt, ohne daß sie ausgesprochen wurde." Dieser Zusatz findet sich nicht in den Nachschriften der Vorlesungen. Allein in der Nachschrift Griesheim findet sich folgende Stelle, bei der jedoch die Schlussfolgerung des Zusatzes fehlt: „Der Staat ist für sich, aber zweitens auch für Andere, er muß daher anerkannt werden, in neuerer Zeit sind hierüber viele Kollisionen entstanden, besonders über die französische Republick. Napoleon sagte in Laubach bei Abschliessung der Friedenstraktaten ‚Die Republick bedarf keiner Anerkennung, so wenig die Sonne anerkannt zu werden braucht.'" (GW 26.3, S. 1474f.) (Auffällig ist die Abweichung des angeblichen Ortes. Vermutlich handelt es sich dabei um ein Missverständnis, welches Griesheim produziert hat. Mit Laubach gemeint ist aller Wahrscheinlichkeit nach Friedrich Ludwig Christian Graf zu Solms-Laubach, der als Unterhändler am Rastatter Kongress teilgenommen hat, wie aus dem brieflichen Bericht eines anderen Teilnehmers hervorgeht: Anonym: *Briefe eines Abgeordneten bey dem Congresse zu Rastadt*. Bd. 1, Erscheinungsort und Verlag unbekannt, 1798, S. 46. Mglw. sagte Hegel in der Vorlesung, dass Napoleon das besagte Zitat während der Verhandlungen des Friedens von Campo Formio an den Grafen zu Solms-Laubach gerichtet habe, was Griesheim missverstand.)

len zu einem gemeinsamen zusammen, der also ein Höheres gegenüber den besonderen Willen, da er ihre Wahrheit ist. Nichtsdestotrotz kann der besondere Wille der einzelnen Person mit diesen an sich seienden Willen auseinanderfallen: im Unrecht. Ob der besondere Wille dem an sich seienden entspricht oder mit ihm auseinanderfällt, unterliegt der Willkür der einzelnen Person, ist also zufällig.[134] Im Unrecht überhebt sich der besondere Wille über den an und für sich seienden Willen, das Recht an sich. Das Recht gegen diese Negation seiner zu behaupten, indem es die Überhebung des besonderen Willens negiert, bedarf das Recht des Zwanges und der Gewalt. Die Möglichkeit der Verletzung des Rechts an sich im Unrecht, die aus der Zufälligkeit der besonderen Willen folgt, macht den Zwangs- und Gewaltcharakter des abstrakten Rechts nötig,[135] durch welchen erst die Anerkennung der besonderen Willen nicht auf die Zufälligkeit der einzelnen Willen angewiesen ist, sondern mit Notwendigkeit folgt:

„Das abstracte Recht ist Zwangsrecht, weil das Unrecht gegen dasselbe eine Gewalt gegen das Daseyn meiner Freyheit in einer äußerlichen Sache ist; die Erhaltung dieses Daseyns gegen die Gewalt hiemit selbst als eine äußerliche Handlung und eine jene erste aufhebende Gewalt ist." (§94)

Der Ausgangspunkt bei den Staaten ist nun ein ganz ähnlicher. Auch hier spricht Hegel von einer „allgemeinen Identität" (§331 A) der Staaten, die der Identität an sich der einzelnen Willen entspricht und Voraussetzung der Anerkennung der einzelnen Staaten ist.[136] Aus der Identität an sich folgt aber die Anerkennung nicht mit Notwendigkeit; sie bedarf zu ihrer Wirklichkeit der Gegenseitigkeit, also der tatsächlichen Übereinstimmung der Willen der einzelnen Staaten. Dies entspricht der Übereinstimmung der besonderen Willen der Einzelpersonen im Vertrag; fehlt diese Übereinstimmung aber, bedarf es, damit die

---

134 Vgl. §81.

135 Vgl. §94 A.

136 Vgl. auch §547 der *Enzyklopädie* von 1830, nach welcher das äußere Staatsrecht einerseits auf den Traktaten, andererseits auf dem Völkerrecht beruht, „dessen allgemeines Princip das vorausgesetzte *Anerkanntseyn* der Staaten ist". (GW 20, S. 523) Dass diese allgemeine Identität nicht bloß eine rhetorische Voraussetzung, sondern wirkliche Bedingung ist, zeigt, dass Hegel bei einigen Gesellschaften infragestellt, inwiefern diese allgemeine Identität dort angenommen werden könne; vgl. §331 A.

Anerkennung der einzelnen Person nicht vom besonderen Willen einer anderen Person und damit der Zufälligkeit abhängt, einer von den besonderen Willen unabhängigen, an sich seienden Instanz, in welcher die Anerkennung des einzelnen Willens wirklich ist. Ist es bei den einzelnen Personen der Zwangs- und Gewaltcharakter des strengen Rechts, das bei Auseinanderfallen von besonderem Willen und Willen an sich deren Übereinstimmung wiederherstellt und damit die Anerkennung gewährleistet, spricht Hegel bei der Anerkennung der Staaten bloß von einer „Garantie“:

„Aber diese Anerkennung fordert eine Garantie, daß er die andern, die ihn anerkennen sollen, gleichfalls anerkenne, d.i. sie in ihrer Selbstständigkeit respectiren werde, und somit kann es ihnen nicht gleichgültig seyn, was in seinem Innern vorgeht.“ (§331 A)

Diese Garantie erschöpft sich dann allerdings bloß in dem berechtigten Interesse des einzelnen Staates, dass die anderen Staaten, die er anerkennt, eine hinreichend vernünftige innere Verfasstheit haben – womit aber nicht mehr gegeben ist als „die allgemeine Identität, die zur Anerkennung gehört“. (§331 A) Die Garantie der Anerkennung besteht also in nicht mehr als dem Vorliegen ihrer Voraussetzungen. Ob aber der einzelne Staat einen anderen Staat tatsächlich anerkennt, obliegt gänzlich dessen besonderem Willen.[137] Das Vorliegen einer Gerichtsbarkeit, welche unabhängig von den besonderen Willen und für diese verbindlich über Recht oder Unrecht zwischen den Staaten urteilt – wie dies zwischen den einzelnen Personen geschieht – verneint Hegel explizit: „Es gibt keinen Prätor, höchstens Schiedsrichter und Vermittler zwischen Staaten, und auch diese nur zufälligerweise, d. i. nach besondern Willen.“ (§333 A) Die Staaten werden in ihrem Streben, ihre „erste absolute Berechtigung“ der Anerkennung gegen andere durchzusetzen, ihrer äußeren Sphäre also Wirklichkeit zu geben, auf den Willen der anderen und ihre eigene Innerlichkeit zurückgeworfen:

137 Vgl. §331.

„Aber diese Berechtigung ist zugleich nur formell, und die Foderung dieser Anerkennung des Staats, bloß weil er ein solcher sey, abstract; ob er ein so an und für sich seyendes in der That sey, kommt auf seinen Inhalt, Verfassung, Zustand an, und die Anerkennung, als eine Identität beyder enthaltend, beruht eben so auf der Ansicht und dem Willen des Andern." (§331)

Konsequenterweise kann im Falle, dass die besonderen Willen der Staaten keinen gemeinsamen hervorbringen können, indem sie eine Übereinkunft treffen, es nur der Rückgriff auf die Negation, in welcher sich die besonderen Willen der Staaten aufeinander beziehen, ihre gewalttätige Auseinandersetzung, also Krieg, sein, die solchen Konflikt auflöst: „Der Streit der Staaten kann deswegen, insofern die besondern Willen keine Uebereinkunft finden, nur durch *Krieg* entschieden werden." (§334)[138] Das steht deutlich im Kontrast zu der Konzeption des abstrakten Rechtes, dessen höchste Entwicklung das sich gegen das Unrecht behauptende Recht an sich ist.[139] Erst im Behaupten gegen das Unrecht, im Setzen der Unterscheidung von einzelnem Willen und Recht an sich wird das abstrakte Recht wirklich, erhält es Dasein:

„Das Verbrechen und die rächende Gerechtigkeit stellt nemlich die Gestalt der Entwickelung des Willens, als in die Unterscheidung des allgemeinen an sich und des einzelnen für sich gegen jenen seyenden, hinausgegangen dar und ferner, daß der an sich seyende Wille durch Aufheben dieses Gegensatzes in sich zurückgekehrt und damit selbst für sich und wirklich geworden ist. So ist und gilt das Recht, gegen den blos für sich seyenden einzelnen Willen bewährt, als durch seine Nothwendigkeit wirklich." (§104)

Es sind die Gerichte als absolute Vertreter des Rechts an sich, welche darüber entscheiden, ob der einzelne Wille in Übereinstimmung mit dem Recht an sich steht und beim Auseinanderfallen besonderer Willen entscheiden. Erst darin erhält das abstrakte Recht ein selbstständiges

---

138 Vgl. zum Krieg auch noch ausführlich Abschnitt 0.

139 Konsequenterweise ist der dritte Abschnitt des abstrakten Rechts ab der Version der *Enzyklopädie* von 1827 dann auch überschrieben: „Das Recht an sich gegen das Unrecht"; vgl. GW 19, S. 357. Noch bis in die Vorlesung von 1824/25 wird er von Hegel als „Das Unrecht" betitelt; vgl. Nachschrift Griesheim, GW 26.3, S. 1172. Ebd. heißt es allerdings schon: „Der dritte Abschnitt enthält das Recht an sich, seine Ausführung zeigt daß das Recht an sich sich geltend macht, nicht der Wille, dieß war die Bestimmung des vorhergehenden Abschnitts."

Dasein. Anders zwischen den Staaten: Die Instanz, die beim Auseinanderfallen zweier besonderer Willen darüber entscheidet, welcher der beiden im Recht ist – und ob überhaupt ein solches Auseinanderfallen gegeben ist[140] –, ist nicht das Recht an sich, sondern das besondere Recht eines der beiden streitenden Staaten.[141] Von Recht oder Unrecht im eigentlichen Sinne kann zwischen den Staaten also im Grunde nicht gesprochen werden, da das Recht an sich der Staaten untereinander kein Dasein hat, nicht wirklich ist. Es ist im systematischen Vergleich mit dem Übergang vom Eigentum zum Vertragsverhältnis, dessen Geltung durch das strenge Recht gewährleistet wird, nicht ersichtlich, warum die Verhältnisse der Staaten hinter dieser Verobjektivierung des Vernünftigen zurückbleiben sollen und es auf die besonderen Willen der einzelnen Staaten ankommt, ob den Verträgen zwischen ihnen eine über das Zufällige hinausgehende Geltung zukommt. Das Recht zwischen den Staaten, in welchem der Konzeption des Hegelschen Systems zufolge die Entwicklung der Freiheit weiter vorangeschritten sein sollte als im abstrakten Recht, fällt hinter dieses zurück; während das abstrakte Recht sich im sich gegen das Unrecht bewährenden Recht zur Wirklichkeit fortentwickelt hat, bleibt das Recht zwischen den Staaten unwirklich.

2. Die Analogie zur Ausbildung des Staates aus der bürgerlichen Gesellschaft

Wie sich im Recht der Staaten gegeneinander das abstrakte Recht (der einzelnen Personen untereinander) – auf einer höheren Stufe – aufgehoben findet, so auch die weiteren Schritte des Fortgangs im objektiven Geist. Wir finden also auch eine systematische Entsprechung zwischen dem Verhältnis der Bürger:innen in der bürgerlichen Gesellschaft und dem Verhältnis der Staaten,[142] aus welcher eine Entsprechung zwischen

---

140 Vgl. §§334, 335.

141 Vgl. auch die Nachschrift von Griesheim der Vorlesung von 1824/25: „Ob es ein gerechter oder ungerechter Krieg sei, ist in abstracto nicht zu entscheiden". (GW 26.3, S. 1475)

142 Vgl. auch Bulgan, Birden Güngören: Hegels Kritik am „Ewigen Frieden" von Kant und ein Vergleich ihrer Völkerrechtstheorien, in Arndt, Andreas et al. (Hg.): *Hegel-Jahrbuch 2017*, Berlin et al.: de Gruyter, 2018, S. 307–312, hier S. 309. Peperzaks Parallelisierung der zwischenstaatlichen Verträge mit dem vertraglichen

dem Übergang aus der bürgerlichen Gesellschaft in den politischen Staat und dem Übergang aus dem Gegeneinander der Staaten in einen gemeinsamen Willen folgen müsste.

Die Entsprechung zwischen bürgerlicher Gesellschaft und dem Verhältnis der Staaten gegeneinander wird von Hegel selbst thematisiert. In §332 zieht Hegel einen Vergleich zwischen den Verträgen zwischen den einzelnen Personen in der bürgerlichen Gesellschaft und den Verträgen zwischen den einzelnen Staaten im äußeren Staatsrecht:

„Der Stoff dieser Verträge [sc. zwischen den Staaten, JD] ist jedoch von unendlich geringerer Mannigfaltigkeit als in der bürgerlichen Gesellschaft, in der die einzelnen nach den vielfachsten Rücksichten in gegenseitiger Abhängigkeit stehen, da hingegen selbstständige Staaten vornämlich sich in sich befriedigende Ganze sind." (§332)

In der bürgerlichen Gesellschaft verfolgen die einzelnen Personen ihre individuellen Zwecke und haben als besondere Willen „das Recht sich nach allen Seiten zu entwickeln und zu ergehen" (§184). Indem sie sich in die zufälligen und besonderen Willen verlieren und darin ohne Rücksicht auf das Allgemeine ihre individuellen Zwecke verfolgen, entwickeln die einzelnen Personen so das Moment der Besonderheit als ein Moment der Totalität. Die bürgerliche Gesellschaft ist so „das System der in ihre Extreme verlornen Sittlichkeit, was das abstracte Moment der *Realität* der Idee ausmacht, welche hier nur als die *relative Totalität* und *innere Nothwendigkeit* an dieser äußern *Erscheinung* ist." (§184) Wie den besonderen Willen der einzelnen Personen subjektiv ihre eigenen (materiellen) Bedürfnisse zugrundeliegen und ihn bestimmen,[143] so liegt den besonderen Willen der Staaten subjektiv ihr individuelles Wohl zugrunde: „Das substantielle Wohl des Staats ist sein

---

Übergang des Eigentums aus dem Abschnitt über das abstrakte Recht greift daher zu kurz, da sie die Mannigfaltigkeit der bürgerlichen Gesellschaft nicht umfasst; vgl. Peperzak, Adriaan: *Hegel contra Hegel in His Philosophy of Right: The Contradictions of International Politics*, in: Journal of the History of Philosophy 32, Jg. 1994, S. 241–263, hier S. 249: „The commerce of independent states can be understood on the basis of its parallelism with the contractual exchanges deduced in the chapter on ‚abstract right'". Peperzak übersieht damit auch die weitergehende Parallelisierung des Äußeren Staatsrechts mit den vorhergehenden Seiten der Sittlichkeit; vgl. Abschnitt 5.

143 Vgl. §71.

Wohl als eines besondern Staats in seinem bestimmten Interesse und Zustande und den eben so eigenthümlichen äußern Umständen nebst dem besonderen Traktatenverhältnisse". (§337)

In der bürgerlichen Gesellschaft verbleibt es jedoch nicht dabei, dass die besonderen Bedürfnisse und Interessen der einzelnen Personen in ihren Extremen auseinandergehen; die einzelnen Personen sind in ihren besonderen Bedürfnissen auf die der anderen Menschen angewiesen. Die Befriedigung ihrer individuellen Bedürfnisse wird durch die Arbeit vermittelt; nicht aber bloß über ihre individuelle Arbeit, sondern auch die der anderen Menschen, die über ihre Arbeit ihre Bedürfnisse befriedigen und damit produzieren, was andere konsumieren, zur Befriedigung ihrer Bedürfnisse:

„Die Bedürfnisse und die Mittel werden als ein reelles Daseyn ein Seyn für Andere, durch deren Bedürfnisse und Arbeit die Befriedigung gegenseitig bedingt ist." (§192)

Es liegt also im Interesse der einzelnen Person, dass auch die anderen – vermittelt über die Arbeit – ihre Bedürfnisse befriedigen. Wenn Hegel im Abschnitt über das äußere Staatsrecht den Staaten auch zuspricht, „vornämlich sich in sich befriedigende Ganze" (§332) zu sein, anerkennt er im Abschnitt über die bürgerliche Gesellschaft die Bedeutung des Handels zwischen den Staaten für das System der Bedürfnisse[144] und spricht von der „Abhängigkeit großer Industriezweige von auswärtigen Umständen und entfernten Combinationen, welche die an jene Sphären angewiesenen und gebundenen Individuen in ihrem Zusammenhang nicht übersehen können" und die eine „allgemeine Vorsorge und Leitung nothwendig" macht. (§236) Wie die Befriedigung der Bedürfnisse anderer im Interesse der einzelnen Personen liegt, um ihre eigenen Bedürfnisse zu befriedigen, so haben auch die einzelnen Staaten in ihrem Interesse am eigenen Wohl ein Interesse an der Entwicklung von Produktion und Konsumtion in anderen Staaten – und also eine „allgemeine Vorsorge und Leitung" auch der gesamten Produktion und Konsumtion der Staaten der Ver-

---

144 Vgl. bspw. §§246, 247. Hegel strebt, anders als Fichte, nicht nach eine geschlossenen Handelsstaat; vgl. Angehrn, Emil: Die Ambivalenz der Moderne. Staat und Gesellschaft in Hegels Rechtsphilosophie, in: Kimmerle, Heinz et al. (Hg.): *Hegel-Jahrbuch 1988*, Bochum: Germinal, 1989, S. 170–180, hier S. 178.

nunft entsprechen würde. Dieses Höhere aber, das bei den einzelnen Personen in der Zufälligkeit der Interessen angelegt ist und im Staat wirklich wird, spricht Hegel den Staaten als einzelnen ab. Was im Verhältnisse der Individuen nur Schein war, dass es nämlich das individuelle „Bedürfniß überhaupt, das Wohlwollen, der Nutzen u.s.f. es ist, was sie zu Verträgen führt“ (§71 A) – hinter dem tatsächlich das Wirken der Vernunft steckt –, wird zwischen den Staaten zum Wirklichen erhoben, indem es „der *besondere* Wille des Ganzen [sc. des einzelnen Staates, JD] aber *nach seinem Inhalte*, seinem *Wohl* überhaupt“ (§336) ist, woraus sich das Verhältnis der Staaten gegeneinander bestimmt. Für den einzelnen Staat bleibt somit sein besonderer Wille und sein besonderes Wohl „das höchste Gesetz in seinem Verhalten zu andern“. (§336)[145] Den notwendigen Schritt vom bloß Subjektiven zum Objektiven, den die Vernunft von den einzelnen Personen in der bürgerlichen Gesellschaft zum Staat vollzieht, tut sie von den Staaten ausgehend nicht.

Die Ausentwicklung der Besonderheit in ihr Extrem, wodurch die bürgerliche Gesellschaft „den *Gegensatz* der Vernunft zu *seiner ganzen Stärke auseinandergehen* läßt“, (§185 A) ist als Entwicklung eines ihrer Momente ein notwendiger Schritt in der Entwicklung der Vernunft. In diesem Auseinandergehen der besonderen Willen zerstört allerdings die Besonderheit „sich selbst und ihren substantiellen Begriff“, (§185) weswegen es einer selbstständigen Totalität bedarf, die den Gegensatz der Vernunft überwältigt, „in ihm somit sich erhält und *ihn in sich zusammenhält*“ (§185 A) – diese selbstständige Totalität ist der Staat. Der Staat ist somit die Allgemeinheit gegenüber der Besonderheit, in die die Besonderheit in ihrem Auseinandergehen selbst übergeht, „sich für sich zur Totalität entwickelt“. (§186) Die Besonderheit erhält sich und dadurch erst ihre Wahrheit, dass sie in die Allgemeinheit übergeht.[146] Die einzelnen Personen verfolgen vermittelt über das Allgemeine ihre eigenen Zwecke und tragen so, indem sie bloß ihre individuellen Zwecke verfolgen, dazu bei, das Allgemeine herzustellen und zu erhalten[147] – Hegel bezieht sich hierbei auf die politische Ökonomie seiner Zeit

145 Vgl. auch die Nachschrift von Hotho der Vorlesung von 1822/23: „Ueber das Wohl aber des Staates ist kein Höheres, was sein Wohl ist [sic] ist sein Recht.“ (GW 26.2, S. 1041.

146 Vgl. §186.

147 Vgl. §187.

wie bspw. Smith, Say und Ricardo.[148] Dadurch stellt „sich zwar das richtige Verhältniß *im Ganzen* von selbst“ (§236) her, doch können die „verschiedenen Interessen der Producenten und Consumenten [...] in Collision mit einander kommen“, (§236) weswegen es „einer über beyden stehenden mit Bewußtseyn vorgenommenen Regulirung“ (§236) bedarf. Diese mit Bewusstsein vorgenommene Regulierung kann nur der das gesellschaftliche Ganze mitsamt der bürgerlichen Gesellschaft unter sich begreifende, organische Staat sein.

Zwar gibt es auch innerhalb der bürgerlichen Gesellschaft Institutionen, die dem Auseinandergehen der Besonderheit steuern. Das ist zum einen die Familie, über die vermittelt das einzelne Individuum erst Teil der bürgerlichen Gesellschaft wird; sie ist so zunächst „das substantielle Ganze, dem die Vorsorge für diese besondere Seite des Individuums sowohl in Rücksicht der Mittel und Geschicklichkeiten, um aus dem allgemeinen Vermögen sich etwas erwerben zu können, als auch seiner Subsistenz und Versorgung im Falle eintretender Unfähigkeit angehört.“ (§238) Weder die Vorsorge der Familie aber, noch das „Zufällige des Almosens“ (§242) können dem Ausmaß der Armut, welche die bürgerliche Gesellschaft hervorbringt, entsprechen, und das „Herabsinken einer großen Masse unter das Maaß einer gewissen Subsistenzweise“ (§244) macht es nötig, dass die Regulierung der Produktion und Konsumtion von allgemeiner Seite geschieht.[149] Das Instrument, das die bürgerliche Gesellschaft zur Regulierung von Produktion und Konsumtion aus sich selbst hervorbringt, sind die Korporationen, in welchen „der auf sein Besonderes gerichtete, *selbstsüchtige* Zweck zugleich sich als allgemeinen“ (§251) betätigt. Die Korporationen als berufsständische Organisationen regulieren zwar innerhalb ihres jewei-

148 Vgl. §189 A sowie Jaeschke, a.a.O., S. 388 und Horstmann, Rolf-Peter: Hegels Theorie der bürgerlichen Gesellschaft, in: Siep, Ludwig (Hg.): G.W.F. Hegel: *Grundlinien der Philosophie des Rechts*, Berlin/Boston: de Gruyter, 4. A. 2017, S. 189–209, hier S. 200.

149 Hegel stellt dem einen Extrem der in den ganzen Gegensatz der besonderen Willen auseinandergehenden Unorganisiertheit der Produktion und Konsumtion „das andere Extrem der Versorgung so wie die Bestimmung der Arbeit Aller durch öffentliche Veranstaltung“ (§236 A) gegenüber, worin die Gesamtheit der Produktion und Konsumtion völlig von allgemeiner Seite bestimmt und organisiert ist, und welche der Freiheit der Individuen aber widerspricht und also ebenso zu verwerfen ist.

ligen Berufsstandes Produktion und Konsumtion,[150] ihr Zweck ist allerdings ein beschränkter und hat somit seine Wahrheit „in dem an und für sich *allgemeinen Zwecke*", (§256) welcher nur im Staat wirklich ist.

In Hegels Konzeption des Verhältnisses der Staaten gegeneinander findet sich keinerlei Entsprechung für diese Institutionen der bürgerlichen Gesellschaft, mit welchen sie der selbst erzeugten Armut zu steuern versucht. Hegel betont sogar, dass „der Zweck im Verhältnisse zu andern Staaten [...] nicht ein allgemeiner (philanthropischer) Gedanke" (§337) sei, sondern ausschließlich das besondere Wohl des Staates selbst.[151] Hegel sind die Unterschiede in der ökonomischen Situation der verschiedenen Staaten selbstverständlich ebenso wenig entgangen wie die von der bürgerlichen Gesellschaft hervorgebrachte Armut. Erzeugt aber auch das Verhältnis der Staaten gegeneinander ein Übermaß der Armut, weil die verschiedenen Interessen der Staaten in Kollision miteinander geraten, bedarf es auch hier einer über ihnen stehenden, mit Bewusstsein vorgenommenen Regulierung. Und auch im Verhältnis der Staaten zueinander lässt sich eine solche Regulierung der Produktion und Konsumtion nur von einem allgemeinen Standpunkt durchführen, der nur in einer über den Staaten stehenden, selbstständigen Institution bestehen kann – einer dem Staat entsprechenden wirklichen rechtlichen Institution über den einzelnen Staaten. Das gilt umso mehr, als da es im Verhältnis der Staaten gegeneinander nicht einmal die in der bürgerlichen Gesellschaft anzutreffenden Institutionen der Regulierung gibt, sodass die den Bürger:innen in der bürgerlichen Gesellschaft entsprechenden Staaten dem Wirken der zwischenstaatlichen Verhältnisse schutzlos ausgeliefert sind.[152] Es ließe sich allein in den Staaten selbst eine der Rolle der Familie in der bürgerlichen Gesellschaft entsprechende Funktion zuschreiben. Die Familie tritt bei Hegel in der bürgerlichen Gesellschaft als Individuum auf, wie die Staaten im zwischenstaatlichen Verhältnis; sie sorgt für ihre Mitglieder und schützt sie vor den Zufälligkeiten der bürgerlichen Gesellschaft, wie es

150 Vgl. §254.

151 Zu Hegels Kritik des philanthropischen Kosmopolitismus vgl. auch Gerardi, Giovanni: Hegels Kritik am kantischen Kosmopolitismus, in Arndt, Andreas et al. (Hg.): *Hegel-Jahrbuch 2017*, Berlin et al.: de Gruyter, 2018, S. 323–328.

152 Eine Schlussfolgerung, die sich mit Blick auf die globalen Handelsverhältnisse und die darin herrschenden Kräfteungleichgewichte auch unmittelbar empirische Bestätigung findet.

auch der Staat für seine Bürger:innen tut. In der bürgerlichen Gesellschaft wird die Sorge der Familie für sich selbst allerdings noch ergänzt um die Unterstützung für fremde Individuen; dergleichen Institutionen fehlen in Hegels Konzeption des zwischenstaatlichen Verhältnisses völlig.[153]

Wie die einzelnen Personen in der bürgerlichen Gesellschaft bloß ihre besonderen Zwecke verfolgen und sich in diesem Verfolgen der individuellen Zwecke ein Allgemeines ergibt, so verfolgen auch die Staaten bloß ihre besonderen Willen und es stellt sich in diesem Auseinander der besonderen Willen ein Allgemeines her – die Weltgeschichte, in der sich der „allgemeine Geist" (§341) verwirklicht. Hegel spricht der Weltgeschichte zu, dass sich in ihr nicht bloß ein blindes Wüten der Zufälle verwirkliche – wie es auf den ersten Blick scheinen mag –, sondern sich der allgemeine Geist darin mit Vernunft selbst verwirkliche:

„Die Weltgeschichte ist ferner nicht das bloße Gericht seiner Macht, d.i. die abstracte und vernunftlose Nothwendigkeit eines blinden Schicksals, sondern weil er an und für sich Vernunft, und ihr Für-sich-seyn im Geiste Wissen ist, ist sie die aus dem Begriffe nur seiner Freyheit nothwendige Entwickelung der Momente der Vernunft und damit seines Selbstbewußtseyns und seiner Freyheit, – die Auslegung und Verwirklichung des allgemeinen Geistes." (§342)

Diese mit Selbstbewusstsein vorgenommene Verwirklichung des allgemeinen Geistes müsste Hegel, um sie als die vernünftige Weiterentwicklung der ihr vorgehenden Gestaltungen des Geistes ausgeben zu können, aus diesen entwickeln. Eine solche Entwicklung gibt Hegel für den Übergang vom Widerstreit der Staaten zur Vernunft der Weltgeschichte allerdings nicht an, anders als für den Übergang vom Widerstreit der Bürger:innen zur Vernunft des Staates – auch dort ist die logische Entwicklung lückenhaft, wir wollen hier aber einmal, da Hegel dies für die philosophische Entwicklung des Staates aus der bürgerlichen Gesellschaft in Anspruch nimmt, unterstellen, der Übergang dort erfülle diesen Anspruch.[154] Der Staat entwickelt sich, darauf kommt es Hegel an, aus der bürgerlichen Gesellschaft mit Notwendigkeit. Zwar tritt er Familie und bürgerlicher Gesellschaft als „eine *äußerliche*

153 Heute ließen sich hingegen Instrumente der Entwicklungszusammenarbeit, gegenseitige Hilfe in Krisensituationen und dgl. mehr darunter fassen.

154 Vgl. schon Fn. **Fehler! Textmarke nicht definiert.**.

Nothwendigkeit und ihre höhere Macht" (§261) entgegen, der sie sich unterzuordnen haben, dessen Gesetzen die ihrigen im Konfliktfall weichen müssen, zugleich ist er „ihr *immanenter* Zweck" (ebd.), entwickelt sich also aus ihren eigenen Gesetzen mit innerer Notwendigkeit.[155] Die innere Notwendigkeit, mit der sich der Staat aus der bürgerlichen Gesellschaft entwickelt, entspringt den Gesetzen ihrer eigenen Entwicklung. Diese innere Notwendigkeit kann Hegel für den Übergang von den einzelnen Staaten zur Weltgeschichte nicht angeben. Die Identität zwischen der Vernunft, nach welcher die Staaten in ihrem Inneren gegliedert sind, und der Vernunft, welche in der Weltgeschichte waltet, ist eine abstrakte: beide sind im allgemeinen Geist. Hegel entwickelt diese Identität, aus welcher die Gesetzmäßigkeit der Weltgeschichte als aus denen der Staaten sich entwickelnde behauptet werden könnte, nicht konkret. Dem einzelnen Staat tritt die Weltgeschichte als eben das blinde Schicksal entgegen, als das die nur an sich in der Weltgeschichte liegende Vernunft erscheint; im Krieg, den ein Staat entfesselt, weiß der von ihm betroffene Staat nicht seine eigene Gesetzmäßigkeit, sondern eine fremde.[156]

Um die Identität zwischen der Vernunft, nach welcher die Staaten selbst gegliedert sind und der sich in der Weltgeschichte durchsetzenden konkret zu entwickeln, müsste Hegel das Allgemeine der Geschichte, den allgemeinen Geist, nicht bloß voraussetzen, sondern konkret aus den besonderen Willen der Staaten entwickeln. Dafür bietet der Übergang von der bürgerlichen Gesellschaft in den politischen Staat eine systematische Vorlage. Wie sich das Allgemeine des politi-

155 Die „ungelöste Antinomie" (MEW 1, S. 204), die Marx hier erkennt, mag für den Staat der bürgerlichen Gesellschaft, d. h. den kapitalistischen, gelten; sie ist dennoch „vorübergehendes *Daseyn*" (§1).

156 Gerade in diesem Anspruch, dass sich in der Weltgeschichte nicht bloß das Wirken eines äußeren Prinzips erkennen lässt, sondern es sich dabei um die vernünftige Selbstentwicklung der Freiheit handelt, will Hegel wesentlich über Kant hinausgehen: „Der Weltgeist, als das den Fortschritt zur Verwirklichung des Selbstbewusstseins bestimmende Prinzip, setzt die Entwicklung aber nicht sozusagen mechanisch von außen in Gang, wie dies noch bei der Kantischen Naturabsicht gedacht war. Es ist dagegen vielmehr die Bewegung der Widersprüche, die sich durch die Realisierung des Begriffs zur Idee der Freiheit ergeben." (Bruns, Johannes: Selbst- und Fremdbestimmung der Geschichte bei Kant und Hegel, in Arndt, Andreas et al. (Hg.): *Hegel-Jahrbuch 2017*, Berlin et al.: de Gruyter, 2018, S. 418–423, hier S. 420f.)

schen Staates aus dem Widerstreit der Bürger:innen entwickelt, müsste sich das Allgemeine der Weltgeschichte aus dem Widerstreit der einzelnen Staaten entwickeln: Wie die Bürger:innen, indem sie sich in ihrer Arbeit aufeinander beziehen, im Austausch ein Gemeinsames hervorbringen, welches die Voraussetzung der Verfolgung ihrer besonderen Interessen bildet, so bringen die Staaten im Welthandel ein Gemeinsames hervor, das die Voraussetzung zur Verfolgung ihres „substantiellen Wohls" bildet – auch wenn Hegel behauptet, dass die Staaten mehr als die einzelnen Personen „sich in sich befriedigende Ganze" seien, sind sie im Welthandel aufeinander bezogen und finden darin also ein Gemeinsames. Wie sich das Gemeinsame der Interessen der Personen in der bürgerlichen Gesellschaft zu einem Allgemeinen verselbstständigt, als dessen Substanz die einzelnen Personen ihre besonderen Interessen wissen und das gemeinsame Interesse gegen die besonderen Interessen durchsetzt, so müsste sich das Gemeinsame der Staaten als ein Allgemeines verselbstständigen, das das gemeinsame Interesse eines funktionierenden Austausches oder Frieden gegen die besonderen Interessen der Staaten durchsetzen kann. Erst in diesem selbstständigen Allgemeinen, in einer „Gesamtheit, die einen mehr oder weniger selbstständigen Staat ausmacht und ein eigenes Zentrum hat," (§322)[157] wären die Staaten und Menschen in der Lage, die Weltgeschichte als ihre Geschichte gemäß ihren eigenen Gesetzmäßigkeiten zu entwickeln; die Vernunft der Weltgeschichte wäre als mit der menschlichen überhaupt konkret identisch entwickelt.

3. Die Parallele zum Naturzustand

Das Modell des Naturzustandes spielt in vielen Staatsbegründungsmodellen der Neuzeit eine wichtige Rolle. Ausgehend von der bis heute wohl paradigmatischen Konzeption Hobbes', der den Naturzustand als *bellum omnium contra omnes* zeichnet,[158] drehte sich über Locke, Rousseau und andere die Diskussion um die Begründung des Staates meist um die unterschiedlichen Versionen, das Ausgehen aus dem

157 Hegel bezieht sich hier eigentlich auf die Charakteristika eines Einzelstaates, um ihn von einem Universalstaat abzugrenzen.

158 Hobbes, Thomas: *De Cive*, in: Opera Philosophica, Bd. 2, Aalen: Scientia, S. 157–432, hier S. 166.

Naturzustand zu begründen; auch Kant knüpft, wie wir oben gesehen haben, an das Naturzustandsmodell an. Und auch Hegel bezieht sich in seinen rechtsphilosophischen Überlegungen mehrfach auf das Modell des Naturzustandes. Bereits im *Naturrechtsaufsatz* wendet sich Hegel polemisch gegen Staatsbegründungsmodelle, die den Staat als Gegenmodell zum Naturzustand zeichnen, indem er diesen Modellen vorhält, im Versuch von allem Zufälligen zu abstrahieren, um auf das Eigentümliche und Notwendige zu kommen, kein Kriterium angeben zu können, dem zufolge sie zwischen Notwendigem und Zufälligem unterscheiden, und so im Ergebnis das für das dem Naturzustand Eigentümliche annehmen, woraus sie den Staat als notwendiges Resultat ableiten können, „was nichts anders heißt, als es wird vorausgesetzt, wohin man gelangen will, daß nemlich eine Einstimmung des als Chaos widerstreitenden das gute oder das sey, wohin man kommen müsse".[159] In der Enzyklopädie-Version von 1817 greift Hegel im Teil zum Recht diesen Gedanken auf und skizziert die Gesellschaft gegen den Naturzustand,[160] während im Teil, der sich der Sittlichkeit widmet, dann keine explizite Bezugnahme auf das Motiv des Naturzustandes – weder also in der bürgerlichen Gesellschaft noch zwischen den Staaten – zu finden ist.[161] In den frühen Vorlesungen zur Rechtsphilosophie aus den Semestern 1817/18 sowie 1818/19 finden sich mehrfach starke und deutlich ablehnende Bezüge auf das Konzept des Naturzustandes, mitunter an prominenten Stellen; so bspw. jeweils in den Einleitungsvorlesungen in den Nachschriften von Wannemann („Vielmehr aber ist ein Zustand, welcher Naturzustand wäre, ein solcher, worin entweder überhaupt Recht und Unrecht noch nicht stattfinden, weil der Geist noch nicht zum Gedanken seiner Freyheit gelangt wäre, und mit diesem erst Recht und Unrecht anfinge")[162] und Homeyer: „Der Naturzustand, der Zustand der Kindheit, ist der der Unfreiheit, der Willkühr des zufälligen Wollens. [...] Aus der Bändigung des Willens aber geht die Sucht des Menschen zur Freiheit hervor, das Streben aus dem

159 GW 4, S. 426; für die gesamte Argumentation vgl. ab S. 424.

160 Vgl. GW 13, S. 228, in der Hegel bereits die Formulierung verwendet, nach welcher vom Naturzustand „nichts Wahreres gesagt werden kann, als *daß aus ihm herauszugehen* ist".

161 Vgl. GW 13, S. 232ff. Hegel bezeichnet das Verhältnis der Staaten zueinander als einen „Zustand des Krieges"; vgl. GW 13, S. 237.

162 GW 26.1, S. 8

Naturzustande zu einem höhern."[163] Über den Verlauf der Vorlesungen bezieht sich Hegel dann häufiger auf die Vorstellung vom Naturzustand, häufig, um die Strukturen der Sittlichkeit als ein demgegenüber Höheres zu charakterisieren.[164] In der Vorlesungsnachschrift der Semester 1819/20 fehlt der Bezug auf den Naturzustand in der Einleitungsvorlesung bereits,[165] und auch im Übrigen Verlauf der Vorlesung werden die Bezüge auf den Naturzustand spärlich.[166]

In den *Grundlinien* greift Hegel die Vorstellung vom Naturzustand dann an einigen Stellen wieder auf und stellt diesen zumeist als hypothetische Gegenvorstellung gegen das Höhere der Gesellschaft, bezieht sich mitunter aus polemischen Zwecken darauf.[167] In §200 A hingegen spricht Hegel davon, dass die bürgerliche Gesellschaft als das System der Bedürfnisse einen Rest des Naturzustandes weiter in sich trage: „Diese Sphäre der Besonderheit, die sich das Allgemeine einbildet, behält in dieser nur relativen Identität mit demselben eben so sehr die natürliche als willkührliche Besonderheit, damit den Rest des Naturzustandes, in sich." Später spricht er in Anlehnung an Hobbes vom „Kampfplatz des individuellen Privatinteresses Aller gegen Alle" (§289 A) in der bürgerlichen Gesellschaft.

Auf diesen Aspekt der Vorstellung vom Naturzustand als Kampf aller gegen alle kommt Hegel sodann im Äußeren Staatsrecht zurück.[168] In §333 spricht er davon, dass sich die Staaten im Naturzustand gegeneinander befänden:

---

163 GW 26.1, S. 233

164 Vgl. beispielhaft Nachschrift Wannemann, GW 26.1, S. 101, 210, 213, und Nachschrift Homeyer, GW 26.1, S. 297f.

165 Vgl. GW 26.1, S. 333ff.

166 So findet sich bspw. GW 26.1, S. 454 die Entgegensetzung von Naturzustand und bürgerlicher Gesellschaft.

167 Solche Gegenüberstellungen finden sich in den *Grundlinien* in den §§93 A, 168 A, 187 A; Erwähnungen des Naturzustandes zu polemischen Zwecken finden sich in den §§194 A, Außerdem findet sich in Hegels Notizen zu den *Grundlinien* eine Bemerkung zum Naturzustand; vgl. GW 14.2, S. 435.

168 „Für Hegel, wie für Hobbes und Spinoza, bleibt das Verhältnis zwischen unabhängigen Staaten ein Naturzustand." (Siep, Ludwig: Kant und Hegel über Krieg und Völkerrecht, in: Janssen, Dieter/Quante, Michael (Hg.): *Gerechter Krieg. Ideengeschichtliche, rechtsphilosophische und ethische Beiträge*, Paderborn: mentis, 2003, S. 100–115, hier S. 107)

„Weil aber deren Verhältniß ihre Souverainität zum Princip hat, so sind sie insofern im Naturzustande gegen einander, und ihre Rechte haben nicht in einem allgemeinen zur Macht über sie constituirten, sondern in ihrem besonderen Willen ihre Wirklichkeit."

In den frühen Vorlesungen zur Rechtsphilosophie greift Hegel, den Nachschriften zu folgen, mehrere Male auf das Bild des Naturzustandes zurück, um den Zustand der Staaten gegeneinander zu beschreiben.[169] Interessanterweise finden sich in den Mitschriften der Vorlesungen, die Hegel nach dem Erscheinen der *Grundlinien* gehalten hat,[170] keine Hinweise mehr auf den Naturzustand zwischen den Staaten – bis zur Vorlesung der Semester 1824/25, in deren Mitschrift von Griesheim sich die folgende Stelle findet:

„Nach Aussen treten so die Völker gegen einander, dieß ist jedoch von den vielfachsten Umständen bedingt. Es kann ein Volk in Beziehung mit der ganzen Welt treten. Daß seine Arbeiten ihm abgenommen werden, liegt in den Bedrüfnissen der anderen Völker, diese müssen geweckt werden. Von den Engländern geschieht dieß besonders durch Geschenke von Gewehren, Pulver, Tuch, Brandtwein, Messer pp. Es ist die ganze Situation einer solchen Nation die Welthandel hat, ihr Wohl steht im Zusammenhang mit der ganzen Welt, seine Bildung mit der Bildung aller Völker, sein Wohl ist gegründet auf dem kosmopolitischen Wohlsein aller Nationen. Indem diese Nationen Bedürfnisse kennen lernen, treten sie aus dem Naturzustand, sie werden verdorben, andererseits aber müssen sie die Mittel für ihre Bedürfnisse sich schaffen, man schenkt nur im Anfange, sie müssen arbeiten, werden zur Thätigkeit getrieben, werden zum Bewußtsein hiervon, zu diesem Selbstbewußtsein gebracht, so entsteht Sicherheit des Eigenthums, Halten der Verträge und so kommen sie zu sittlicher Bildung. Es ist eine grosse Bestimmung eines Volkes, seinen Wohlstand darauf zu stützen, daß rechtliche Verhältnisse in der Welt eingeführt werden."[171]

---

169 Vgl. die schon angeführten Stellen der Nachschriften Wannemann, GW 26.1, S. 210, 213, Homeyer, GW 26.1, S. 320 sowie Ringier, GW 26.1, S. 578.

170 Schon in der Nachschrift der Vorlesung von 1819/20 von Bloomington findet sich in der kein Bezug auf den Naturzustand im äußeren Staatsrecht, allerdings heißt es in den Varianten von Ringier: „Die Staaten stehen in einem Naturzustand zu 1ander." (GW 26.1, S. 578)

171 Nachschrift Griesheim, GW 26.3, S. 1328f.

Darin findet sich die Formulierung des Naturzustandes zwar nicht als Beschreibung des Verhältnisses zwischen den Staaten, sondern als Gegenbegriff zur bürgerlichen Gesellschaft – diese Gegenüberstellung gebraucht Hegel öfters[172] –, aber in einem direkten Zusammenhang zum Verhältnis der Staaten zueinander, das Hegel durch die Anführung des Naturzustandes als eines des gegenseitigen Nutzens zeichnet, das es einigen erlaubt, aus dem Naturzustand herauszutreten. Eine ähnliche Argumentation wie hier hat Hegel an anderer Stelle bereits über die bürgerliche Gesellschaft vorgebracht. In den §187 der *Grundlinien* entsprechenden Stellen der frühen Nachlesungsvorschriften formuliert Hegel jeweils den Gedanken, dass die Menschen, um ihre Bedürfnisse zu befriedigen und ihrem Eigeninteresse besser folgen zu können, auf den Naturzustand (bzw. die „Naturrohheit") Verzicht tun und gesellschaftliche Verhältnisse eingehen müssten.[173] Dieses Gebot der Vernunft, das den Einzelpersonen vorschreibt, um ihrem Eigennutz zu folgen, gesellschaftliche Verhältnisse einzurichten, findet dann, wenn zwischen den Staaten ein Verhältnis des Naturzustandes herrscht, auch dort seine Anwendung; auch die Staaten müssten demzufolge den Naturzustand verlassen, um ihre Eigeninteressen vernünftig zu verfolgen.[174] Die Vorstellung des Naturzustandes hat keinen anderen bestimmten Gehalt als dieses Gebot der Vernunft, dass der so beschriebene Zustand zu verlassen ist, um vernünftige Verhältnisse einzurichten; es kann vom Naturzustand „nichts Wahreres gesagt werden [...], als *daß aus ihm herauszugehen* ist".[175] Wenn Hegel also das Verhältnis der Staaten als das eines Naturzustandes charakterisiert, dann hat diese Charakterisierung keinen bestimmten Gehalt als das Gebot, dieses Verhältnis zugunsten eines vernünftigeren zu verlassen.[176]

---

172 Vgl. bspw. Nachschrift Ringier/Bloomington, GW 26.2, S. 454; Griesheim, GW 26.3, S. 1309.

173 Vgl. die entsprechenden Stellen aus den Nachlesungsvorschriften bei Wannemann, GW 26.1, S. 101f., und Homeyer, GW 26.1, S. 297f.

174 Vgl. Ottmann, Henning: Hegelsche Logik und Rechtsphilosophie. Unzulängliche Bemerkungen zu einem ungelösten Problem, in: Henrich, Dieter/Horstmann, Rolf Peter (Hg.): *Hegels Philosophie des Rechts*, Stuttgart: Klett-Cotta, 1982, S. 382–392; hier S. 384f.

175 GW 13, S. 228.

176 Insofern enthält der „Vergleich der Staaten mit den Individuen im Naturzustand [...] ja neben seiner bedrohlichen auch eine zukunftsweisende Komponente: Die

Dass Hegel nun in den Vorlesungen ab Erscheinen der *Grundlinien* darauf verzichtet, für das Verhältnis der Staaten gegeneinander das Bild des Naturzustandes zu verwenden, ist zumindest auffällig. Mag diese Auffälligkeit auch damit zusammenhängen, dass er nach Erscheinen der Grundlinien auf diese Inkonsistenz aufmerksam gemacht wurde, ist es müßig, darüber zu spekulieren, ob Hegel die Charakterisierung des Verhältnisses der Staaten gegeneinander als Naturzustand in den späteren Vorlesungen absichtlich oder unabsichtlich hat wegfallen lassen – oder ob sie in den Nachschriften bloß fälschlicherweise fehlt.

In jedem Fall entspricht das Verhältnis der Staaten zueinander in vielen strukturellen Merkmalen dem (fiktiven) Naturzustand der einzelnen Individuen. Nicht das unwichtigste Merkmal der Parallele ist dabei das Obsiegen des stärkeren Individuums durch Gewalt.[177] Ob Hegel diese Parallele nun benennt, indem er das Verhältnis der Staaten zueinander als Naturzustand zeichnet, oder nicht, tut dabei wenig zur Sache. In der Konzeption des Verhältnisses der Staaten zueinander als eines dem Naturzustand strukturell entsprechenden liegt eine Inkonsistenz in Hegels Philosophie, für die es ebenso gleichgültig ist, ob er sie als solche erkennt. In der Sittlichkeit vollzieht sich die Entwicklung von der natürlich- oder konkret-sittlichen Sphäre (Familie) über den Einbruch einer bloß formell-rechtlichen, abstrakt-sittlichen Sphäre (bürgerliche Gesellschaft) weiter zu einer wieder konkret-sittlichen Sphäre (Staat). Innerhalb derselben findet dann jedoch zum Ende der *Rechtsphilosophie* ein Abstieg statt: das Völkerrecht ähnelt strukturell dem abstrakten Recht und es findet keine Weiterentwicklung statt; während ansonsten das Natürliche bei Hegel stets vergeistigt wird, ist der Naturzustand zwischen den Staaten bleibend.[178] Insofern ist es

---

Erinnerung an den Naturzustand impliziert die Aufforderung ‚exeundum esse e statu naturali'." (Jaeschke, Walter: *Hegel-Handbuch*, Stuttgart: Metzler, 2010, S. 399)

177 Und nicht die unwichtigste fiktive Parallele ist dabei die der weitgehenden Unabhängigkeit der Individuen gegeneinander im Naturzustand – wie es nie völlig voneinander unabhängige Einzelpersonen, die für sich autark überlebt haben, gab, so gibt es – zumindest wo von einem Verhältnis der Staaten gesprochen werden kann – keine „sich in sich befriedigende" Staaten.

178 Vgl. Ottmann, Henning: Die Weltgeschichte, in: Siep, Ludwig: *G.W.F. Hegel: Grundlinien der Philosophie des Rechts*, Berlin/Potsdam: de Gruyter, 4. A. 2017, S. 281–297; hier S. 293f. Zur durchaus merkwürdigen logischen Struktur der *Grundlinien* vgl. auch Ottmann, Henning: Hegelsche Logik und Rechtsphiloso-

durchaus „erstaunlich“,[179] dass Hegel auf dem Gipfel seiner *Rechtsphilosophie* das Recht wieder in den Naturzustand zurückfallen lässt.[180]

4. Sollen und Wirklichkeit – die logische Stellung des Verhältnisses zwischen den Staaten

Da das Verhältnis zwischen den Staaten als Vertragsverhältnis ein durch die subjektiven Willen der einzelnen Staaten bestimmtes ist, bleibt es hinter dem Recht an sich zurück,[181] unvollkommen, wie

---

phie. Unzulängliche Bemerkungen zu einem ungelösten Problem, in: Henrich, Dieter/Horstmann, Rolf Peter (Hg.): *Hegels Philosophie des Rechts*, Stuttgart: Klett-Cotta, 1982, S. 382–392: „Statt des allmählichen Aufstiegs von abstrakten zu immer konkreteren Begriffen findet der Leser den Rhythmus einer Springprozession, die auf einen Schritt nach vorn sogleich einen Schritt nach rückwärts folgen läßt. Führt der Weg zunächst von abstrakten zu konkreten Sphären (vom Recht und der Moralität zur Sittlichkeit), so folgt der Rückschritt von der konkreten Sphäre in die abstrakte und formelle (von der Familie in die bürgerliche Gesellschaft); von dieser geht es in eine konkrete Sphäre (die des Staates) und von dort schließlich wieder zu einer abstrakten (dem „äußeren Staatsrecht“) zurück.“ (S. 382f.)

179 Schnädelbach, Herbert: Die Verfassung der Freiheit, in: Siep, Ludwig: *G.W.F. Hegel: Grundlinien der Philosophie des Rechts*, Berlin/Potsdam: de Gruyter, 4. A. 2017, S. 261–280; hier S. 278.

180 Vgl. auch Ottmann, Henning: Die Weltgeschichte, in: Siep, Ludwig: *G.W.F. Hegel: Grundlinien der Philosophie des Rechts*, Berlin/Potsdam: de Gruyter, 4. A. 2017, S. 281–297; hier S. 281, dem die *Rechtsphilosophie* in der Weltgeschichte auf das Niveau ihres Anfanges zurückzufallen scheint.
Im Übrigen ist bemerkenswert, dass Hegel damit hinter den „Paradigmenwechsel“ – will sagen: Begriffswandlung – des Naturzustandsargumentes zurücktritt; indem hier die Alternative zum Naturzustand wieder – wie bei Hobbes – das Gewollte des Vertrages und die freiwillige Selbstbeschränkung aus wohlverstandenem Eigeninteresse ist, bleibt dies hinter der Entwicklung der rechtsphilosophischen Diskussion des 18. und 19. Jahrhunderts zurück, in der die Staatsbegründung „nicht mehr allein aus der Gegenüberstellung von Naturzustand und Ruhe und Schutz versprechendem status civilis“ erfolgt. (Vgl. Rolin, Jan: *Der Ursprung des Staates. Die naturrechtlich-rechtsphilosophische Legitimation von Staat und Staatsgewalt im Deutschland des 18. und 19. Jahrhunderts*, Tübingen: Mohr-Siebeck, 2005, S. 26.)

181 „Auf der Spitze ihrer Vollendung fällt die allgemeine Idee des Staates in Hegels Darstellung zu der Besonderheit der ‚vielen Staaten‘ herab, die sich im Spiele der

Griesheim in seiner Vorlesungsnachschrift von 1824/25 festhält: „Was das Recht der Verhältnisse der Staaten zu einander betrifft, so ist dieß ganz unvollkommen".[182] Die Traktate selbst sind in ihrem An-sich-Sein unvollkommen, sie enthalten „nur Rechte, denen die wahrhafte Wirklichkeit abgeht".[183] Diese Unvollkommenheit liegt nicht im An-sich-Sein begründet, sondern im Verharren darin; die Geltung der Traktate liegt nicht allein in den Traktaten selbst, sondern hängt von äußeren Umständen ab, dem besonderen Willen der einzelnen Staaten. Das Verhältnis zwischen den Staaten bleibt dadurch schwankend, von Zufälligkeiten bestimmt: „Das Verhältniß von Staaten ist schwankend, es ist kein Praetor vorhanden der da schlichtet, der höhere Praetor ist der allgemeine an und für sich seiende Geist, der Weltgeist."[184] Es ist aber nicht nur vom besonderen Willen der einzelnen Staaten tatsächlich abhängig, ob sie die Traktate gelten lassen oder aufheben, sondern es ist auch weder das eine noch das andere unrechtens; es ist nicht einmal unmoralisch, die Geltung der Traktate aufzuheben: „Und diese Aufhebung der Tractaten [gemeint sind hier Friedensschlüsse, JD] ist nicht unmoralisch, denn der ewige Frieden ist nur ein Sollen, und im Sollen liegt das Nichtsein."[185]

Hegel wiederholt den Topos vom bloßen Sollen im Verhältnis der Staaten zueinander mehrmals;[186] und gleich zu Beginn des Abschnitts über das äußere Staatsrecht spricht Hegel davon, dass, was in den Verhältnissen der Staaten zueinander an Recht enthalten sei, zwar an und für sich darin enthalten sei, jedoch bloß in der Form des Sollens erscheine:

„Das äußere Staatsrecht geht von den Verhältnissen selbstständiger Staaten aus; was an und für sich in demselben ist, erhält daher die Form des Sollens, weil, daß es wirklich ist, auf unterschiedenen souveränen Willen beruht." (§330)

Geschichte gegenüberstehen." (Riedel, Manfred: *Zwischen Tradition und Revolution. Studien zu Hegels Rechtsphilosophie*, Stuttgart: Klett-Cotta, 1982, S. 219)

182 Nachschrift Griesheim 1824/25, GW 26.3, S. 1474.

183 *Enzyklopädie* (1830), §547, GW 20, S. 523.

184 Nachschrift Griesheim a.a.O., S. 1476.

185 Nachschrift Hotho, GW 26.2, S. 1040.

186 Vgl. §333, in den Nachschriften von Wannemann, GW 26.1, S. 210, 214; Homeyer, GW 26.1, S. 321; Hotho, GW 26.2, S. 1039f.; Griesheim, GW 26.3, S. 1474f. sowie in der *Enzyklopädie* (1817), §443, GW 13, S. 237.

In den Verträgen zwischen den Staaten, die sein sollen, liegt, wie Hegel selbst betont,[187] ein Höheres, das Recht an sich nämlich, welches in seiner Geltung objektiv und nicht auf die subjektive Willkür verwiesen ist.[188] In den Verträgen ist dieses Recht an sich aber nicht wirklich, sondern bloß als Sollen. Um Wirklichkeit zu werden, wirklich zu sein, müsste das Recht aus der subjektiven Bestimmtheit, in welcher es als von den besonderen Willen abhängig verharrt, hinaustreten und sich zur Objektivität fortentwickeln. Dieser Schritt der Fortentwicklung zur Wirklichkeit, in dem sich das Recht aus der Innerlichkeit zur Objektivität entwickelt, ist selbst kein subjektiv zufälliger, sondern ein aus dem Begriff der Vernunft sich ergebender und damit notwendiger.[189]

Das Beharren Hegels darauf, dass das Verhältnis der Staaten gegeneinander im Sollen verbleibt, muss verwundern. In der letzten Version der objektiven Logik, die erst 1832 postum erschienen ist, hat Hegel gegenüber der ersten Version von 1812 eine Polemik gegen Kant und Fichte eingefügt,[190] deren Moralphilosophie als ihren Höhepunkt das Sollen festhalte:

„*Die Kantische und Fichtesche Philosophie gibt als den höchsten Punkt der Auflösung der Widersprüche der Vernunft das Sollen an, was aber vielmehr nur der Standpunkt des Beharrens in der Endlichkeit und damit im Widerspruche, ist.*“[191]

Über eben diesen Standpunkt des Beharrens im Widerspruch wollte Hegel mit der Konzeption seiner Rechtsphilosophie hinaus. Indem die Moralität nicht den Höhepunkt der objektiven Philosophie bildet,

---

187 Vgl. §330.

188 Vgl. auch die Nachschrift von Wannemann, GW 26.1, S. 216, der – im Bezug auf den Krieg als Zustand der Rechtlosigkeit – notiert: „Übrigens wird im Kriege auch die Selbstständigkeit eines Volkes der Zufälligkeit ausgesetzt; das höhere Recht über dieselben enthält aber der allgemeine Geist der Welt. Hier ist der Übergang zu einem höheren Stande angedeutet.“

189 Wenn Hegel betont, dass im Recht zwischen den Staaten dieser Schritt nicht erfolgt, sondern es beim Sollen bleibt, so liegt dies nicht daran, dass die Notwendigkeit der Vernunft hier in einem Ausnahmefall nicht gilt, sondern kann nur in der Wirklichkeit begründet sein, in der sich diese Entwicklung der Vernunft zu Hegels Lebzeiten noch nicht bis zu diesem Schritt vollzogen hatte. Vgl. dazu im Weiteren Abschnitt 8.

190 Vgl. GW 11, S. 74f.

191 GW 21, S. 123.

sondern als ein Moment dem Staat untergeordnet ist, verbleibt sie nicht im Sollen, sondern wird wirklich. Mit dem Recht zwischen den Staaten aber fällt Hegel hinter diesen im Staat erreichten Standpunkt logisch wieder zurück.[192] Zu der Diskussion darum, in welchem Verhältnis die *Grundlinien* zur *Logik* stehen zu der Frage, ob die *Grundlinien* der *Logik* im Ganzen oder doch nur der Seinslogik entsprechen,[193] will ich mich nicht weiter auslassen, aber immerhin kurz auf die logischen Widersprüche, die sich durch die Konzeption des Verhältnisses der Staaten zueinander ergeben, eingehen.[194]

---

192 Der Staat schließt sich in Hegels *Rechtsphilosophie* logisch in sich; sämtliche in der Begriffslogik auftauchende Schlussformen sind in ihm enthalten (dem kategorischen Schluss entspricht die fürstliche Gewalt, dem hypothetischen die Regierungs- und dem disjunktiven die gesetzgebende Gewalt); jedoch: „Für das Verhältnis der Staaten untereinander bleibt nach diesem Verzehr logischer Schlussformen nur jener unendliche Progreß des Rechts und der Moralität zurück, dessen Überwindung Aufgabe der *Rechtsphilosophie* gewesen war." Ottmann, Henning: Hegelsche Logik und Rechtsphilosophie. Unzulängliche Bemerkungen zu einem ungelösten Problem, in: Henrich, Dieter/Horstmann, Rolf Peter (Hg.): *Hegels Philosophie des Rechts*, Stuttgart: Klett-Cotta, 1982, S. 382–392; hier S. 390.

193 Vgl. z.B. Nuzzo, Angelica: *Rappresentazione e Concetto nella ‚Logica' della „Filosofia del Diritto" di Hegel*, Neapel: Guida, 1990; Bockenheimer, Eva.: „[...] wie halten wir es nun mit der Hegelschen Dialektik?" – Marx' Hegel-Kritik, in Arndt, Andreas et al. (Hg.): *Hegel-Jahrbuch 2015*, Berlin et al.: de Gruyter, 2015, S. 204–216; Ottmann, Henning: Hegelsche Logik und Rechtsphilosophie. Unzulängliche Bemerkungen zu einem ungelösten Problem, in: Henrich, Dieter/ Horstmann, Rolf Peter (Hg.): *Hegels Philosophie des Rechts*, Stuttgart: Klett-Cotta, 1982, S. 382–392; hier S. 390f.

194 „Nur an dieser Entsprechung [zwischen Natur- bzw. Geistphilosophie und objektiver bzw. subjektiver Logik] will Hegels Philosophie gemessen werden, nur daran, ob das, was sie in der Realphilosophie behauptet, logisch abgesichert ist oder nicht." Hösle, Vittorio: Die Stellung von Hegels Philosophie des objektiven Geistes in seinem System und ihre Aporie, in Jermann, Christoph (Hg.): *Anspruch und Leistung von Hegels Rechtsphilosophie*, Stuttgart: frommann-holzboog, 1987, S. 11–54, hier S. 27. Diese Ausschließlichkeit zu behaupten, wird Hegel nicht völlig gerecht. Hegel Anspruch ist insofern ein weitergehender, als er in seiner Philosophie die Wirklichkeit zu begreifen beansprucht. Aufgrund der berühmten Auffassung Hegels, dass jedwede Wirklichkeit vernünftig strukturiert sein muss, bildet dann die Logik als Eigengesetzmäßigkeit der Vernunft nicht nur den Prüfstein für Argumente, sondern auch für einen jeden Versuch, die Wirklichkeit zu begreifen. (Vgl. auch ebd., S. 30.)

Schon die logische Ausdrucksweise, die Hegel im Abschnitt über das Äußere Staatsrecht wählt, muss nach der Lektüre der *Rechtsphilosophie* befremden. In der gesamten Rechtsphilosophie findet sich eine Weiterentwicklung der Begriffe, die im Staat als Einzelheit – der aus der Begriffslogik entlehnt ist[195] – ihren höchsten Punkt gefunden hatte. Im Abschnitt über das Äußere Staatsrecht bringt Hegel nun aber als Argument gegen das Hinausgehen der Staaten über sich Selbst und die Bildung eines Universalstaates das Für-sich-Sein des einzelnen Staates vor. „Dagegen ist jedoch zu sagen, daß es zunächst äußerst auffällig sein muss, daß Hegel, nachdem er im inneren Staatsrecht ein begriffslogisches Niveau eingenommen hat – Modell des Verhältnisses der Gewalten zueinander ist ja der Begriff – plötzlich auf ein seinslogisches Niveau herabfällt: Fürsichsein, Dasein, Andersheit sind *seinslogische* Kategorien; denn der Begriff hat nichts anderes *außer* sich, sondern die Andersheit als Moment integriert."[196]

Diesen Rückschritt in der logischen Entwicklung insgesamt einmal beiseitegelassen, ist Hegels Beharren im Sollen mit seiner eigenen Logik, in diesem Fall mit der Seinslogik nicht vereinbar. Hegel argumentiert dafür, dass es im Verhältnis der Staaten zwar eine allgemeine Einheit und ein an sich bestehendes Rechtsverhältnis gebe, dieses aber aus dem Sollen nicht heraustrete, also kein Dasein erhalte.[197] Zwar ist es mit der Hegelschen Logik nicht nur vereinbar, sondern auch aus ihr notwendig, dass es eine anfängliche Differenz zwischen Sein und Sollen gibt, was sein soll, noch nicht ist,[198] und sich beider Einheit erst entwickeln muss.[199] Allerdings liegt im Sollen wesentlich die Bestimmung,

---

195 Vgl. GW 12, S. 49ff.

196 Hösle, Vittorio: Der Staat, in Jermann, Christoph (Hg.): *Anspruch und Leistung von Hegels Rechtsphilosophie*, Stuttgart: frommann-holzboog, 1987, S. 183–226, hier S. 220f. Ottmann formuliert, das Äußere Staatsrecht „berührt sogar wieder den Boden der Seinslogik". (Ottmann, Henning: Hegelsche Logik und Rechtsphilosophie. Unzulängliche Bemerkungen zu einem ungelösten Problem, in: Henrich, Dieter/Horstmann, Rolf Peter (Hg.): *Hegels Philosophie des Rechts*, Stuttgart: Klett-Cotta, 1982, S. 382–392; hier S. 383.)

197 „Damit ist das Verhältniß der Staaten zu einander nur eine Einheit des Sollens." (Nachschrift Anonymus (Bloomington), GW 26.1, S. 577)

198 „Was seyn soll, ist und ist zugleich nicht." (GW 11, S. 74)

199 Vgl. Hösle, Vittorio: Die Stellung von Hegels Philosophie des objektiven Geistes in seinem System und ihre Aporie, in Jermann, Christoph (Hg.): *Anspruch und Leistung von Hegels Rechtsphilosophie*, Stuttgart: frommann-holzboog, 1987,

dass was darin ist, über sich hinausgeht, aus dem Sollen ins Für-sich-sein sich weiterentwickelt, wirklich wird:

„Als Sollen geht nun aber ferner das Endliche über seine Schranke hinaus; dieselbe Bestimmtheit, welche seine Negation ist, ist auch aufgehoben, und ist so sein Ansichseyn; seine Grenze ist auch nicht seine Grenze.“[200]

Dieses Hinausgehen über die eigene Grenze bedarf keines Anstoßes von außen, sondern indem etwas als Sollen bestimmt ist, bestimmt es seine Grenze und ist darin über sie hinaus, entwickelt sich von selbst aus sich zum Sein:

„Enthält aber eine Existenz den Begriff nicht bloß als abstractes Ansichseyn, sondern als für sich seyende Totalität, als Trieb, als Leben, Empfindung, Vorstellen u.s.f., so vollbringt sie selbst aus ihr diß, über die Schranke hinaus zu seyn und hinaus zu gehen.“[201]

Sofern also die Staaten in ihrem Verhältnis nicht bloß ein „abstraktes Ansichseyn“ sind, sondern sie für sich sind – und das Für-sich-Sein der Staaten war ja, was Hegel gegen ein Hinausgehen über die Staaten vorgebracht hatte –, so gehen sie über die Schranke, die sie sich im Äußeren Staatsrecht gesetzt haben, selbst hinaus: „Where an ought (Sollen) rules, it always expresses a contradiction, or at least a tension between that which is and that which ought to be but is not yet actual.“[202] Indem Hegel also das Recht der Staaten als ein bloß sein Sollendes bestimmt, bestimmt er es – seiner eigenen Logik folgend – zwar als ein unwirkliches, aber zugleich als eines, das aus sich das Hinausgehen

S. 11–54, hier S. 30. Dass Hegel in der Vorlesung der Semester 1819/20 davon spreche, dass was wirklich sei vernünftig werde spricht, findet sich allerdings nicht in der Nachschrift Anonymus (Bloomington); dort findet sich die Formulierung: „was vernünftig ist ist wirklich und umgekehrt“. (GW 26.1, S. 338f.)

200 GW 21, S. 120.

201 GW 21, S. 122.

202 Peperzak, Adriaan: *Hegel contra Hegel in His Philosophy of Right: The Contradictions of International Politics*, in: Journal of the History of Philosophy 32, Jg. 1994, S. 241–263, hier S. 254.

über diese Begrenzung und den Übergang in Wirklichkeit hervorbringt.[203]

5. Die Sittlichkeit zwischen den Staaten: eine Leerstelle

Wir haben bei der Betrachtung der Hegelschen Philosophie im Überblick gesehen, dass sich darin eine immer wiederkehrende Dreiteilung findet. In dieser Dreiteilung stellt sich die Bewegung des Geistes dar, die sich durch die einander widersprechenden Seiten zu deren Aufhebung vollzieht. In der Aufhebung der widersprechenden Seiten finden sich beide erhalten und so finden sich auf der fortgeschritteneren Stufe der Entwicklung des Geistes seine vorhergehenden Momente wieder – wenn auch in anderer, erhöhter Weise. Diese Systematik finden wir auch in der *Rechtsphilosophie*. Im sich gegen das Unrecht behauptenden Recht finden sich die vorhergehenden Momente des Rechts an sich, Eigentum und Vertrag, aufgehoben, im Gewissen die allgemeine und die besondere Seite des Willens, Vorsatz und innere Absicht. In der Sittlichkeit ist es der Staat, in welchem die Familie als seine Substanz und die bürgerliche Gesellschaft, in welcher die Familie aufgelöst wird und verschwindet, als seine vorhergehenden Momente aufgehoben sind. Die Sphäre der Sittlichkeit ist allerdings nicht bloß eine Seite der Entwicklung des objektiven Geistes, sondern die Aufhebung der ihr vorhergehenden Seiten der Entwicklung des objektiven Geistes. Nicht bloß ihre eigenen Seiten – Familie und bürgerliche Gesellschaft – werden in ihr aufgehoben, sondern zugleich die der Sittlichkeit vorhergehenden Sphären des abstrakten Rechts und der Moralität. Es findet daher noch in der Aufhebung der Seiten der Sittlichkeit eine Entwicklung statt, der Staat bleibt nicht für sich, sondern tritt in ein Verhältnis zu anderen. Diese höchste Entwicklung der Sphäre der Sittlichkeit wäre es nun, worin das Ganze der Entwicklung des objektiven Geistes aufgehoben ist: abstraktes Recht, Moralität und Sittlichkeit, samt ihrer jeweiligen Momente.

Schauen wir auf das Verhältnis der Staaten zueinander, so finden wir dort sowohl die Seite des abstrakten Rechtes als auch die der Mora-

---

203 Im Ergebnis ähnlich: Meyer, Thomas: Kant und Hegel über internationale Strafgerichtsbarkeit, in Arndt, Andreas et al. (Hg.): *Hegel-Jahrbuch 2017*, Berlin et al.: de Gruyter, 2018, S. 405–410.

lität aufgehoben. Hegel spricht in den Vorlesungen zur Rechtsphilosophie davon, dass es zwischen den Staaten zwar ein Recht an sich gebe, das aber nicht wirklich sei;[204] im Anspruch auf Anerkennung und den zwischenstaatlichen Verträgen lassen sich die Momente des abstrakten Rechtes wiederfinden.[205] Auch die Moralität findet sich im zwischenstaatlichen Verhältnis wieder: im besonderen Willen der einzelnen Staaten, auf denen die zwischenstaatlichen Verhältnisse beruhen, findet sich der Vorsatz wieder, und sowohl der Begriff des Wohls, der den Willen der einzelnen Staaten bestimmt, als auch der Verweis am Ende des Abschnitts über das äußere Staatsrecht auf „das höchst bewegte Spiel der innern Besonderheit der Leidenschaften, Interessen, Zwecke, der Talente und Tugenden, der Gewalt des Unrechts und der Laster, wie der äußern Zufälligkeit“ (§340) verweist deutlich auf die Absicht.

Mit dem Verweis auf die inneren Absichten der Staaten und die Bestimmtheit ihrer Willen durch ihr besonderes Wohl beschließt Hegel den Abschnitt über das Äußere Staatsrecht; das ist für sich schon eine aufschlussreiche Entscheidung. Der Abschnitt über das Äußere Staatsrecht lässt sich aufgrund dieser Entscheidung nämlich zweiteilen; in einem ersten Teil beschäftigt Hegel sich mit dem äußeren Dasein der Staaten, ihrem Anspruch auf Anerkennung, in welchem sich die Staaten an sich gleich sind – also mit dem Recht an sich zwischen den Staaten oder dem Allgemeinen – (§§330–335) und in einem zweiten Teil mit der inneren Bestimmtheit der Staaten, worin sie sich voneinander nach innen unterscheiden – also mit der Moralität zwischen den Staaten oder dem Besonderen (§§336–340). Woran es jedoch fehlt, ist eine Aufhebung dieser beiden Momente des Rechts zwischen den Staaten; Allgemeinheit und Besonderheit heben sich nicht zur Einzelheit auf, es gibt keine Sittlichkeit zwischen den Staaten.

Man mag für das Fehlen dieser Sittlichkeit zwischen den Staaten nun den Begriff der Sittlichkeit bei Hegel verantwortlich machen, demnach die Sittlichkeit immer konkret ist, einem weltumspannenden Verhältnis zwischen Menschen aber die Nähe und daher Konkretheit

---

204 Nachschrift Hotho, GW 26.2, S. 1039, sowie Nachschrift Wannemann, GW 26.1, S. 211: „Das äußere StaatsRecht enthält allerdings ein allgemeines in ihren Verhältnissen.“

205 Vgl. dazu schon Abschnitt 0.

mangele, die Voraussetzung der Sittlichkeit ist.[206] Wenn auch stimmt, dass die Sittlichkeit bei Hegel stets konkret zu fassen ist, ist nicht nachvollziehbar, warum es einen wesentlichen Unterschied in der Konkretheit und Nähe der Verhältnisse im Übergang der Sphäre vom Einzelstaat zum Ganzen der Staaten geben sollte. Vielmehr ließe sich der wesentliche Unterschied beim Übergang von der Familie – in welcher die Menschen sich unmittelbar begegnen – zur bürgerlichen Gesellschaft festmachen; Hegel begreift diesen Übergang auch als wesentlich und begreift die bürgerliche Gesellschaft daher als Negation der Sittlichkeit der Familie, die aber selbst wieder aufgehoben wird im Staat. Im Staat ist die Sittlichkeit der Familie Substanz der Sittlichkeit des Staates und darin als solche vor der Negation ihrer durch die bürgerliche Gesellschaft bewahrt. Die Aufhebung der Sittlichkeit im Staat vergeht nicht wieder dadurch, dass der Staat in ein Verhältnis zu anderen Staaten tritt, sondern auch darin bleibt die Sittlichkeit im Staat erhalten.[207]

Statt einer Aufhebung der beiden Seiten des Rechts zwischen den Staaten zu einer der Sittlichkeit entsprechenden Sphäre führt Hegel im Anschluss an den Abschnitt über das Äußere Staatsrecht den Begriff des Weltgeistes ein. Der Weltgeist übernimmt die Rolle, die einer Aufhebung der Momente des Rechts zwischen den Staaten zukäme:[208] Er

---

206 Vgl. Gerardi, Giovanni: Hegels Kritik am kantischen Kosmopolitismus, in Arndt, Andreas et al. (Hg.): *Hegel-Jahrbuch 2017*, Berlin et al.: de Gruyter, 2018, S. 323–328, hier S. 323.

207 Zur Erhaltung der Sittlichkeit der Familie im Staat vgl. auch die Nachschrift Wannemann: „Die 2 Hauptmomente [des Staates, JD] sind, die einfache Substantialität und das auseinandergehen derselben in die Sphäre der Differenz. Bey der ersten ist Form die Empfindung Liebe Zutrauen u.s.w. bey der 2ten das Bedürfniß, für sich zu bestehen; aber in der Abhängigkeit für ein anderes. […] [W]ie in der ersten Zusammenhang der Liebe ist, so ist hier [in der bürgerlichen Gesellschaft, JD] Zusammenhang der Nothwendigkeit, wo die Menschen sich als selbstständige gegen einander verhalten. Das 3te ist die Einheit beyder, welche als Bewustseyn der Freyheit erscheint. Die Freyheit ist als Nothwendigkeit, und diese als Freyheit. […] An der Familie hat der Staat seine innere Wurzel. Familie und Staat stehen einander gegenüber; der Regent wird als Oberhaupt einer Familie betrachtet; das Familienverhältniß als das allgemeine umfassende bleibt dem Staate zu Grunde liegen." (GW 26.1, S. 147f.)

208 Anders als Bulgan behauptet, ist er aber nicht diese Sittlichkeit, sondern nimmt bloß die Rolle ein, die ihr zukäme; vgl. Bulgan, Birden Güngören: Hegels Kritik am „Ewigen Frieden" von Kant und ein Vergleich ihrer Völkerrechtstheorien, in

umfasst in sich sowohl ein allgemeines, an sich geltendes Recht[209] – das „allerhöchste" Recht, welches der Weltgeist an den Staaten ausübt, in welchem diese also das an sich ihres Rechts finden (§340) – sowie die inneren Bestimmtheiten und Besonderheiten der Staaten (§344), sodass „in seiner an und für sich seyenden *Allgemeinheit* das *Besondere*, die Penaten, die bürgerliche Gesellschaft und die Völkergeister in ihrer bunten Wirklichkeit nur als *ideelles* sind". (§341) Darin erfüllt der Weltgeist, was von der Entwicklung des Verhältnisses zwischen den Staaten vom Standpunkt der Logik zu fordern wäre, nämlich in der Weltgeschichte „die aus dem *Begriffe* nur seiner Freyheit nothwendige Entwickelung der *Momente* der Vernunft und damit seines Selbstbewußtseyns und seiner Freiheit, – die Auslegung und *Verwirklichung des allgemeinen Geistes* [–]" (§342) zu leisten.

Um diese Aufgabe zu leisten, fehlt es dem Weltgeist allerdings an einer wesentlichen Eigenschaft. Wenn er auch in Hegels Darstellung die ihm vorhergehenden Momente enthält, so hat er sich nicht aus ihnen entwickelt, ist nicht aus der Aufhebung der Seiten der Allgemeinheit und Besonderheit entstanden. Zwischen dem Verhältnis der einzelnen Staaten gegeneinander und dem Weltgeist als allgemeinem, der sein Recht gegen das der einzelnen Staaten durchsetzt, klafft eine Lücke, die Hegel überspringt, um dann nachträglich eine Brücke zu behaupten, indem er die allgemeine und besondere Seite des Rechts im Weltgeist aufgehoben behauptet. Eine philosophische Entwicklung dieser Aufhebung gibt Hegel allerdings nicht. Während der Staat die bestimmten Interessen der Individuen als besondere herabsetzt, sie aber zugleich zur Allgemeinheit emporhebt, indem sie die Substanz seines Willens ausmachen,[210] setzt der Weltgeist zwar die einzelnen Staaten und deren Wohl als besondere herab – allerdings bloß, indem er

---

Arndt, Andreas et al. (Hg.): *Hegel-Jahrbuch 2017*, Berlin et al.: de Gruyter, 2018, S. 307–312, hier S. 309: „Hegel verleugnet aber nicht, dass sich zwischen den Staaten eine Art Sittlichkeit bildet. Der entscheidende Begriff ist für ihn der des Volksgeistes, den er am Ende der *Grundlinien* einführt."

209 „Das dritte ist, daß der Staat nicht mehr betrachtet wird als unmittelbare Wirklichkeit, sondern in seiner allgemeinen Idee, oder als Gattung. So ist der Staat der allgemeine Geist, dies ist die absolute Macht gegen die individuellen Staaten. Dieser Prozeß des allgemeinen Geistes ist die Weltgeschichte." (Nachschrift Bloomington, GW 26.1, S. 527)

210 Vgl. §270: „Daß der Zweck des Staates das allgemeine Interesse als solches und darin als ihrer Substanz die Erhaltung der besonderen Interessen ist [...]".

Wille und Wohl des einen Staates vermittels des Krieges über die eines anderen emporhebt; die inneren Verfasstheiten der einzelnen Staaten machen so zwar den Stoff aus, durch welchen sich der Weltgeist hindurch bewegt, sie stellen jedoch nicht seine Substanz dar. Die Verhältnisse der Staaten zueinander sowie der Gang der Weltgeschichte wird – wenn sie auch jeweils einer Gesetzlichkeit, d.h. mit Notwendigkeit folgen – nicht aus den Staaten selbst heraus entwickelt, sondern entspringt aus dem Absoluten selbst – für dieses Absolute gibt Hegel aber nicht an, wie es sich aus den Staaten entwickelt, um sich sodann in deren Verhältnissen zu äußern.[211] Zwischen den Staaten als Individuen und dem Absoluten selbst findet keinerlei Entwicklung statt. Das Absolute ist vielmehr ein Vorausgesetzes, aus welchem sich die Verhältnisse der Staaten zueinander ergeben und welches den Gang der Weltgeschichte bestimmt. Es findet keine Vermittlung der Freiheit, wie sie im Staate Wirklichkeit erhält, mit der Weltgeschichte statt.[212] Die Freiheit der Staaten im Verhältnis gegeneinander kann daher nur als Willkür begriffen werden, da sie nicht verobjektiviert wird,[213] es an der „Existenz objektiver Sphären, in denen die Substanz einer sittlichen Allgemeinheit Ausdruck finden kann",[214] fehlt. Die Freiheit, wie sie im Weltgeist wirklich sein soll, ist aus anderem Metall geschmiedet als die in den Staaten wirkliche, bei genauerem Hinsehen erweist sich die Freiheit, wie sie uns im Weltgeist entgegentritt, ein Amalgam aus Gold und Antimon zu sein.[215]

---

211 Vgl. schon Abschnitt 2.

212 „On ne saisit pas toujours cependant à quel point celle-ci [die Geschichte, JD] est indispensable à la cohérence de l'ensemble de la philosophie politique hégélienne." (Colliot-Thélène, Catherine: Réalisme politique et normalisme dans la Philosophie du Droit de Hegel, in: Kimmerle, Heinz et al. (Hg.): *Hegel-Jahrbuch 1988*, Bochum : Germinal, 1989, S. 191–198, hier S. 195.

213 „Fragt man weiter was die höchste Ausbildung der Geistigen Individualität ist so ist ihr höchstes Recht dieses: in objektiver Freiheit zu sein. – in geistiger Allgemeinheit zu handeln. Dieses ist eben der Staat selbst. (Nachschrift Ringier, GW 26.1, S. 512f.)

214 Vgl. Gerardi, Giovanni Die Hegelsche Theorie des Völkerrechts, in Arndt, Andreas/Gerhard, Myriam et al.: *Hegel-Jahrbuch 2014*, Berlin et al.: de Gruyter, 2014, S. 340–345, hier S. 344

215 Bei einer Legierung aus Gold und Antimon können wir nicht nur gegenüber reinem Gold eine Zunahme von Härte und Sprödigkeit beobachten, sondern Antimon hat auch die interessante Eigenschaft, sich beim Erhärten auszudehnen – ei-

6. Hegels Auseinandersetzung mit der Heiligen Allianz

Während sich in den Vorlesungen bis 1821 noch kein Hinweis auf die Heilige Allianz findet und sie auch im 1820 fertiggestellten Kompendium nicht auftaucht, geht Hegel in den späteren Vorlesungen dann mehrere Male auf die Heilige Allianz ein[216] – womöglich, um einem zuvor von ihm nicht beachteten Gegenargument zuvorzukommen. Die 1815 als Folge des Wiener Kongresses gegründete Heilige Allianz begann als ein Zusammenschluss einiger europäischer Fürsten und weitete sich innerhalb einiger Jahre zu einem Bündnis der meisten europäischen Staaten bzw. Fürsten aus. (Keine Mitglieder waren bloß England, der Vatikan und das Osmanische Reich.)[217] Der erklärte Zweck des Bündnisses war es auf der Grundlage des geteilten christlichen Glaubens und den „préceptes de justice, de charité et de paix",[218] das weitere Ausbrechen von Kriegen in Europa durch Absprachen der Fürsten zu vermeiden.[219] Hegel betrachtet die Heilige Allianz als ein besonders naheliegendes Beispiel, durch welches die Schlussfolgerung in der *Rechtsphilosophie*, dass es keine dauerhaften Friedensbündnisse und deren Verrechtlichung geben könne, empirisch widerlegt werden könne:

---

ne geeignete Gold-Antimon-Legierung kann sich also im Gussverfahren vorgegebenen Formen hervorragend anpassen. Vgl. auch Vogel, Rudolf: Über die Legierungen des Goldes mit Wismut und Antimon, in: *Zeitschrift für anorganische Chemie*, Bd. 50, Hamburg/Leipzig: Voss, 1906, S. 146–157, hier S. 151ff.

216 Vgl. bspw. Nachschrift Hotho, GW 26.2, S. 1040; Nachschrift Griesheim GW 26.3, S. 1471.

217 Vgl. Geisthövel, Alexa: *Restauration und Vormärz 1815–1847*, Paderborn et al.: Schöningh, 2008, S. 15. Zu den Mutmaßungen über die spirituellen Hintergründe der Allianz vgl. Menger, Philipp: *Die Heilige Allianz*, Stuttgart: Steiner, 2014, S. 302 und Webster, Charles: *The Congress of Vienna*, London: Thames and Hudson, 1963, S. 163f.

218 Vgl. den Abdruck des Originaltextes in Meyer, Philipp Anton Guido (Hg.): *Corpus Iuris Confoederationis Germanicae oder Staatsakten für Geschichte und öffentliches Recht des Deutschen Bundes. Teil 1. Staatsverträge*, Aalen: Scientia, 1978, S. 290.

219 Vgl. ebd., S. 290f., sowie Menger, Philipp: *Die Heilige Allianz*, Stuttgart: Steiner, 2014, S. 303. Später verwandelte sich die Heilige Allianz jedoch mehr und mehr zu einem Instrument zur Unterdrückung revolutionärer Bestrebungen in Europa – was in ihr von Beginn an angelegt war. (Vgl. ebd., S. 305.)

„Das Gleichgewicht von Europa war ein stillschweigendes Einverständniß die Staaten, wie sie gerade sind zu erhalten. Dieß Prinzip ist jetzt förmlich in der heiligen Alliance ausgesprochen. Diese Verbindung soll entscheiden was das Rechte ist, und sie soll die Grundlage sein die Staaten zu erhalten wie sie sind.“[220]

Für Hegel ist die Individualität eines Staates ihm wesentlich;[221] folglich muss auch ein Staatenbund, soll er an die Stelle des Staates treten, sich als Individualität setzen. Das spricht zum einen dagegen, dass die Heilige Allianz in der Art und Weise, wie sie zu Hegels Lebzeiten existierte, als Staaten- oder Fürstenbund an die Stelle des einzelnen Staates treten könnte – ihr fehlt diese Individualität, da ihre Glieder souveräne Staaten bleiben:

„Das Andere ist daß aber, welche in diesem Bunde sind, als Souveraine sich ebensogut davon können losmachen, so daß dieser Bund selbst ein Sollen bleibt, und jeder sich davon zu trennen das Recht hat, wenn er sich stark genug fühlt. Die souverainen Staaten sollen den Bund ausmachen, und ihn als Richter über sich erkennen. Souverain sein aber heißt keinen Richter haben als sich selbst, und so ist in diesem Bunde selbst in sich ein Widerspruch.“[222]

---

220 Nachschrift Hotho, GW 26.2, S. 1040. Vgl. auch die spätere Nachschrift Griesheim, GW 26.3, S. 1471, derzufolge Hegel die Heilige Allianz in einen direkten Bezug zu Kants Konzeption stellt: „Ewiger Friede ist so ein Ideal, von der Vernunft gefordert, worauf die Menschheit zugehen müsse. Kant hat so einen Fürstenbund vorgeschlagen der die Streitigkeit der Staaten schlichten sollte und die heilige Allianz ist ungefähr so ein Institut.“

221 „Weil die ganze Rechtsphilosophie die Daseinsgestaltungen eines von Anfang an subjektiv und nicht intersubjektiv gefaßten Willens zum Gegenstand hat, muß der höchste Punkt dieser Gestaltungen selbst ein Subjekt sein.“ (Hösle, Vittorio: Der Staat, in Jermann, Christoph (Hg.): *Anspruch und Leistung von Hegels Rechtsphilosophie*, Stuttgart: frommann-holzboog, 1987, S. 183–226, hier S. 204f.) Dazu, warum dieses Beharren schon widersprüchlich ist, vgl. schon Abschnitt 5 sowie Hösle: a.a.O., S. 221: „Hegels Behauptung, der Staat müsse ein einzelnes, von anderen unterschiedenes Subjekt sein, ist also nicht nur unbegründet; sie beruht auf groben ‚Begriffsfehlern‘ und ist mit dem mit dem inneren Staatsrecht erreichten Niveau nicht verträglich.“

222 Nachschrift Hotho, GW 26.2, S. 1040. Über das Charakteristikum der Individualität ließe sich wiederum erklären, warum die Zusammenführung einzelner Staaten zu einem Bundesstaat (bspw. die USA oder das Deutsche Reich von 1871) durchaus einen Staat ergeben kann. Vgl. auch Hösle, Vittorio: Die Stellung von Hegels

Zum anderen spricht das Erfordernis der Individualität aber auch gegen einen weltumspannenden Fürsten- oder Staatenbund, da sich jedes Individuum einen äußeren Gegensatz setzen muss. Während das bei regionalen Bündnissen noch möglich wäre – für die Heilige Allianz, ihre Individualität vorausgesetzt, könnten das „die Türken oder Amerikaner sein“[223] –, ist das für einen weltumspannenden Bund ausgeschlossen.[224]

Hegel diskutiert die Heilige Allianz offenbar als einen etwaigen Einwand aus der historischen Empirie, der gegen seine Schlussfolgerung der Unmöglichkeit eines Staatenbundes vorgebracht werden könnte. Dass er die Entgegnung auf diesen etwaigen Einwand erst ab den späteren Vorlesungen – Jahre, nachdem die Heilige Allianz gegründet wurde, deren Abkommen bereits ab dem Frühjahr 1816 veröffentlicht und in Zeitungen gedruckt wurde, Hegel also bekannt gewesen sein dürfte[225] – in seine Vorlesungen einbezog, mag dafür sprechen, dass Hegel die Notwendigkeit einer Entgegnung zuerst nicht gesehen hat, später aber nicht umhin kam, eine zu geben. Nichtsdestoweniger sind Hegels Entgegnungen auf das Entstehen der Heiligen Allianz stichhaltig. Tatsächlich lässt sich aus einem losen Bund wie der Heiligen Allianz keine Friedensgarantie annehmen oder ein Überschreiten, gar Ersetzen des Staates darin erkennen. Allerdings spricht diese Entgegnung Hegels auf die Heilige Allianz nicht gegen die systematische Entwicklung überstaatlicher Zusammenhänge.[226] Sie zeigt bloß auf,

---

Philosophie des objektiven Geistes in seinem System und ihre Aporie, in Jermann, Christoph (Hg.): *Anspruch und Leistung von Hegels Rechtsphilosophie*, Stuttgart: frommann-holzboog, 1987, S. 11–54, hier S. 33.

223 Nachschrift Griesheim, S. 1471. Vgl. auch Gerardi, Giovanni Die Hegelsche Theorie des Völkerrechts, in Arndt, Andreas/Gerhard, Myriam et al.: *Hegel-Jahrbuch 2014*, Berlin et al.: de Gruyter, 2014, S. 340–345, hier S. 343.

224 Vgl. auch Lucas, Hans-Christian: „Es giebt keinen Prätor zwischen Staaten.“ Zu Hegels Kritik an Kants Konzeption, in Kodalle, Klaus-M.: *Der Vernunftfrieden. Kants Entwurf im Widerstreit*, Würzburg: Königshausen & Neumann, 1996, S. 53–60, hier S. 57.

225 Vgl. Menger, Philipp: *Die Heilige Allianz*, Stuttgart: Steiner, 2014, S. 309, 314.

226 Und das will sie auch gar nicht: „Es wird [von Hegel, JD] nicht die empirische Möglichkeit geleugnet, dass sich Institutionen mit diesem Anspruch bilden. Es wird jedoch behauptet, dass solche Institutionen, wenn sie sich bilden würden, ihrem Begriff nie entsprechen könnten: Denn sie wären entweder fiktive Konstruktionen oder Instrumente im Dienst der ‚besonderen Weisheit‘ ihrer Mitglieder.“

dass ein überstaatliches Institut, dem die Individualität fehlt, dessen Glieder also ihre Souveränität behalten, nicht dauerhaft bestehen kann und die Staaten jederzeit wieder dazu übergehen können, ihre widerstreitenden Interessen durch Krieg zu verfolgen.[227] Ein überstaatlicher Zusammenhang hingegen, der sich zu einer Einheit emporarbeitet und die Souveränität der Einzelstaaten beschränkt, würde vor diesem Problem nicht stehen, da eine Entscheidung bei widerstreitenden Interessen seinem eigenen Gesetz – also mit Notwendigkeit – folgen, nicht durch Krieg – und damit Zufälligkeit – getroffen würde.

7. Zur Notwendigkeit des Krieges

Die Figur des Krieges spielt für Hegels Ausführungen zum Verhältnis der Staaten gegeneinander eine wichtige Rolle.[228] Ein überstaatlicher Zusammenhang, der sich zu einer Individualität emporarbeiten und damit die Souveränität seiner Glieder beenden würde, würde Streitigkeiten unter diesen nach seinen eigenen Gesetzen bearbeiten – und damit den Krieg nicht nur überflüssig, sondern so unmöglich machen wie es die Kriminalität im Staate ist, da der Krieg als Gewalt eine der Kriminalität innerhalb des Staates gleichartige Verletzung der Gesetze darstellen würde.[229] Gibt es also eine sittliche Notwendigkeit für den Krieg, so spräche das sehr entschieden gegen einen überstaatlichen Zusammenhang, der die Souveränität seiner Glieder aufhebt.

Während die überwiegende Auffassung zu Hegels Gegenwart den Krieg als (wenn auch zum Teil nicht abwendbares) „something devia-

---

(Gerardi, Giovanni: Die Hegelsche Theorie des Völkerrechts, in Arndt, Andreas/Gerhard, Myriam et al.: *Hegel-Jahrbuch 2014*, Berlin et al.: de Gruyter, 2014, S. 340–345, hier S. 343) Dies gilt allerdings nur für Strukturen, denen die Einheit fehlt, weil ihre Glieder ihre Souveränität bewahren.

227 „Wenn nun Staaten in Streiten kommen, können sie einem dritten Vermittelnden sich unterwerfen, wenn sie wollen, können sie es aber auch nicht thun und durch Krieg entscheiden.“ (Nachschrift Hotho, GW 26.2, S. 1040f.)

228 Lucas nennt die „Frage von Krieg und Frieden“ gar „[d]as übergreifende Thema“ der Abschnitte zu Souveränität nach Außen und äußerem Staatsrecht; vgl. Lucas, Hans-Christian: „Es giebt keinen Prätor zwischen Staaten.“ Zu Hegels Kritik an Kants Konzeption, in Kodalle, Klaus-M.: *Der Vernunftfrieden. Kants Entwurf im Widerstreit*, Würzburg: Königshausen & Neumann, 1996, S. 53–60, hier S. 53.

229 Vgl. §333 A.

ting from the norm of peace and harmony unless war was waged for what could be declared to be a ‚just' cause" betrachtete,[230] sieht Hegel im Krieg in erster Linie ein sittliches Moment:[231] „Der Krieg ist etwas sittlich nothwendiges."[232] Der Krieg ist dabei nicht Zweck an sich; Hegel sieht durchaus die negativen Folgen des Krieges und will diese in keiner Weise als solche gutheißen. Seine Konzeption des Krieges ermöglicht vielmehr die Möglichkeit, *trotz* aller grausamen Folgen der Kriege in ihrem Wirken ein Gutes zu erkennen, der Resultate wegen, die sie auch gezeitigt haben, dem Fortschritt, dem sie gedient haben.[233] Im Krieg streife das Sittliche gewissermaßen seine unwesentlichen Bestandteile und die Hülle der Zufälligkeiten ab und trete auf, als was es wirklich sei; die Idealität des Besondern werde so Wirklichkeit:

„Der Krieg als der Zustand, in welchem mit der Eitelkeit der zeitlichen Güter und Dinge, die sonst eine erbauliche Redensart zu seyn pflegt, Ernst gemacht wird, ist hiermit das Moment, worin die Idealität des Besonderen ihr Recht erhält und Wirklichkeit wird; – er hat die höhere Bedeutung, daß durch ihn, wie ich es anderwärts ausgedrückt habe, ‚die sittliche Gesundheit der Völker in ihrer Indifferenz gegen das Festwerden der endlichen Bestimmtheiten erhalten wird, wie die Bewegung der Winde die See vor der Fäulniß bewahrt, in welche sie eine dauernde Ruhe, wie die Völker ein dauernder oder gar ein ewiger Friede versetzen würde.'" (§324 A)

An dieser Stelle im Abschnitt über die Souveränität gegen Außen greift Hegel „zum überaus seltenen Mittel des Selbstzitats";[234] er zitiert eine Stelle aus einem früheren Aufsatz, den er im *Kritischen Journal der*

230 Avineri, Shlomo: *Hegel's Theory of the Modern State*, Cambridge: University Press, 1972, S. 194. Wenngleich sich bspw. bei Kant schon Überlegungen finden, die den Krieg zwar nicht als etwas Sittliches erklären, aber doch darin ein objektiv dem Fortschritt dienendes Moment erkennen; vgl. Horstmann, Rolf Peter: Der geheime Kantianismus in Hegels Geschichtsphilosophie, in: Henrich, Dieter/ Horstmann, Rolf Peter (Hg.): *Hegels Philosophie des Rechts*, Stuttgart: Klett-Cotta, 1982, S. 56–71.

231 Vgl. §324 A sowie Avineri: *Hegel's Theory of the Modern State*, S. 194ff.

232 Nachschrift Wannemann, S. 215.

233 Vgl. auch Avineri, Shlomo: Hegel's Theory of the Modern State, Cambridge: University Press, 1972, S. 195f.

234 Jaeschke, Walter: *Hegel-Handbuch*, Stuttgart: Metzler, 2010, S. 399.

Philosophie veröffentlicht hat.[235] Es lohnt, diese Argumentation Hegels in ihrer ursprünglichen Form im *Naturrechtsaufsatz* zu untersuchen, bevor wir uns der Argumentation in der *Rechtsphilosophie* selbst zuwenden.

a) Die Notwendigkeit des Krieges im *Naturrechtsaufsatz*

Hegel leitet die Notwendigkeit des Krieges zwischen den Staaten im 1802 erschienenen *Naturrechtsaufsatz* aus einem logischen Argument her – hinter dessen Konsequenz er dann allerdings zurückfällt. Der Ausgangspunkt ist der logische Satz des *tertium non datur*: Jedes Ding ist, insofern es Bestimmtheit hat, entweder A oder -A.[236] Allerdings ist, indem ein beliebiges Ding als A oder -A gesetzt ist, damit sogleich das Gegenteil gesetzt: ist ein Individuum A, so ist sein Äußeres -A und andersherum. Jedes Individuum ist so unauflöslich mit seinem Gegenteil verbunden und indem es sich setzt, setzt es zugleich seine Negation.[237] Freiheit erlangt das Individuum von dieser äußeren Bestimmtheit, die ihm gegenübersteht, nicht, indem es das Äußere negiert – wodurch das Äußere nicht aufhörte, seine Negation zu sein, wenn auch in anderer Gestalt –, sondern indem es etwas setzt, das über es selbst und das ihm Äußere, damit über die Bestimmtheiten des Positiven und seiner Negation hinausgeht und beide überwindet. Darin überwindet das Individuum seine Einzelheit – die als Bestimmtheit Unfreiheit ist – und wird indifferent gegen seine eigene Bestimmtheit. Diese absolute Negation nennt Hegel ein Bezwingen (später wird er hierfür den *terminus technicus* des Aufhebens gebrauchen):

„Indem es [das Individuum, JD] +A sowohl als -A negirt, ist es bezwungen, aber nicht gezwungen; es würde Zwang nur erleiden müssen, wenn +A in ihm absolut fixirt wäre, wodurch an dasselbe, als an eine Bestimmtheit, eine unendliche Kette andere Bestimmtheiten gefesselt werden könnte. Diese Möglichkeit von Bestimmtheiten zu abstrahiren, ist ohne Beschränkung, oder es ist keine Bestimmtheit, welche absolut ist, denn dieß widerspräche sich unmittelbar; sondern die Freyheit selbst oder die Unendlichkeit ist zwar das Negative, aber

235 Vgl. auch Klenner, Hermann: Hegels Rechtsphilosophie: Zeitgeist oder Weltgeist?, in: Henrich, Dieter/Horstmann, Rolf Peter (Hg.): *Hegels Philosophie des Rechts*, Stuttgart: Klett-Cotta, 1982, S. 206–222; hier S. 216.

236 Vgl. GW 4, S. 446f.

237 Vgl. ebd., S. 447.

das Absolute und sein Einzelnseyn ist absolute in den Begriff aufgenommene Einzelnheit, negativ absolute Unendlichkeit, reine Freyheit".[238]

Die absolute Bezwingung des Individuums ist sein Tod, worin es sich ganz und gar indifferent gegen alle Bestimmtheiten und Zufälligkeiten des Lebens setzt und somit absolut frei ist:

Dieses „negativ absolute, die reine Freyheit, ist in ihrer Erscheinung der Tod, und durch die Fähigkeit des Todes erweist sich das Subject als frey und schlechthin über allen Zwang erhaben. Er ist die absolute Bezwingung; und weil sie absolut ist oder weil in ihr die Einzelnheit schlechthin reine Einzelnheit wird – nemlich nicht das Setzen eines +A, mit Ausschließung eines -A, [...] – sondern Aufhebung sowohl des + als des -, so ist sie der Begriff ihrer selbst, also unendlich, und das Gegentheil ihrer selbst, oder absolute Befreyung und die reine Einzelnheit, die im Tode ist, ist ihr eignes Gegentheil, die Allgemeinheit. In dem Bezwingen ist also dadurch Freyheit, daß es rein auf die Aufhebung einer Bestimmtheit, sowohl insofern sie positiv als insofern sie negativ, subjectiv und objectiv gesetzt ist, nicht bloß eine Seite derselben geht und also an sich betrachtet sich rein negativ hält, oder da das Aufheben selbst auch von der Reflexion positiv aufgefaßt und ausgedrückt werden kann, so erscheint alsdann das Aufheben beyder Seiten der Bestimmtheit als das vollkommen gleiche Setzen des bestimmten nach seinen beyden Seiten."[239]

Dieses Bezwingen, wodurch sich das Individuum als freies setzt, könne nur in der absoluten Sittlichkeit betrachtet werden, da es Moment des Absoluten selbst sei. Die absolute sittliche Totalität aber sei ein Volk. In einem Volk werden die Bestimmtheiten der einzelnen Individuen herabgesetzt; indem das Volk sich als Individuum gegen andere Völker setzt, wird das einzelne Individuum, der einzelne Mensch, in ihm bezwungen, das Volk ist indifferent gegen die Bestimmtheiten, d.h. gegen die individuellen Eigenschaften der einzelnen Menschen, die es ausmachen.[240] Jedoch stehen die Völker als Individuen sich sodann auch wieder einander gegenüber und indem sie sich setzen, setzen sie sogleich ihre Negation, die anderen Völker als ihr Äußeres. Diese Bestimmtheit

238 GW 4, S. 448.

239 Ebd.

240 Vgl. ebd., S. 449.

oder Unfreiheit der Völker zu bezwingen sei nun der Krieg eine Notwendigkeit,

> *„der, weil in ihm die freye Möglichkeit ist, daß nicht nur einzelne Bestimmtheiten, sondern die Vollständigkeit derselben als Leben vernichtet wird, und zwar für das Absolute selbst oder für das Volk, eben so die sittliche Gesundheit der Völker in ihrer Indifferenz gegen die Bestimmtheiten und gegen das Angewöhnen und festwerden desselben erhält, als die Bewegung der Winde die Seen vor der Fäulnis bewahrt, in welche sie eine dauernde Stille, wie die Völker ein dauernder oder gar ein ewiger Frieden, versetzen würde."*[241]

Der Krieg ist also nicht bloß indifferent gegen die Bestimmtheiten des einzelnen Menschen (den die Möglichkeit des Todes indifferent gegen seine Bestimmtheiten macht), sondern auch gegenüber einzelnen Völkern (oder Staaten), die in Kriegen siegen oder untergehen können.

Hegels Argument ist hier allerdings nicht konsistent. Während es ihm bei der Erläuterung des Bezwingens noch wichtig war zu betonen, dass es das Individuum selbst ist, das sich sowie sein Äußeres negiert, das Bezwingen also aus sich selbst hervorbringt, ist der Krieg nicht notwendig ein selbst Gesetztes, sondern kann über Staaten ohne deren Zutun hereinbrechen. Hegel erläutert, was er mit dem Konzept des Bezwingens meint, sodann am Beispiel der Strafe, die durch den Staat als Reaktion auf ein Verbrechen verhängt, für die Person, der gegenüber sie verhängt wird, nicht Zwang oder Äußeres ist, sondern der Vernunft entspringt, die diese Person selbst hervorgebracht hat, also Ausdruck ihrer eigenen Freiheit ist. Die Strafe, die sie trifft, ist also nicht Unfreiheit, sondern Wiederherstellung ebendieser Freiheit, die sie selbst durch Brechen des Gesetzes – ihrer eigenen verobjektivierten Freiheit – verletzt hat. Wenn Hegel hier auch im Krieg das Wirken der Vernunft zu erkennen versucht, ist es doch nicht notwendig dieselbe Vernunft, welche den Staat hervorgebracht hat.[242] – Wir werden auf diese Inkonsistenz der Argumentation auch in den *Grundlinien* stoßen.

---

241 Ebd., S. 450.

242 Anders als Staat und Recht folgt der Krieg keinen Gesetzen, schon gar nicht denen der Vernunft – mag es auch in Kriegen rudimentär geltende Regeln geben. Das Obsiegen oder Untergehen eines Staates im Krieg lässt sich nicht mithilfe der Vernunft begreifen, sondern hängt einzig von den Kräfteverhältnissen der kriegführenden Staaten und dem Geschick ab und liegt damit völlig im Zufälligen. Wird dem Zufälligen damit auch das Eigene, das Zufällige, zuteil, war es für das Konzept

b) Die Notwendigkeit des Krieges in Hegels späterem Werk

Die Konzeption des Krieges aus dem *Naturrechtsaufsatz* als Ausdruck des Negativen zieht sich sodann durch Hegels weiteres Werk. In der *Phänomenologie des Geistes* bspw. spricht Hegel davon, der Krieg gebe „den einzelnen *Systemen* des Eigenthums und der persönlichen Selbstständigkeit wie auch der einzelnen *Persönlichkeit* selbst, die Krafft des negativen zu fühlen" und es „erhebt andererseits in ihm eben diß negative Wesen sich als das erhaltende des Ganzen".[243] Daher sei es notwendig, dass es in gewissen Abständen zu Krieg komme: „Um sie [die sich in dem Gemeinwesen isolierenden Systeme der persönlichen Selbstständigkeit und des Eigentums, JD] nicht in dieses Isoliren einwurzeln und festwerden, hiedurch das Ganze auseinanderfallen und den Geist verfliegen zu lassen, hat die Regierung sie in ihrem Innern von Zeit zu Zeit durch die Kriege zu erschüttern [...]."[244] Auch in den *Grundlinien* hält Hegel also an der Notwendigkeit des Krieges fest.[245]

---

des Bezwingens wichtig, dass was der Bestimmtheit widerfährt, ihr nicht als Zufälliges widerfährt, sondern beide Momente als zufällige aufgehoben und im Notwendigen „bezwungen" werden. Darin kann ein Wirken der Freiheit nur erblickt werden, wenn es das Individuum selbst ist, welches die Notwendigkeit als Gesetz hervorbringt und darin seine eigene Bestimmtheit bezwingt und sich damit ihr gegenüber indifferent setzt. Der Krieg als äußeres Schicksal ist allerdings kein vom (Staats-) Individuum Hervorgebrachtes, sondern tritt ihm als Zufälliges entgegen. (Vgl. in der Nachschrift Anonymus (Bloomington), GW 26.1, S. 578f.: „Der Krieg ist in diesem Verhältniß der Zufälligkeit das Moment, wo die Selbstständigkeit der Staaten selbst der Zufälligkeit ausgesetzt ist.") Hieran ändert auch nichts, dass Hegel die Völker als Individuen als Momente des Absoluten bestimmt. (Vgl. GW 4, S. 449.) Das Absolute als Wirkendes hinter dem Krieg – der Weltgeist in der Geschichte – zu setzen, mag zwar hinreichen, um darin eine Notwendigkeit zu erkennen, nicht aber um dieses Wirken in der Geschichte zugleich als ein freies zu bestimmen. Denn frei ist das Wirken erst als selbst hervorgebrachte Notwendigkeit. Die Völker als Individuen schlichtweg als Momente des Absoluten zu setzen und so das Absolute als Notwendiges aus deren Wirken hervorgebracht zu bestimmen, verdient nicht den Namen einer philosophischen Entwicklung.

243 GW 9, S. 259.

244 Ebd., S. 246.

245 Hegel, schreibt Avineri, „maintains that whatever wishful thinking and pious hope would like to imagine, there is *on principle* no way of ever achieving the possibility of perpetual peace." (Avineri, Shlomo: Hegel's Theory of the Modern State, Cambridge: University Press, 1972, S. 201)

Es finden sich mehrere Stellen zum Krieg in den Abschnitten über die Souveränität gegen Außen[246] und über das äußere Staatsrecht; während es in jenem hauptsächlich um die sittliche Verfasstheit der einzelnen Staaten in ihrer Ausrichtung auf den Krieg gegen andere Staaten geht, behandelt dieser den Krieg im Verhältnis der Staaten gegeneinander. Unmittelbar vor der bereits weiter oben zitierten Stelle aus den *Grundlinien* findet sich ebendort der erste direkte Verweis im Abschnitt über die Souveränität gegen Außen auf den Krieg:

„Es gibt eine sehr schiefe Berechnung, wenn bey der Foderung dieser Aufopferung der Staat nur als bürgerliche Gesellschaft, und als sein Endzweck nur die Sicherung des Lebens und Eigenthums der Individuen betrachtet wird; denn diese Sicherheit wird nicht durch die Aufopferung dessen erreicht, was gesichert werden soll; – im Gegentheil. – In dem Angegebenen liegt das sittliche Moment des Krieges, der nicht als absolutes Uebel und als eine bloß äußere Zufälligkeit zu betrachten ist, welche, sey es in was es wolle, in den Leidenschaften der Machthabenden der Völker, in Ungerechtigkeiten u.s.f. überhaupt in solchem, das nicht seyn soll, seinen somit selbst zufälligen Grund habe. Was von der Natur des Zufälligen ist, dem widerfährt das Zufällige, und dieses Schicksal eben ist somit die Nothwendigkeit, - wie überhaupt der Begriff und die Philosophie den Gesichtspunkt der bloßen Zufälligkeit verschwinden macht und in ihr, als dem Schein, ihr Wesen, die Nothwendigkeit, erkennt. Es ist nothwendig, daß das Endliche, Besitz und Leben als Zufälliges gesetzt werden, weil diß der Begriff des Endlichen ist. Diese Nothwendigkeit hat einerseits die Gestalt von Naturgewalt, und alles Endliche ist sterblich und vergänglich. Im sittlichen Wesen aber, dem Staate, wird der Natur diese Gewalt abgenommen, und die

---

246 Dieser Abschnitt findet sich, obwohl in ihm die im *Naturrechtsaufsatz* entwickelte Argumentation eigentlich einschlägig ist, interessanterweise erst ab den *Grundlinien* in Hegels Konzept, in den vorhergehenden Vorlesungen fehlt er; vgl. in GW 26.1 die entsprechenden Stellen. Es finden sich allerdings auch in diesen Vorlesungen einige Bezüge auf Themata, die in den späteren Fassungen im Abschnitt über die Souveränität gegen Außen auftauchen. So bspw. in der Nachschrift Wannemanns, GW 26.1, S. 209f., ein Bezug auf die auch in §324 A vorgetragene Polemik, und auf den „Stand der Tapferkeit" (GW 26.1, S. 211), in der Homeyers der Bezug auf die Aufopferung (GW 26.1, S. 320). In der Nachschrift Anonymus (Bloomington) aus den Semestern 1819/20 finden sich der Begriff der „Souveränität gegen Außen" (GW 26.1, S. 576) und wesentliche diesem Abschnitt entsprechende Ausführungen bereits im Abschnitt über die gesetzgebende Gewalt und so innerhalb des inneren Staatsrechtes; vgl. GW 26.1, S. 575ff.

Notwendigkeit zum Werke der Freyheit, einem Sittlichen erhoben; – jene Vergänglichkeit wird ein gewolltes Vorübergehen, und die zum Grunde liegende Negativität zur substantiellen eigenen Individualität des sittlichen Wesens.“ (§324 A)

Zum einen folgt Hegel hier im Wesentlichen der bereits im *Naturrechtsaufsatz* entwickelten Argumentation, nach welcher die Notwendigkeit des Krieges in erster Linie eine logische ist: „The (onto-) logical status of the finite demands that it be overcome, ‚negated‘ and integrated into the infinitude of a totality of which it then appears to be a constituent part.“[247] Wie im *Naturrechtsaufsatz* ist auch hier der Ausgangspunkt das Besondere, Zufällige; ihm geschieht im Krieg das ihm Entsprechende, das Zufällige, worin sich die Notwendigkeit durchsetzt. Zugleich erfüllt der Krieg für die Staaten in ihrem Inneren eine verjüngende Funktion.[248] Im Krieg haben die Bürger[249] des Staates die „allgemeine Pflicht“ (§325), „durch Gefahr und Aufopferung ihres Eigenthums und Lebens, ohnehin ihres Meynens und alles dessen, was von selbst in dem Umfange des Lebens begriffen ist, diese substantielle Individualität, die Unabhängigkeit und Souverainetät des Staats zu erhalten“. (§324) Hegel ordnet dieser Pflicht gar einen eigenen Stand,

247 Peperzak, Adriaan: *Hegel contra Hegel in His Philosophy of Right: The Contradictions of International Politics*, in: Journal of the History of Philosophy 32, Jg. 1994, S. 241–263, hier S. 252.

248 In der Vorlesungsnachschrift Anonymus (Bloomington) findet sich der Hinweis, der Krieg diene der „sittlichen Gesundheit der Völker“ (GW 26.1, S. 575. „[Hegel] faßt den Krieg als ein Moment der Festigung der inneren Zusammengehörigkeit der Staatsbürger und als Mittel zur Volksgesundung auf. Auch hiermit leistet Hegels Konzeption reaktionären Interpretationen Vorschub; sie diente und dient auch heute noch faschistischen und chauvinistischen Kräften als Grundlage für ihre Theorien.“ (Rothe, Barbara/Türpe, Andrée: Das Wesen des Krieges bei Hegel und Clausewitz, in: *Deutsche Zeitschrift für Philosophie, Jg. 1977*, S. 1331–1343; hier S. 1336) Darin hat der Staat mit dem Krieg zugleich ein Mittel auf das Auseinandergehen der modernen Gesellschaft zu antworten: „Die Dynamik der modernen Marktwirtschaft fördert die Trennung zwischen Klassen und Individuen derartig dass von Zeit zu zeit ebenso wirksame Vereinigungs- und Integrationsmaßnahmen des Staates sie neutralisieren müssen.“ (Siep, Ludwig: Kant und Hegel über Krieg und Völkerrecht, in: Janssen, Dieter/Quante, Michael (Hg.): *Gerechter Krieg. Ideengeschichtliche, rechtsphilosophische und ethische Beiträge*, Paderborn: mentis, 2003, S. 100–115, hier S. 112)

249 In diesem Fall tatsächlich bloß die Männer.

den „Stand der Tapferkeit“ (§325) zu, dem er drei Paragraphen widmet.[250] Im Krieg wird „mit der Eitelkeit der zeitlichen Güter und Dinge, die sonst eine erbauliche Redensart zu sein pflegt, Ernst gemacht“; (§324 A) die Menschen weisen im Krieg den endlichen und kleinlichen Dingen ihres Lebens den ihnen gemäßen Platz zu: „War, to Hegel, is precisely the transcendence of material values – the ability of the individual to go beyond his own, narrow, civil society interests and coalesce with his fellow citizens for a common endeavour“.[251] Das ist keine ständige Notwendigkeit – der Krieg ist also stets ein Vorübergehendes[252] – aber von Zeit zu Zeit notwendig, damit die Bürger:innen sich nicht allzu sehr in der Gemütlichkeit der Sicherheit einrichten: „Aber die Völker versinken ohne Krieg in das Privatleben, diese Sicherheit, diese Weichlichkeit, die sie eine leichte Beute anderer Völker macht.“[253] Für Hegel ist der Krieg also kein an sich Gutes, er bringt bloß das Gute in den Staaten zum Vorschein; wie ein Krankheitsbefall offenbart, ob ein Körper gesund ist, offenbart der Krieg, ob ein Staat ein in sich ruhender und beständiger ist.[254]

Die Notwendigkeit, das Besondere in seiner Besonderheit durch den Krieg herabzusetzen, scheint also ein aus der Systematik der Hegelschen Philosophie herzuleitendes Argument gegen eine positivrechtliche Fassung des Verhältnisses der Staaten zueinander zu sein. Abgesehen davon, dass Hegels positive Bezugnahme auf das massen-

250 Vgl. §§325–327.

251 Avineri, Shlomo: Hegel’s Theory of the Modern State, Cambridge: University Press, 1972, S. 196.

252 „Er betont zu Recht, daß Kriege aus den jeweiligen gesellschaftlichen Beziehungen entstehen und keine Dauererscheinungen der Geschichte sein können, wie sie auch nicht den eigentlichen gesellschaftlichen Fortschritt hervorbringen. Die Hegelsche Bestimmung des Wesens der Kriege ist gekennzeichnet durch die im wesentlichen dialektische Betrachtung des objektiven Zusammenhangs von gesellschaftlicher Notwendigkeit und deren Realisierung durch die verschiedenen Völker und Staaten.“ (Rothe, Barbara/Türpe, Andrée: Das Wesen des Krieges bei Hegel und Clausewitz, in: *Deutsche Zeitschrift für Philosophie, Jg. 1977*, S. 1331–1343; hier S. 1335f.)

253 Nachschrift Wannemann, GW 26.1, S. 215.

254 Vgl. Avineri, Shlomo: Hegel’s Theory of the Modern State, Cambridge: University Press, 1972, S. 198f.

hafte Sterben im Krieg fragwürdig ist,[255] ist der Schluss, dass das Herabsetzen des Besonderen im Krieg geschehen muss, auch logisch nicht zwingend. Die Besonderheiten der einzelnen Menschen werden bereits im Staat durch diesen herabgesetzt und zu Momenten des Ganzen gemacht; Hegel gibt keinen Grund dafür an, warum dieses Herabsetzen noch einmal geschehen müsse.[256] Dem Tod treten die einzelnen Menschen notwendig entgegen; warum dieses Wissen um die Möglichkeit des eigenen Todes im Krieg eine besondere Rolle haben sollte, erschließt sich nicht unmittelbar.

Von den einzelnen Personen muss der Krieg abgelehnt werden; nichtsdestotrotz erfüllt er bei Hegel eine historisch wichtige Rolle und ist daher aus philosophischer Sicht notwendig: „Der einzelne allerdings muß das Gegentheil des Krieges wünschen; aber der Krieg ist ein philosophisch wesentliches Naturmoment."[257] Diese historische Rolle des Krieges führt Hegel im Abschnitt über das äußere Staatsrecht weiter aus. Neben der bereits weiter oben angeführten Stelle, in der Hegel gegen Kant anführt, dass es einen Ausschluss des Krieges auf Grundlage einer Übereinkunft der Staaten nicht geben könne,[258] führt Hegel insbesondere das Verhältnis der einzelnen Staaten gegeneinander an, das für einen Streit zwischen ihnen keine andere Lösung als den Krieg erlaube. Die Interessen und Rechte der einzelnen Staaten haben jeweils für sich Berechtigung; da sie zufällige sind, widersprechen sie einander

255 Was, bei aller Fragwürdigkeit dieser Auffassung nicht zu so philosphisch waghalsigen Schlüssen verleiten sollte wie Wyschogrods Behauptung, Hegel sei mitursächlich für Massenmorde im 20. Jhdt., (Wyschogrod, Edith: Spirit in Ashes: Hegel, Heidegger, and Man-Made Mass Death, Yale: University Press, 1985, S. xi) die er „as merely another form in the series of moments that make up the history of Spirit" aufgefasst hätte. (Ebd., S. 66.) – In welchem Werk sich im Übrigen mit der Gleichsetzung sehr unterschiedlicher gesellschaftlicher Entwicklungen im 20. Jhdt., weil sie jeweils zum Tode von Menschen geführt hätten, ein, wenn auch beliebter, philosophischer Ausfall ganz eigener Art betrachten lässt.

256 Und es widerspricht auch Hegels sonstiger Haltung, dass ein bereits geistig vollzogenes Herabsetzen (in den „Redensarten" und von der Kanzel herab; vgl. GW 26.1, S. 575) noch einmal durch die Zufälligkeit der Natur umgesetzt werde. Wenn Hegel dies auch umgekehrt darstellt, dass darin der Natur ihre Zufälligkeit genommen werde und sich die Notwendigkeit der Freiheit durchsetze, (vgl. §324 A) ist diese Freiheit doch eine geistige, die kein Mehr an Wirklichkeit gewinnt, indem sie zufällig mit dem übereinstimmen mag, was im Zufälligen der Natur geschieht.

257 Nachschrift Wannemann, GW 26.1, S. 216.

258 Vgl. §333 A sowie oben, S. 26.

allerdings.[259] Das Bestehen einer Vielheit von Staaten schon macht den Krieg zu einer Notwendigkeit;[260] spätestens aber der (notwendig auftretende) Streit der Staaten, wenn ihre besonderen Interessen in Widerspruch geraten, führt zum Krieg als einzigem Mittel, solchen Streit aufzulösen: „Der Streit der Staaten kann deswegen, insofern die besondern Willen keine Uebereinkunft finden, nur durch *Krieg* entschieden werden." (§334)[261] Der Krieg kommt hier nicht bloß empirisch vor, sondern erfüllt für Hegel eine wichtige philosophische Funktion, als da er den Übergang von der Beschränktheit der Volksgeister zum allgemeinen Geist ermöglicht. Am Übergang vom äußeren Staatsrecht zur Weltgeschichte hebt Hegel die Beschränktheit der Volksgeister noch einmal hervor:

„Die Principien der Volksgeister sind um ihrer Besonderheit willen, in der sie als existirende Individuen, ihre objektive Wirklichkeit und ihre Selbstbewußtseyn haben, überhaupt beschränkte, und ihre Schicksale und Thaten in ihrem Verhältnisse zu einander sind die erscheinende Dialektik der Endlichkeit dieser Geister, aus welcher der allgemeine Geist, der Geist der Welt, als unbeschränkt eben so sich hervorbringt, als er es ist, der sein Recht, – und sein Recht ist das allerhöchste, – an ihnen in der Weltgeschichte als dem Weltgerichte, ausübt." (§340)

Die Endlichkeit der Volksgeister offenbart sich aber gerade im Krieg, in welchem der Weltgeist sein Urteil Wirklichkeit werden lässt und die einzelnen Volksgeister untergehen lässt.[262] Im Krieg erst wird das All-

---

259 „Wars to Hegel are always such clashes *between two rights* – not between right and wrong, as the partisans and contenders themselves see the conflict. Hence the outcome of a war never proves one side right and the other wrong. It only regulates which right will yield to the other." (Avineri, Shlomo: Hegel's Theory of the Modern State, Cambridge: University Press, 1972, S. 202)

260 „Die Kriege können von der Moral verworfen werden, sie kann sagen, die Kriege sollen nicht seyn, aber der Staat ist nicht ein sollen bloß. Die Kriege müssen vielmehr als nothwendig angesehen werden, indem selbstständige Völker neben einander existiren." (Nachschrift Wannemann, GW 26.1, S. 212.)

261 Vgl. im Übrigen die §§337–339 für das Verhältnis der Staaten zueinander *im* Krieg.

262 „Weil die Volksgeister beschränkt sind, trifft sie das Loos des Endlichen." (Nachschrift Homeyer, GW 26.1, S. 322) „Dass es Hegel zufolge eine Vernunft in der Geschichte gibt, bedeutet letztlich, dass jedes Volk sein eigenes Prinzip und seinen eigenen Zweck schafft. Dennoch bleibt diese Vernunft beschränkt, da sie in konkurrierende Völker aufgeteilt ist. Genauso wie sich in der organischen Natur eine

gemeine des allgemeinen Geistes wirklich, drückt sich sein „allerhöchstes" Recht aus und setzt sich gegen die besonderen Staaten durch. Der Übergang vom Besonderen zum Allgemeinen ist in diesem Fall also nur möglich, indem der Krieg das Gemeinsame ausmacht, in welchem sich das Allgemeine gegen die Besonderheiten durchsetzt.[263] Dass Hegel auf den Krieg als Mittel zurückgreifen muss, um einen Übergang zum Allgemeinen herzustellen, folgt, wie wir gesehen haben, aus seinem System nicht mit Notwendigkeit. In der bürgerlichen Gesellschaft greift Hegel, um ausgehend von den widerstreitenden Interessen der Individuen auf ein Allgemeines zu kommen, nicht auf den Naturzustand zurück, in dem sich der Wille des Staates als Allgemeinem stets in dem Ergebnis durchsetze, welches sich tatsächlich ergibt. Stattdessen greift er die Bedingungen auf, die es den Individuen überhaupt erst ermöglichen in einen Interessenkonflikt zu treten und also ein Gemeinsames darstellen – das Austauschverhältnis – und gibt diesem eine selbstständige Existenz im Staat. Eine analoge Lösung wäre auch im Verhältnis der Staaten möglich gewesen, in welchem auch das Austauschverhältnis die Bedingung der Möglichkeit der mannigfaltigen Interessenskonflikte darstellt und also sich zu einem Allgemeinen entwickeln ließe.

Stattdessen greift Hegel zu einer Lösung, in der er das Allgemeine nicht aus den Besonderen entwickelt, sondern es schlicht voraussetzt, um sodann in den Zufälligkeiten des Krieges das Wirken des Allgemeinen zu behaupten. Allerdings setzt der allgemeine Geist in der Weltgeschichte nicht sein Recht als das wirkliche Recht der Staaten durch, sondern es ist „sein Recht", das er „an ihnen [den Staaten, JD]" ausübt. Das „in der Weltgeschichte als dem Weltgerichte" über die Staaten gesprochene Urteil ist also, anders als es die Strafe des Staates gegen das

Spezies auf mehrere endliche Individuen verteilt, die aus ebendiesem Grund sterblich sind, so verteilt sich auch die Vernunft in der Geschichte auf die Völker, welche unausweichlich der Verderbnis und dem Tode geweiht und nur Etappen im Fortschritt der Geschichte sind." (Marmasse, Gilles: Die List in der Geschichte bei Kant und Hegel, in Arndt, Andreas et al. (Hg.): *Hegel-Jahrbuch 2017*, Berlin et al.: de Gruyter, 2018, S. 424–429, hier S. 429)

263 „Die Verschiedenheit der Interessen wird durch den Krieg in der absoluten Identität aufgehoben." (Rothe, Barbara/Türpe, Andrée: Das Wesen des Krieges bei Hegel und Clausewitz, in: *Deutsche Zeitschrift für Philosophie, Jg. 1977*, S. 1331–1343; hier S. 1336)

Unrecht ist, nicht Ausdruck ihrer eigenen Freiheit, sondern bleibt ihnen ein Fremdes.[264] Aus Hegels Konzept des Krieges folgt also nicht nur nicht, wie er behauptet, die Unmöglichkeit, ein die einzelnen Staaten aufhebendes sittliches Ganzes zu entwickeln, sondern es ist gerade die Behauptung einer solchen Unmöglichkeit, die philosophisch Hegels Konzeption des Krieges erst zu einer notwendigen macht.[265] Der Krieg ist nur möglich in einem Verhältnis der Staaten gegeneinander, das von der Willkür der Staaten bestimmt ist.[266] In einem verrechtlichten Zustand der Staaten gäbe es keinen Krieg – zumindest nicht in der Form, die Hegel vorschwebt.

Dass *jede* Streitigkeit der Staaten, über die Auslegung ihrer Traktate bspw., nach dem Krieg als letztgültiger Entscheidungsinstanz ruft, macht eine Verrechtlichung ihres Verhältnisses vernünftig.[267] Er entlässt nicht die Staaten aus ihrem feindlichen Verhältnis gegeneinander, ebenso wenig wie der Staat die Individuen der bürgerlichen Gesellschaft befriedet. Aber er schafft die Grundlage, auf der sie ihre Streitigkeit in gegenseitiger Anerkennung ausführen können, ohne sich zu töten bzw. zu bekriegen. Wenn auch „Hegels Konzeption der Weltgeschichte […] systematisch von dem fortwirkenden Gegeneinander der Völkerindivi-

---

264 „Die einzige ‚Rechtsprechung' oberhalb der Staaten besteht ja für Hegel in dem Urteil der Weltgeschichte über [sollte heißen: mittels Vollstreckung durch, JD] den fortgeschrittensten Staat." (Siep, Ludwig: Das Recht als Ziel der Geschichte, in: Fricke, Christel et al. (Hg.): *Das Recht der Vernunft. Kant und Hegel über Denken, Erkennen und Handeln*, Stuttgart: frommann-holzboog, 1995, S. 355–380, hier S. 370)

265 Vgl. auch, im Ergebnis ähnlich: Hösle, Vittorio: Der Staat, in Jermann, Christoph (Hg.): *Anspruch und Leistung von Hegels Rechtsphilosophie*, Stuttgart: frommann-holzboog, 1987, S. 183–226, hier S. 221f.

266 Insofern Hegel ihn darin begreift, begreift er ihn auch als Vergängliches: „Die positive Erkenntnis besteht darin, daß der Krieg als ein objektives, aber historisch vergängliches Stadium in der Menschheitsgeschichte aufgefaßt wird." (Rothe, Barbara/Türpe, Andrée: Das Wesen des Krieges bei Hegel und Clausewitz, in: *Deutsche Zeitschrift für Philosophie, Jg. 1977*, S. 1331–1343; hier S. 1337)

267 Umso mehr heute: „Die Folgen eines modernen Krieges sind für die Rechte der Menschen auf körperliche Unversehrtheit [ein Glück, dass sie nicht ihre Unversehrtheit selbst betreffen, JD] und aufgrund der inneren Disziplinierung auch für die Meinungsfreiheit und andere Grundrechte verheerend." (Siep, Ludwig: Das Recht als Ziel der Geschichte, in: Fricke, Christel et al. (Hg.): *Das Recht der Vernunft. Kant und Hegel über Denken, Erkennen und Handeln*, Stuttgart: frommann-holzboog, 1995, S. 355–380, hier S. 377)

duen abhängt“,[268] ist damit nicht gesagt, dass sich dieses fortwirkende Gegeneinander bloß in Kriegen entwickeln und zu einem Fortschritt durchsetzen kann.[269] Auch die Gegensätze in der bürgerlichen Gesellschaft wirken weiter gegeneinander und bringen darin beständig Neues hervor und entwickeln sich weiter, obwohl sie in einem verrechtlichten Rahmen wirken. Auch das Verrechtlichen des Kriegszustandes zu einem rechtlich geordneten Gegeneinander der Interessengegensätze schafft diese Gegensätze nicht ab, sondern hebt sie auf eine neue Stufe. Hegel misst dem Negativen eine so große Bedeutung bei, dass er in frühen Schriften sogar Formen ganz unbestimmter und ungerichteter Verwüstung ein Verdienst zuspricht, indem sie so dem Hervorbringen eines Neuen zu Diensten sind.[270] Später in seinem Werk lässt Hegel dieses Negative sittlichere Formen annehmen, der Krieg selbst erhält Ansätze sittlicher Beschränkung, indem auch in ihm noch Grundregeln Geltung behalten, damit das sittliche Band zwischen den Staaten nicht vollends zerreißt:

„Darin, daß die Staaten sich als solche gegenseitig anerkennen, bleibt auch im Kriege, dem Zustande der Rechtlosigkeit, der Gewalt und Zufälligkeit, ein Band, in welchem sie an und für sich seyend für einander gelten, so daß im Kriege selbst der Krieg als ein vorübergehensollendes bestimmt ist. Er enthält damit die völkerrechtliche Bestimmung, daß in ihm die Möglichkeit des Frie-

268 Lucas, Hans-Christian: „Es giebt keinen Prätor zwischen Staaten.“ Zu Hegels Kritik an Kants Konzeption, in Kodalle, Klaus-M.: *Der Vernunftfrieden. Kants Entwurf im Widerstreit*, Würzburg: Königshausen & Neumann, 1996, S. 53–60, hier S. 57.

269 „Entgegen der Auffassung Hegels gibt es keine [geschichtliche, JD] Bestätigung für die These, dass regelmäßige Kriege für den Fortschritt und den sozialen Zusammenhang eines Staates notwendig sind.“ (Siep, Ludwig: Kant und Hegel über Krieg und Völkerrecht, in: Janssen, Dieter/Quante, Michael (Hg.): *Gerechter Krieg. Ideengeschichtliche, rechtsphilosophische und ethische Beiträge*, Paderborn: mentis, 2003, S. 100–115, hier S. 113)

270 „Hegel betont in dieser Zeit die Notwendigkeit des Negativen so sehr, daß er auf die ‚größte Pracht‘ fanatischer morgendländischer Verwüstung in Cingiskan und Tamerlan, den ‚Besen Gottes‘,hinweist, [sic] dazu auf die ‚nordischen Barbaren‘, die in ihrer Ungebildetheit zerstören, aber nicht die Verwüstung um der Verwüstung willen suchen; immer neu wird die auflockernde Wirkung von Kampf und Krieg betont.“ (Pöggeler, Otto: Der junge Hegel und die Lehre vom weltgeschichtlichen Individuum, in Henrich, Dieter/Horstmann, Rolf Peter (Hg.): *Hegels Philosophie des Rechts*, Stuttgart: Klett-Cotta, 1982, S. 17–37, hier S. 32)

dens erhalten, somit z.B. die Gesandten respectirt, und überhaupt, daß er nicht gegen die innern Institutionen und das friedliche Familien- und Privatleben, nicht gegen die Privatpersonen geführt werde.“ (§338)
„Sonst beruht das gegenseitige Verhalten im Kriege (z.B. daß Gefangene gemacht werden) und was im Frieden ein Staat den Angehörigen eines Andern an Rechten für den Privatverkehr einräumt u.s.f., vornämlich auf den Sitten der Nationen als der innern unter allen Verhältnissen sich erhaltenden Allgemeinheit des Betragens.“ (§339)

Dieser Prozess der Versittlichung, den Hegel in seinem eigenen Werk nachvollzieht, kann jedoch seiner eigenen Dynamik folgend mit einem Krieg, in dem zumindest noch grundständige Regeln der Sittlichkeit ihre Geltung bewahren, nicht abgeschlossen sein. Hegel hat an vielen anderen Stellen seines Werkes eine vernunftgemäße Form gefunden, in der das Negative seinen Ausdruck finden kann, um so nicht bloß abstrakte oder bestimmte Negation zu sein, sondern ein Moment im Prozess der Selbstaufhebung des Begriffs. Dies zu leisten ist der Krieg, der trotz grundständiger Regeln der Sittlichkeit nicht in sich vernünftig ist, nicht in der Lage. Erst die Versittlichung und Verrechtlichung des Krieges würde das Negative darin zu einem Moment der Selbstaufhebung des Begriffes und der Fortentwicklung der Freiheit machen, mithin die Entwicklung der objektiven Seite des Geistes ihrer Eigengesetzlichkeit folgend vorantreiben.[271] Die Versittlichung und Verrechtlichung des Krieges muss diesen aber aufheben und sich zu einem sittlichen Ganzen entwickeln, in dem die einzelnen Individuen ihre widerstreitenden Interessen in einem verrechtlichen Rahmen auseinandersetzen.[272]

---

271 „Daß eine Verrechtlichung der zwischenstaatlichen Verhältnisse die Autonomie der Staaten, ihre inneren Rechtsverhältnisse und das Gedeihen ihrer Bürger besser fördert als die permanente Möglichkeit der Gewalt, bedarf nach den Erfahrungen dieses [des 20., JD] Jahrhunderts keines Beweises.“ (Siep, Ludwig: Das Recht als Ziel der Geschichte, in: Fricke, Christel et al. (Hg.): *Das Recht der Vernunft. Kant und Hegel über Denken, Erkennen und Handeln*, Stuttgart: frommann-holzboog, 1995, S. 355–380, hier S. 377)

272 Womit nicht gesagt ist, dass der Fortgang der Entwicklung der Freiheit zwangsläufig „eine Versittlichung und Verrechtlichung der Welt und damit Chancen für einen dauerhaften Frieden vom weiteren Gang der Weltgeschichte erwarten“ ließe; so aber Lucas, Hans-Christian: „Es giebt keinen Prätor zwischen Staaten.“ Zu Hegels Kritik an Kants Konzeption, in Kodalle, Klaus-M.: *Der Vernunftfrieden.*

8. Individualität und Gattung der Staaten

Hegel führt sowohl in der *Rechtsphilosophie* selbst als auch in den Vorlesungen[273] sowie zum Teil an anderer Stelle deutlich aus, dass es für den Staat wesentliche Bedingung ist, Individuum zu sein; er spricht in diesem Zusammenhang davon, dass die „substantielle Einheit" des Staates „Selbstzweck" sei (§258) und streicht heraus, dass der Staat als einzelner im Verhältnis zu anderen einzelnen Staaten steht:[274]

„*Das Wesen des Staates ist das an und für sich Allgemeine, das Vernünftige des Willens, aber als sich wissend und bethätigend schlechthin Subjectivität und als Wirklichkeit Ein Individuum.*"[275]

In der Rechtsphilosophie gibt Hegel zwei Argumente, warum die Einheit und Individualität des Staates ihm wesentlich ist. Das eine Argument, das Hegel darbietet, um den Übergang der inneren Verfassung in eine Gesamtheit der Verfassung für mehrere Staaten zu verneinen, ist ein der Systematik der Hegelschen Rechtsphilosophie ganz und gar äußeres. Es gründet im Wesentlichen auf dem „Selbstgefühl" eines Volkes in seiner Unabhängigkeit:[276]

Kants Entwurf im Widerstreit, Würzburg: Königshausen & Neumann, 1996, S. 53–60, hier S. 55.

273 Vgl. bspw. in der Nachschrift von Griesheim: „Der Staat als wirklich ist wesentlich individueller Staat und weiter hinaus auch besonderer Staat." (GW 26.3, S. 1406)

274 Der Staat ist „besonderes Individuum, so im Verhältnisse zu andern besondern Individuen" (*Enzyklopädie (1830)*, §536; GW 20, S. 507)

275 Ebd., §537; GW 20, S. 508.

276 Es ist hier zumindest kurz darauf hinzuweisen, dass Hegel trotz der heute sehr befremdlichen Terminologie vom „Volk" und dessen „Selbstgefühl" nur wenig mit nationalistischen Überlegungen gemein hat. Diese Frage hat dennoch einige Kontroversen hervorgerufen; vgl. Hösle, Vittorio: Der Staat, in Jermann, Christoph (Hg.): *Anspruch und Leistung von Hegels Rechtsphilosophie*, Stuttgart: frommann-holzboog, 1987, S. 183–226, hier S. 194, sowie Ottmann, Henning: Die Weltgeschichte, in: Siep, Ludwig: *G.W.F. Hegel: Grundlinien der Philosophie des Rechts*, Berlin/Potsdam: de Gruyter, 4. A. 2017, S. 281–297; hier S. 283: „Der Begriff des Nationalismus ist Hegels Lehre fremd." Eine andere Position nimmt in dieser Frage bspw. Marcuse ein, der von einem „Gesinnungswechsel von einem ziemlich antinationalistischen zu einem nationalistischen Standpunkt" Hegels spricht. (Marcuse, Herbert: *Vernunft und Revolution. Hegel und die Entstehung der Gesellschaftstheorie*, Neuwied: Luchterhand, 1962, S. 156) Hudson hingegen begründet Hegels Patriotismus als einen aus dessen Kritik am Kosmopolitismus hervor-

„Diejenigen, welche von Wünschen einer Gesamtheit, die einen mehr oder weniger selbstständigen Staat ausmacht und ein eigenes Centrum hat, sprechen, – von Wünschen, diesen Mittelpunkt und seine Selbstständigkeit zu verlieren, um mit einem Anderen ein Ganzes auszumachen, wissen wenig von der Natur einer Gesamtheit und dem Selbstgefühl, das ein Volk in seiner Unabhängigkeit hat." (§322 A)

Wenn Hegel hier den Widerwillen einzelner Völker, sich mit anderen zu einem Ganzen zusammenzuschließen, zur Begründung der Unmöglichkeit einer Überwindung der Einheit des einzelnen Staates und einer Gesamtheit von Staaten heranzieht, steht dem nicht bloß die Empirie der tatsächlichen Vereinigung solcher Einzelstaaten zu einem Ganzen gegenüber;[277] die Heranziehung historischer Zufälligkeiten und subjektiver Vorstellungen zur Erklärung der Entwicklung des Begriffs steht auch außerhalb der Systematik der Hegelschen Philosophie. Neben diesem schwachen Argument gibt Hegel aber ein zweites, logisches Argument an, das sich aus dem Begriff der Einzelheit ableitet.

Der Staat als Wirklichkeit der Vernunft ist Einheit der allgemeinen (abstraktes Recht) und besonderen (Moralität) des objektiven Geistes:

„Die Vernünftigkeit bestehet, abstract betrachtet, überhaupt in der sich durchdringenden Einheit der Allgemeinheit und der Einzelnheit, und hier concret dem Inhalte nach in der Einheit der objectiven Freyheit d.i. des allgemeinen substantiellen Willens und der subjectiven Freyheit als des individuellen Wissens und seines besondere Zwecke suchenden Willens". (§258 A)

Die Einzelheit ist gegenüber Allgemeinheit und Besonderheit des Begriffs kein Anderes, sondern deren Grund und Einheit:

---

gehenden und vernünftigen; vgl. Hudson, Stephen: The Rational Content of Patriotism in the Philosophy of Right, in Arndt, Andreas et al. (Hg.): *Hegel-Jahrbuch 2017*, Berlin et al.: de Gruyter, 2018, S. 335–340 und Makiewicz kategorisiert Hegels Patriotismus als nicht völkisch; vgl. Makiewicz, Barbara: Vaterland und Staat. Ein Beitrag zum Hegelschen Begriff des Patriotismus, in Kimmerle, Heinz et al. (Hg.): *Hegel-Jahrbuch 1988*, Bochum: Germinal, 1989, S. 224–230, hier S. 228.

277 Die nur 40 Jahre nach Hegels Tod vollzogene Vereinigung einer Vielzahl von Staaten zum Deutschen Reich ist nicht bloß ein des zeitlichen Zusammenhanges wegen besonders naheliegendes, sondern zeigt auch, dass solche Vereinigung nicht unbedingt mit Widerwillen der Bevölkerung – gegen das „Selbstgefühl" eines Volkes – geschehen muss, sondern das Gegenteil der Fall sein kann. Zu Hegels Beschäftigung mit der Heiligen Allianz vgl. auch Abschnitt 6.

„In der Einzelnheit ist jenes wahre Verhältniß, die Untrennbarkeit der Begriffsbestimmungen, gesetzt; denn als Negation der Negation enthält sie den Gegensatz derselben und ihn zugleich in seinem Grunde oder Einheit; das Zusammengegangenseyn einer jeden mit ihrer andern. Weil in dieser Reflexion an und für sich die Allgemeinheit ist, ist sie wesentlich die Negativität der Begriffsbestimmungen nicht nur so, daß sie nur ein Drittes verschiedenes gegen sie wäre, sondern es ist diß nunmehr gesetzt, daß das Gesetztseyn das An- und fürsichseyn ist; d.h. daß die dem Unterschiede angehörigen Bestimmungen selbst jede die Totalität ist.“[278]

Für den Staat heißt dies, dass er gegenüber abstraktem Recht und Moralität deren Wahrheit – oder Grund und Einheit – und die konkreteste Bestimmung des objektiven Geistes ist. In der schon weiter oben zitierten Stelle in der Vorlesungsnachschrift von Griesheim findet sich die folgende Bemerkung, in der Hegel festhält, dass aus dem Begriff der Einzelheit folgt, dass es ein Allgemeines der Staaten geben muss:

„Die Individualität ist wesentlich Moment des Staats, als solche ist dieser Staat ausschließend gegen andere. Die Einzelnheit ist wesentlich dieß, sich ausser sich, gegen sich zu setzen, so tritt das Verhältniß mehrerer Staaten ein, das äussere Staatsrecht. Dieß reduziert sich jedoch auf wenige Bestimmungen, die Staaten sind unabhängig von einander und das Verhältniß kann also nur ein äusserliches sein, so daß ein Drittes über ihnen sein muß. Dieß Dritte ist nun der Geist der sich in der Weltgeschichte Wirklichkeit giebt [...].“[279]

Die Idee des Staates – worin der Begriff des Staates erst Wirklichkeit wird – ist dreigegliedert: als ihre unmittelbare Wirklichkeit ist sie „der individuelle Staat als sich auf sich beziehender Organismus“ (inneres Staatsrecht), als deren Negation ist sie „das *Verhältniß* des einzelnen Staates zu andern Staaten“ (äußeres Staatsrecht) und als deren Aufhebung ist sie „die allgemeine Idee als *Gattung* und absolute Macht gegen die individuellen Staaten“ (Weltgeschichte). (§259) In der Vorlesung von 1817/18 nennt Hegel diese dritte Seite des Staates „die allgemeine Idee des Staates als Gattung und absolute Macht gegen die Individualität einzelner Staaten, *die Geschichte*“ und führt die Überlegungen zum Gattungsprozess der Staaten weiter aus:

278 *Wissenschaft der Logik. Lehre vom Begriff*, GW 12, S. 50f.

279 Nachschrift Griesheim, GW 26.3, S. 1406f.

„*So gliedert sich der thierische Organismus zuerst aus sich, zweytens ist die organische Natur gegen eine gegen sie unorganische Natur gewendet, das 3*[te] *ist der Proceß der Gattung; die Gattung als die allgemeine Macht verfolgt ihre Entwicklung, sie stellt sich als allgemeine dar. Der Proceß des Staates ist ebenso zuerst daß er sein Leben in sich hat, dann das Bedürfniß, daß er als Macht und Gewalt gegen andere Staaten ist; hier ist die Stufe der Irritabilität, Krieg und Frieden mit anderen Staaten, hier erhält sich der Staat als Individuum selbstständig für sich; und 3*[tens] *verwirklicht sich der allgemeine Geist als Weltgeist, die Gattung zeigt sich gegen die Individuen nur negativ, und die Gattung fällt immer wieder in die Einzelnheit und das allgemeine wird offenbarer. Die folgende Stufe der Geschichte ist immer höher, und dies ist die Perfectibilität des Geistes. Die Gattungen zeigen sich nicht bloß durch den Untergang der Individuen, sondern der Zeitgeist, in dem er seine Erscheinung aufhebt, gelangt im Übergange auf eine höhere Stufe.*“[280]

Die Voraussetzung des Gattungsprozesses ist die Erkenntnis der Identität zweier Besonderer, das eine Individuum erkennt eine allgemeine Identität seiner selbst mit einem anderen Individuum.[281] Nur, indem sich das Individuum im anderen wiedererkennt, kann es sich zu seiner Allgemeinheit verhalten, sich selbst nicht mehr bloß als ein Individuum,[282] sondern als ein Allgemeines hervorbringen.[283] Das Allgemeine der Staaten aber, das in der Weltgeschichte wirklich ist, ist nicht das Verhalten des einzelnen Staates zum anderen als einem andern Staat. Die Identität, die die Staaten für den Weltgeist haben, ist eine abstrakte:[284] ihm ist jeder Staat gleich, ob er besteht oder vergeht. Worin er

---

280 Nachschrift Wannemann, GW 26.1, S. 152.

281 „[D]as Verhältniß der Gattung [ist] die Identität des individuellen Selbstgefühls in einem solchen […], welches zugleich ein Anderes selbstständiges Individuum ist […].“ (*Wissenschaft der Logik. Lehre vom Begriff*, GW 12, S. 190)

282 Auch dies aber ist eine Voraussetzung; das Wandeln der Voraussetzung zur Produktion – „daß seine [des Individuums, JD] Entstehung, die ein *Voraussetzen* war, nun seine Production wird“ (GW 12, S. 190) – wird zur Voraussetzung.

283 „Diese Idee des Individuums ist, da sie diese wesentliche Identität ist, wesentlich die Besonderung ihrer selbst. Diese ihre Diremtion ist nach der Totalität, aus der sie hervorgeht, die Verdopplung des Individuums, – ein Voraussetzen einer Objectivität, welche mit ihm identisch ist, und ein Verhalten des Lebendigen zu sich selbst, als einem andern Lebendigen.“ (Ebd.)

284 „Aber auch schon das *Abstracte* enthält diß, daß, um es zu erhalten, erfordert werde, andere Bestimmungen des Concreten *wegzulassen*. Diese Bestimmungen

aber wirksam wird, den Kriegen, ist eben die allgemeine Identität der Staaten infrage gestellt, ein Staat anerkennt den anderen nicht als solchen – das heißt wesentlich souveränen –, verhält sich zu ihm also nicht als zu einem andern Staat. Das Allgemeine wird also nicht von den Staaten hervorgebracht, indem sie ihre allgemeine Identität realisieren, sondern ist im Weltgeist vorausgesetzt, also bloß abstrakt. Für den Prozess der Gattung ist es aber wesentlich, dass diese aus dem Individuum hervorgebracht, das Allgemeine durch die Individuen gesetzt wird.[285] Die Gattung, wie sie in der Weltgeschichte sich den einzelnen Staaten gegenüber zur Macht erhebt, wird nicht von den einzelnen Staaten gesetzt,[286] ist also nicht wirkliche Gattung im Sinne der Hegelschen Logik.[287] Um Gattung in diesem Sinne zu sein, müssten die sich zueinander als Individuen verhaltenden einzelnen Staaten sich zu einer gemeinsamen Einheit aufheben:

„Der Proceß der Gattung nemlich, in welchem die einzelnen Individuen ihre gleichgültige, unmittelbare Existenz in einander aufheben und in dieser negativen Einheit ersterben, hat ferner zur andern Seite seines Products die realisirte Gattung, welche mit dem Begriffe sich identisch gesetzt hat. – In dem Gat-

---

sind als Determinationen überhaupt *Negationen*; eben so ist ferner das *Weglassen* derselben ein *Negiren*. Es kommt also beym Abstracten gleichfalls die Negation der Negation vor. Diese gedoppelte Negation aber wird vorgestellt, als ob sie demselben [sc. hier: dem einzelnen Staate, JD] *äusserlich* sey, und sowohl die weggelassenen weitern Eigenschaften des Concreten von der beybehaltenen, welche der Inhalt des Abstracten ist, verschieden seyen, als auch diese Operation des Weglassens der übrigen und des Beybehaltens der einen,- ausser derselben vorgehe." (*Wissenschaft der Logik. Lehre vom Begriff*, GW 12, S. 34) „Es kann von dem Inhalte wohl abstrahirt werden; so erhält man aber nicht das Allgemeine des Begriffs, sondern das *Abstracte*, welches ein isolirtes, unvollkommenes Moment des Begriffes ist, und keine Wahrheit hat." (Ebd., S. 35)

285 „Die Identität mit dem andern, die Allgemeinheit des Individuums ist somit nur erst *innerliche* oder *subjective*; es hat daher das Verlangen, dieselbe zu setzen und sich all Allgemeines zu realisiren. Dieser Trieb der Gattung aber kann sich nur realisiren durch Aufheben der noch gegen einander besondern, einzelnen Individualitäten." (Ebd.)

286 Vgl. schon Abschnitte 2 und 5.

287 Offen lässt das Siep; vgl. Siep, Ludwig: Das Recht als Ziel der Geschichte, in: Fricke, Christel et al. (Hg.): *Das Recht der Vernunft. Kant und Hegel über Denken, Erkennen und Handeln*, Stuttgart: frommann-holzboog, 1995, S. 355–380, hier S. 373.

tungs-Proceß gehen die abgesonderten Einzelnheiten des individuellen Lebens unter; die negative Identität, in der die Gattung in sich zurückkehrt, ist wie einerseits das Erzeugen der Einzelnheit, so andererseits das Aufheben derselben, ist somit mit sich zusammengehende Gattung, die für sich werdende Allgemeinheit der Idee. In der Begattung erstirbt die Unmittelbarkeit der lebendigen Individualität; der Tod dieses Lebens ist das Hervorgehen des Geistes."[288]

Der logische Begriff der Gattung eröffnet also die Möglichkeit, an der Individualität der Staaten festzuhalten und dennoch eine Einheit, die ihre Individualität aufhebt, anzunehmen und herzustellen.[289] Damit wäre zugleich der Notwendigkeit, die Individualität der einzelnen Staaten gegenüber ihrer Allgemeinheit herabzusetzen, die Hegel nur im Krieg für möglich erachtet, Genüge getan. Hegel sieht das offenbar und verwendet für die Weltgeschichte daher den Begriff der Gattung – entwickelt ihn aber nicht aus den einzelnen Staaten heraus, sondern stellt ihn ihnen gegenüber. Er nimmt also den Namen der Gattung, um auf das logische Konzept zu verweisen, entwickelt aber nicht den Begriff einer Gattung der Staaten.

9. Der Fortgang in der Entwicklung der Freiheit

Die bisherigen Betrachtungen zu überstaatlichen Zusammenhängen in Hegels Rechtsphilosophie laufen darauf hinaus, dass der Schritt aus dem subjektiven Verhältnis und der abstrakten Identität der einzelnen Staaten in einen vernünftigen Zusammenhang zwischen ihnen, der positiv-rechtlich strukturiert ist, nicht erfolgt, obwohl er aus der Systematik und Dynamik der *Rechtsphilosophie* Hegels mit Notwendig-

288 GW 12, S. 191.

289 „Just as independent individuals do not lose, but gain their freedom by becoming members of social and political communities, so independent states can also become members of a more encompassing totality without losing their freedom and (relative) autonomy." (Peperzak, Adriaan: *Hegel contra Hegel in His Philosophy of Right: The Contradictions of International Politics*, in: Journal of the History of Philosophy 32, Jg. 1994, S. 241–263, hier S. 261) Diesen Schluss aber nur auf die Analogie zwischen abstraktem Recht und den zwischenstaatlichen Verhältnissen zu gründen und daher anzunehmen, dass diese Einheit notwendig wieder ein Staat sein müsse, wäre falsch: „The integration of states into a higher totality need to be a state." (Ebd.)

keit folgen müsste. Dieses Zurückbleiben der Hegelschen Philosophie hinter ihrer eigenen Dynamik und damit ihrer inneren Notwendigkeit ist widersprüchlich.[290] Unterstellen wir einmal den ihr selbst gesetzten Anspruch an die Hegelsche Philosophie, in ihrer eigenen Entwicklung die Entwicklung der Freiheit als Vernunft darzustellen, so liegt dem Widerspruch, der sich in Hegels Philosophie ergibt, ein Widerspruch der Vernunft mit sich selbst zugrunde.[291] Dieser Selbstwiderspruch ist

---

290 Wenn Peperzak auch für diese Widersprüchlichkeit unter den oben angeführten Argumenten bloß auf die Analogie zum abstrakten Recht und die logische Stellung des Sollens abstellt, gelangt er zum selben Ergebnis: „There is no reason why the logic that governs the transformation of the abstract right of individual persons *via* contract and transgression into a moral and ethical community should not be applied to the abstract right of sovereign states in their mutual relationships." (Peperzak, Adriaan: *Hegel contra Hegel in His Philosophy of Right: The Contradictions of International Politics*, in: Journal of the History of Philosophy 32, Jg. 1994, S. 241–263, hier S. 258)

291 Es wäre also falsch, wie Peperzak anzunehmen, dass Hegel *eigentlich* davon überzeugt gewesen sei, dass der Staat überwunden werden müsste; vgl. ebd., S. 246f.: „It is exactly because of these horrible and tragic aspects [like war and the destruction of states, JD], which are essential to the modern conception and practice of state sovereignty, that Hegel defends the thesis that the state must be overcome. It is impossible to attribute to him the opinion that nationalism or politics in general constitutes the supreme form of human life, but his denial of that thesis cannot be cut off from his conviction that the supreme perfection is to be found in religious and scientific contemplation." Peperzak nimmt an, Hegel greife, weil eine wirkliche Form der Sittlichkeit zwischen den Staaten, eine Verrechtlichung ihres Verhältnisses tatsächlich nicht existiert, stattdessen auf den absoluten Geist – Religion, Kunst und Philosophie – als „a sort of worldwide republic of contemplation" (ebd., S. 259) zurück, in der alle Menschen zusammenkämen. Hegel hätte aber auch anders gekonnt und stattdessen die Notwendigkeit einer Verrechtlichung des zwischenstaatlichen Verhältnisses erkennen können: „Hegel could, however, have stated the necessity of a supranational institution of justice representing humanity as a whole, even if this necessity was not yet already atualized in his time." (Ebd.) Dass Hegel grundsätzlich einen Weltstaat hätte philosophisch konstruieren können, mag stimmen; dass er dessen Notwendigkeit aus seinem System hätte aufzeigen können, steht mit demselben im Widerspruch. In der Philosophie versöhnen wir uns mit der Notwendigkeit der Entwicklung der Wirklichkeit, und so will Hegel mit der seinen seine Gegenwart begreifen, sich mit ihr versöhnen. Entwickelt sich in seiner Gegenwart aber nicht die Notwendigkeit des Hinausgehens der Staaten über sich selbst als wirkliche, so widerspräche es der Philosophie als Wissenschaft, über die eigene Zeit hinauszuwollen; vgl. die Vorrede zur *Rechtsphilosophie*, GW 14.1, S. 15f. Der Versuch, die eigene Zeit zu überspringen, muss im Er-

jedoch kein zufälliger, der sich ergibt, weil Hegel einen logisch notwendigen Schritt aus subjektiven Gründen nicht vollzieht, sondern ein sich aus der Entwicklung der Vernunft selbst ergebender, der in Hegels *Rechtsphilosophie* nicht anders dargestellt werden kann denn als Selbstwiderspruch – er ergibt sich, wie im Folgenden gezeigt werden soll, mit Notwendigkeit aus der Entwicklung der Freiheit als Vernunft selbst.[292]

Die Entwicklung der Freiheit als Vernunft verläuft in Widersprüchen, worin die Vernunft ihre inneren Widersprüche selbst entfaltet. Diese Entwicklung der Vernunft ist geistiger Ausdruck einer Entwicklung der Wirklichkeit, macht diese so für die Menschen begreifbar – und damit bearbeitbar. Hegel fasst dieses Entsprechungsverhältnis zwischen Entwicklung der Wirklichkeit und Entwicklung der Vernunft in seiner Konzeption der Dialektik, nach welcher nicht die Entwicklung der Wirklichkeit die Hauptsache, sondern die Entwicklung der Idee, welche sich in der Entwicklung der Wirklichkeit ausdrückt, allerdings umgekehrt auf. Er begreift die Entwicklung der Wirklichkeit als ein Moment der Entwicklung des Geistes, sieht also in der Entwicklung der Wirklichkeit einen Ausdruck der Entwicklung des Geistes; der Geist als Idee ist das Tätige und es ist Hegels Anspruch, die Ent-

---

gebnis Lächerliches hervorbringen – und noch Peperzak, der den Widerspruch in Hegels Rechtsphilosophie auf dessen Zurückschrecken vor der Realität und auf mangelnde Inkonsistenz in der gedanklichen Arbeit zurückführen will, muss so in utopischen und zugleich kleingeistigen Träumereien landen; vgl. Peperzak, a.a.O., S. 259f.: „If Hegel had been more consistent, he would have deduced or postulated a future in which sovereign states would sacrifice their absolute independence in order to constitute a worldwide organization, in which humankind as a whole would be able to recognize the realization of its practical aspirations. The character of this concrete universality would not have been what Marx expected, but rather similar to a political institution whose forebodings we seem to perceive in the United Nations and the International Court of Justice of our time." Die eigentliche Frage – „Why does Hegel not permit the thought that the incoherence manifested in the inevitable conflicts between states must *and will* be overcome on the very level of ethical life? (ebd., S. 259) – bleibt Peperzak so, weil er den Widerspruch in Hegels Philosophie nicht als notwendigen begreift, notwendig ungeklärt.

292 Und erst indem wir dies zeigen, werden wir dem Anspruch einer immanenten Kritik gerecht, die Hegels Anspruch, die Darstellung der Entwicklung der Vernunft zu geben, zu ihrem eigenen macht und die wesentlichen Widersprüche in der Darstellung als aus der Entwicklung der Vernunft mit Notwendigkeit sich ergebende darstellt.

wicklung der Wirklichkeit als vernünftige, also als Ausdruck der Entwicklung der Idee darzustellen.[293] Die Wirklichkeit als vernünftige darzustellen, reicht es aber nicht, aufzuzeigen, was ist, sondern was ist, muss auch begriffen werden, in seiner Notwendigkeit dargestellt werden. Die Darstellung kann sich daher nicht auf eine empirische Auflistung beschränken, sondern muss die Gesetzmäßigkeiten des Bestehenden angeben, das Seiende als Gewordenes aufzeigen. Das Anliegen, die eigene Gegenwart als Gewordene darzustellen, stößt dabei an die Fesseln der eigenen Zeit. Die Entwicklungen und deren Gesetzmäßigkeiten, aus denen sich erklären lässt, warum die Gegenwart ist, wie sie ist, finden mit dem Zustandekommen dieser Gegenwart nicht ihren Abschluss. In Hegels System der Philosophie aber muss das Begreifen der Gegenwart einen Abschluss finden: das Höchste ist ihr die Idee, und die Idee ist zwar im Werden, kann sich selbst aber nur als Gewordene begreifen, worin der Prozess ihres Werdens seinen Abschluss gefunden hat.[294] In der Idee, der geistigen Übersetzung der Wirklichkeit, sind die Gesetzmäßigkeiten der Wirklichkeit aufgehoben; das Wirken der Gesetzmäßigkeiten, welche die Wirklichkeit hervorgebracht haben, werden darin zu einem Abschluss gebracht, hören auf, zu wirken, wirklich zu sein.[295] Anders als die Idee aber ist die Sache der Wirklichkeit nie

293 „Von der andern Seite ist es eben so wichtig, daß die Philosophie darüber verständigt sey, daß ihr Inhalt kein anderer ist, als der im Gebiete des lebendigen Geistes ursprünglich hervorgebrachte und sich hervorbringende zur Welt, äußern und innern Welt des Bewußtseyns gemachte Gehalt, – daß ihr Inhalt die Wirklichkeit ist.“ (GW 20, S. 44)

294 „[D]ie Zukunft aber, so scheint es, ist keine Dimension in Hegels Geschichtsphilosophie.“ (Hölscher, Lucian: Hegel und die Zukunft, in: Bubner, Rüdiger/Mesch,Walter: *Die Weltgeschichte – das Weltgericht?*, Stuttgart: Klett-Cotta, 2001, S. 323–333, hier S. 323.

295 „Und zwar aus dem einfachen Grund, weil er [Hegel, JD] genötigt war, ein System zu machen, und ein System der Philosophie muß nach den hergebrachten Anforderungen mit irgendeiner Art von absoluter Wahrheit abschließen.“ (Engels, Friedrich: *Ludwig Feuerbach und der Ausgang der klassischen deutschen Philosophie*, MEW 21, S. 268) Diese „hergebrachten Anforderungen“ formuliert Hegel für seine Philosophie im Gegensatz zu der Kants in der frühen Schrift *Glauben und Wissen*: „Wenn die Kantische Philosophie schlechthin in dem Gegensatze verweilt, und die Identität desselben zum absoluten Ende der Philosophie, d. h. zur reinen Gränze, die nur eine Negation derselben ist, macht, so muß dagegen als Aufgabe der wahren Philosophie nicht angesehen werden, die Gegensätze, die sich vorfinden, die bald als Geist und Welt, als Seele und Leib, als Ich und Natur u.s.w. aufge-

eine fertige; wir begreifen sie als Gewordene, während sie stets im Werden begriffen ist. Die Entwicklung der Wirklichkeit bleibt immer eine unvollendete, die in unserem Begriff von ihr notwendig zu einem Abschluss gebracht, als vollendete vorgestellt wird; in dem Moment, da wir sie begreifen, ist die Wirklichkeit über dieses Moment ihrer Entwicklung aber schon wieder hinaus.[296]

Um dieses Zurückbleiben der Philosophie Hegels zu begreifen, müssen wir – wenn wir die Gründe dafür nicht in das subjektive Gemüt Hegels legen wollen – die objektive geschichtliche Entwicklung betrachten, deren Ausdruck Hegels Philosophie zu sein in Anspruch nimmt. Betrachten wir die geschichtliche Entwicklung zu Hegels Lebzeiten, sehen wir, dass ein Fortgang des rechtslosen Zustandes der Staaten in einen verrechtlichten nicht wirklich ist. Stattdessen finden wir eine Vielheit von Staaten vor, deren Interessen sich widersprechen und die ihre Interessengegensätze mittels Kriegen auflösen.[297] Zwar ist

---

faßt werden, in ihrem Ende zu lösen, sondern ihre einzige Idee, welche für sie Realität und wahrhafte Objectivität hat, ist das absolute Aufgehobenseyn des Gegensatzes, und diese absolute Identität ist weder ein allgemeines subjectives nicht zu realisirendes Postulat, sondern sie ist die einzige wahrhafte Realität; noch das Erkennen derselben ein Glauben, d.h. ein Jenseits für das Wissen, sondern ihr einziges Wissen." (GW 4, S. 325)

296 Engels fasst dies für Hegels Philosophie zusammen: „Alles, was im Bereich der Menschheitsgeschichte wirklich ist, wird mit der Zeit unvernünftig, ist also schon seiner Bestimmung nach unvernünftig, ist von vornherein mit Unvernünftigkeit behaftet; und alles, was in den Köpfen der Menschen vernünftig ist, ist bestimmt, wirklich zu werden, mag es auch noch so sehr der bestehenden scheinbaren Wirklichkeit widersprechen." (Engels, Friedrich: *Ludwig Feuerbach und der Ausgang der klassischen deutschen Philosophie*, MEW 21, S. 266f.) Die Philosophie tritt dabei erst in der Krise auf. Das Zuspätkommen der Philosophie ist aber kein bloßes Missgeschick, denn Philosophie ist nicht zur Hilfe, sondern bloßer Selbstzweck; sie versöhnt bloß das Individuum mit dem Niedergang; vgl. Hösle, Vittorio: Die Stellung von Hegels Philosophie des objektiven Geistes in seinem System und ihre Aporie, in Jermann, Christoph (Hg.): *Anspruch und Leistung von Hegels Rechtsphilosophie*, Stuttgart: frommann-holzboog, 1987, S. 11–54, hier S. 33.

297 „Hegel's description fits the facts of the international scene as shaped by sovereign national states in the first half of the nineteenth century." (Peperzak, Adriaan: *Hegel contra Hegel in His Philosophy of Right: The Contradictions of International Politics*, in: Journal of the History of Philosophy 32, Jg. 1994, S. 241–263, hier S. 257) „Auf der für Hegel gegenwärtigen Stufe [der Entwicklung des Weltgeistes, JD] sind die Grundzüge einer vernünftigen Ordnung des Staates und der völkerrechtlichen Beziehungen erreicht." (Siep, Ludwig: Das Recht als Ziel der Ge-

schon zu Hegels Gegenwart ein Zustand des dauernden Friedens zwischen den Staaten ein vorstellbarer, wie sich aus Kants philosophischem Entwurf ablesen lässt. Kants Entwurf und ähnlichen Vorstellungen zu seiner Zeit wirft Hegel allerdings vor, sich darauf zu beschränken, ein Sollen zu formulieren. Hegel beansprucht demgegenüber für die *Rechtsphilosophie*, nicht ein Sollen zum Ausdruck zu bringen, sondern die Wirklichkeit in ihrer Entwicklung zu begreifen. Einen Weltstaat als ein Sollen auszudrücken, wie Kant getan, entspricht aber nicht der wirklichen geschichtlichen Entwicklung seiner Gegenwart.

Wenn auch eine Verrechtlichung oder Verobjektivierung des Verhältnisses der Staaten gegeneinander zur Gegenwart Hegels noch nicht wirklich ist und die zwischenstaatlichen Verhältnisse von den subjektiven Willen der einzelnen Staaten bestimmt sind, verobjektivieren die Staaten ihre Verhältnisse im weiteren geschichtlichen Verlauf.[298] Darin findet eine von Hegel beschriebene Bewegung ihre nächste Entwicklungsstufe: In ihren Verhältnissen zueinander machen sich die Menschen ihre Freiheit zum Gegenstand, den sie bearbeiten können, verobjektivieren sie; diese Seite ihrer Freiheit ist neben der subjektiven eine notwendige, ihre Entfaltung im Fortgang der Entwicklung somit ebenso notwendig.[299] Jeder Schritt in der Entwicklung der Verhältnisse der

---

schichte, in: Fricke, Christel et al. (Hg.): *Das Recht der Vernunft. Kant und Hegel über Denken, Erkennen und Handeln*, Stuttgart: frommann-holzboog, 1995, S. 355–380, hier S. 373)

298 Was nicht zu der prophetischen Schlussfolgerung führen sollte, dass dieser Verlauf zwingend auf eine bestimmte Einheit hinausliefe; so aber Peperzak, Adriaan: *Hegel contra Hegel in His Philosophy of Right: The Contradictions of International Politics*, in: Journal of the History of Philosophy 32, Jg. 1994, S. 241–263, hier S. 261: „We do not yet know what form it will take, but the orientation of history towards some institutionalization of human unity seems difficult to deny."

299 Auch, dass das Subjekt das Höchste der Hegelschen Philosophie ist, ist falsch – und notwendig falsch. Das Höchste der Menschen ist nicht der Mensch, sondern es sind die Menschen in ihrem praktischen Aufeinanderbezogensein. Dies Aufeinanderbezogensein ist erst nur abstrakt vorhanden, die ganze menschliche Geschichte ist die Entwicklung, Konkretisierung und also Anreicherung dieses Verhältnisses. Hegel aber ist nicht das Aufeinanderbezogensein der Menschen, sondern die Eigenständigkeit des Menschen als Subjekt das Höchste. Dies entspricht dem Stand der tatsächlichen Entwicklung dieser Verhältnisse zu Hegels Lebzeiten. Die Entwicklung der objektiven Seite der Freiheit folgt auf die der subjektiven und das Aufheben beider im absoluten Geist ist erst möglich, sobald die Entwicklung der beiden Seiten vollzogen ist. Die Entwicklung der objektiven Seite

Menschen ist also ein Schritt im Fortgang der Freiheit. So wie der Ausgang aus dem (fiktiven) Naturzustand in den Rechtszustand ein Fortschritt in der Entwicklung der Freiheit ist, so stellte auch der Übergang vom rechtlosen Zustand der Staaten gegeneinander in einen verrechtlichen untereinander einen Fortschritt im Fortgang der Freiheit dar. Die Verrechtlichung des Verhältnisses zwischen den Staaten steht dabei in einem Widerspruch zur Souveränität der Einzelstaaten – wie überhaupt jeder Übergang von der subjektiven Seite einer Bewegung in ihre objektive widersprüchlich ist. In dieser widersprüchlichen Bewegung findet sich aber die vorhergehende Stufe in der folgenden aufgehoben; die Verobjektivierung des Verhältnisses der Staaten gegeneinander negiert zwar deren Souveränität, zugleich kommt im Objektiven das Subjektive der Bewegung erst zu seiner Wahrheit. Die über die einzelnen Staaten hinausgehende Verrechtlichung der Verhältnisse der Menschen untereinander ist also der nächste Schritt desselben Fortganges. Stellt Hegel diesen Schritt in seiner Rechtsphilosophie nicht dar, muss dies vorderhand für ein Zurückbleiben hinter deren eigenem Anspruch verstanden werden. Es ist allerdings dem eigenen Anspruch, die Entwicklung der Wirklichkeit darzustellen, zufolge nur konsequent, dass Hegel zur Möglichkeit eines überstaatlichen Zusammenhanges, der die Souveränität seiner Gliedstaaten aufhebt, nicht viele Worte verliert. Da zu Hegels Gegenwart die Entwicklung der Freiheit über den Stand des Krieges zwischen den einzelnen Staaten nicht wirklich hinausgegangen ist, entspricht seine Verneinung dieses Hinausgehens dem Stand der Entwicklung der Wirklichkeit; Hegels Philosophie wird darin ihrem eigenen Anspruch gerecht, nicht die Vernunft als abstrakte zu beschreiben, sondern den wirklichen Fortgang der Entwicklung der Freiheit als vernünftigen darzustellen. Und dabei kann und will die Darstellung nicht über den Stand der wirklichen Entwicklung hinaus.

---

der Freiheit allerdings ist zu Hegels Lebzeiten nicht (vollständig) vollzogen. Folglich kann also der absolute Geist auch noch nicht die höchste Aufhebung der beiden Seiten der menschlichen Freiheit sein. Die Seite des subjektiven Geistes ist daher in Hegels Philosophie in der Darstellung zu stark gezeichnet. Die Darstellung des absoluten Geistes kann erst wahrhaftig sein, wenn die objektive Seite des Geistes voll ausentwickelt ist. Sie ist es bis heute nicht. (Möglich wird dies erst in einer Gesellschaft, in der das Recht die wirkliche Aufhebung von Freiheit und Notwendigkeit ist. Wir beobachten diese Entwicklungen allerdings in unserer Gegenwart.)

Wir haben also gesehen, dass der Widerspruch, der sich in Hegels Philosophie ergibt, der Ausdruck eines in der Entwicklung der Wirklichkeit angelegten Widerspruchs ist. Insoweit Hegels Philosophie Ausdruck der Entwicklung der Freiheit ist, ist die Selbstwidersprüchlichkeit in ihr Ausdruck der sich in Widersprüchen bewegenden Entwicklung der Wirklichkeit.[300] Die Entwicklung der Wirklichkeit in Widersprüchen stellt sich auf jedem geschichtlichen Stand als Dasein einander Widersprechender dar, die sich erst im Begreifen dieses geschichtlichen Standes in einem Ganzen als dessen Seiten aufgehoben finden. Darin sind die Widersprüche nicht wirklich verschwunden, sondern bloß im Begriff aufgehoben. Setzen wir uns von einem späteren geschichtlichen Standpunkt, zu welchem die Widersprüche in der Wirklichkeit aufgehoben sind, mit dem Aufheben dieser Widersprüche in der Philosophie auseinander, so erscheint uns das Zurückbleiben des Aufhebens der Widersprüche im Begriff als eklatantes Zurückbleiben hinter ihrer wirklichen Aufhebung in der Entwicklung der Freiheit. Bringt Hegel also den geschichtlichen Stand der Entwicklung der Wirklichkeit zu seiner Gegenwart darin auf den Begriff, dass er den Einzelstaat als den höchsten Stand der Entwicklung der Freiheit darstellt, so liegt darin also geschichtliche Wahrheit[301] – und wenn aber Hegels *Rechtsphilosophie*, indem sie ihre Gegenwart auf den Begriff bringt, eine geschichtliche Wahrheit zum Ausdruck gebracht hat, hat

300 „Jeder Fortschritt ist, wie alle Veränderung in der Geschichte, eine Einheit widersprüchlicher Momente, von Sein und Nichts, von Entstehen und Vergehen, von Fort- und Untergang." (Riedel, Manfred: *Zwischen Tradition und Revolution. Studien zu Hegels Rechtsphilosophie*, Stuttgart: Klett-Cotta, 1982, S. 218)

301 Insofern ist es falsch, wenn Hösle schreibt, Hegel bleibe hinter den sich aus der Dynamik seiner Philosophie ergebenden Ergebnissen zurück, um nicht über die Gegenwart hinauszumüssen; es ist nicht Hegels Haltung, sondern die Geschichtlichkeit seines Standpunktes, aufgrund deren Hegel auch begrifflich nicht über den Stand der Entwicklung der Wirklichkeit hinauskommt. Vgl. Hösle, Vittorio: Die Stellung von Hegels Philosophie des objektiven Geistes in seinem System und ihre Aporie, in Jermann, Christoph (Hg.): *Anspruch und Leistung von Hegels Rechtsphilosophie*, Stuttgart: frommann-holzboog, 1987, S. 11–54, hier S. 30f.: „*Aufgrund ihrer Methode* müßte Hegels Theorie des objektiven Geistes als normative Theorie verstanden werden. Dies will und kann sie aber *aufgrund ihrer Stellung im System* nicht sein; sie wird daher gelegentlich vortäuschen müssen, mit ihrer Methode zu Ergebnissen zu gelangen, die sich mit dieser Methode in Wahrheit nicht ergeben, aber benötigt werden, um ein ‚Überschießen' über die Gegenwart zu verhindern."

sie sich in diesem Ausdruck zugleich als überholte gesetzt.[302] Denn während die Philosophie Hegels mit dessen Tod ihren Abschluss gefunden hat, hat sich die Entwicklung der Wirklichkeit seitdem fortgesetzt – die Entwicklung der Wirklichkeit ist über den Begriff, auf den Hegel seine Gegenwart gebracht hat, hinaus.

Seit Hegels Gegenwart ist die Entwicklung der Freiheit über den Zustand der Souveränität einzelner Staaten wirklich hinausgegangen. Vollziehen wir also heute den Übergang des Verhältnisses der Staaten von einem rechtlosen in einen verrechtlichten nach und begreifen die Europäische Union als einen Ausdruck dieses Überganges, so entspricht dies – wie ich im Weiteren zu zeigen versuche – dem Anspruch Hegels, die Darstellung des Fortgangs der Entwicklung der objektiven Seite der Freiheit zu geben.

302 „Die höchste Reiffe und Stuffe, die irgend Etwas erreichen kann, ist diejenige, in welcher sein Untergang beginnt." (*Wissenschaft der Logik. Lehre vom Begriff*, GW 12, S. 42) „Der Weltgeist ist aber nicht ohne seine Bewegung, er ist vielmehr wesentlich ein Prozess. Ginge die Entwicklung aber weiter, wäre das Hegelsche System des Wissens das Selbstbewusstsein einer bestimmte [sic] Stufe des Weltgeistes und damit seiner eigenen Zeit. Folglich läutete es in diesem Selbsterkennen schon in seinen eigenen Untergang ein." (Bruns, Johannes: Selbst- und Fremdbestimmung der Geschichte bei Kant und Hegel, in Arndt, Andreas et al. (Hg.): *Hegel-Jahrbuch 2017*, Berlin et al.: de Gruyter, 2018, S. 418–423, hier S. 422)

IV.
Die Europäische Union als überstaatlicher Zusammenhang

Mir geht es – anders als vielen anderen Untersuchungen der Gegenwart[303] – nicht um die Frage der Legitimität nicht in der Wirklichkeit vorhandener rechtlicher Strukturen über den Staaten.[304] Fragen, wie die danach, „[w]elche Kompetenzen, minimal oder maximal, […] man [einem Weltstaat, JD] zubilligt“[305] und ob ein etwaiger Weltstaat föderal wäre oder nicht, er also direkten Zugriff auf die einzelnen Menschen hätte oder „die Rechtsakte eines Weltstaats als Anweisungen an die Einzelstaaten verstanden würden, die Anordnungen des Weltstaats zu vollziehen“,[306] sind für uns im Weiteren also völlig ohne Belang. Auch ohne tieferes Interesse sind für uns Versuche, ein vorausgesetztes Wesen der Europäischen Union zu ergründen, um sodann zu bewerten, inwiefern die Europäische Union diesem genügt. In Abschnitt 1 grenze ich unser Vorhaben gegenüber weiteren solchen Fragestellungen ab.

In Abschnitt 2 müssen wir auch einen kurzen Blick auf einige mangelhafte Versuche in den Politik-, Sozial- und insbesondere Rechtswissenschaften werfen, der Europäischen Union begrifflich habhaft zu werden.

---

303 Vgl. beispielhaft Meyer, Lukas (Hg.): *Legitimacy, Justice and Public International Law*, Cambridge: University Press, 2009.

304 Zumindest, sofern sie nicht als geistige Weise der Organisation des menschlichen Vermögens begriffen wird, wie zumindest manches Mal anklingt, wenn über Legitimität gesprochen wird; vgl. Meyer, Lukas/Sanklecha, Pranay: Introduction, in: Meyer, Lukas (Hg.): *Legitimacy, Justice and Public International Law*, Cambridge: University Press, 2009, S. 1–28, hier S. 1f.: „Legitimacy matters in the real world because it affects power, and power matters because it creates the ability – on some views, is just the ability – to get things done.“

305 Zaczyk, Rainer: *Selbstsein und Recht. Eine rechtsphilosophische Untersuchung*, Frankfurt (Main): Klostermann, 2014, S. 93.

306 Ebd.

Versuchen wir auf die Systematik der Philosophie Hegels zurückzugreifen, um über die Europäische Union zu sprechen, so überschreiten wir selbstverständlich die Grenzen der Hegelschen Philosophie.[307] Es ist mir hier daher auch nicht um den Versuch zu tun, zu klären, was Hegel eventuell gesagt hätte, falls er die Europäische Union erlebt hätte, oder was vom Standpunkt seiner Philosophie aus über die Europäische Union heute zu sagen wäre. Ich will vielmehr die Haltung der Hegelschen Philosophie ernstnehmen, die jeden Standpunkt, also auch ihren eigenen, als einen bestimmten begreifen muss. Als Ausdruck eines bestimmten Standpunktes ist die Hegelsche Philosophie Kind ihrer Zeit, „*ihre* Zeit in Gedanken erfaßt“[308] und es wäre „thöricht zu wähnen, irgend eine Philosophie gehe über ihre gegenwärtige Welt hinaus,“[309] mit Hegel ließe sich also die Europäische Union begreifen. Man mag den Standpunkt der Hegelschen Philosophie als einen sehen, von welchem sich die Gegenwart Hegels begreifen ließ;[310] er ist jeden-

307 Vgl. schon Kapitel III.

308 GW 14.1, S. 15; Hervorhebung JD.

309 Ebd.

310 „Die der Zeit nach letzte Philosophie ist das Resultat aller vorhergehenden Philosophieen und muß daher die Principien Aller enthalten; sie ist darum, wenn sie anders Philosophie ist, die entfaltetste, reichste und concreteste.“ *(Enzyklopädie (1830)*, §13; GW 20, S. 55) – Wodurch auch uns die Aufgabe gestellt ist, die Hegelsche Philosophie aufzugreifen, aufzuheben. Eine heutige Philosophie wird reicher und konkreter sein als es die Hegelsche war, und indem sie sie aufhebt im Blick zurück auf sie einiges an ihr entdecken, was sie über sich selbst aufklärt. Dass in Hegels Philosophie vieles schon *an sich* steckt, was erst heute seine Wahrheit erhält, wirklich wird, sollte nicht überraschen, wer sich schon mit Hegelscher Dialektik beschäftigt hat. Die umständliche Formulierung Leys – „gebiert die List der Vernunft eventuell Sachverhalte, die Hegel nicht gedacht zu haben braucht, die sich aber in seiner inhaltlich normalisierten Logik gedanklich vergegenständlichten und auf mögliches Abheben wartend, sich von späterer Möglichkeit her erst erschließen“ (Ley, Hermann: Zur Rekonstruktion der Hegelschen Logik, in: Henrich, Dieter (Hg.): *Hegels Wissenschaft der Logik. Formation und Rekonstruktion*, Stuttgart: Klett-Cotta, 1986, S. 77–93, hier S. 77) – woraus folgend anzunehmen sei, dass Hegels Philosophie Erkenntnisse enthalte, die erst von späterem Standpunkt ersichtlich würden (vgl. ebd.), lässt an den genialen Propheten denken, dessen Weissagungen den Menschen erst mit Ablauf des Vorausgesagten verständlich werden. Was an sich in Hegels Philosophie an Wahrem stecken mag, das zu seiner Gegenwart nicht wirklich ist, wird wahr nicht durch den veränderten Standpunkt, sondern durch die Entwicklung der Wirklichkeit, in welcher was an sich in ihr liegt, sich zum Dasein entfaltet und dadurch erst Wahrheit erhält.

falls nicht der, von dem aus sich unsere begreifen lässt. Wenn ich im Folgenden also mit der Philosophie Hegels arbeiten will, so setze ich voraus, dass wir bereits über sie hinaus sind – ohne mich aber auch von ihr schlichtweg loszusagen. Im vorhergehenden Abschnitt habe ich versucht herauszuarbeiten, dass die Philosophie Hegels, als da sie den Anspruch hat, „daß ihr Inhalt kein anderer ist als der im Gebiete des lebendigen Geistes ursprünglich hervorgebrachte und sich hervorbringende, zur *Welt*, äußern und innern Welt des Bewußtseyns gemachte Gehalt, – daß ihr Inhalt die *Wirklichkeit* ist",[311] über sich hinauswachsen muss, da sich die Wirklichkeit weiterentwickelt. Wollen wir dieser Haltung der Hegelschen Philosophie getreu unsere Gegenwart und Wirklichkeit begreifen, müssen wir also über den bestimmten Standpunkt, den Hegel zu seiner Gegenwart einnimmt, hinaus.[312] Ganz im Geiste der Hegelschen Philosophie, die sich „das *Erfassen* des *Gegenwärtigen* und *Wirklichen*"[313] zur Aufgabe macht, will ich also die wirklichen Entwicklungen unserer Gegenwart und, als eine Seite davon, die Europäische Union begreifen. Dafür reicht es nicht, bloß die Hegelschen Begriffe ihrer eigenen Dynamik folgend über sich hinauszutreiben und dabei das Entstehen eines neuen Begriffes des Staates zu beobachten.[314] Vielmehr müssen wir mit Hegel gegen Hegel über Hegel

311 Ebd., §6, GW 20, S. 44.

312 „Treue zu Hegels Ergebnissen wäre Verrat an seiner Methode." (Klenner, Hermann: Hegels Rechtsphilosophie: Zeitgeist oder Weltgeist?, in: Henrich, Dieter/Horstmann, Rolf Peter (Hg.): *Hegels Philosophie des Rechts*, Stuttgart: Klett-Cotta, 1982, S. 206–222, hier S. 221.)

313 GW 14.1, S. 13.

314 Über das Misslingen solcher Versuche äußert sich schon Rosenzweig 1920, der angesichts des Ausbruchs des Zweiten Weltkrieges das Unterfangen seines Buches so nicht mehr begonnen hätte. „Ich weiß nicht, wo man heute noch den Mut hernehmen soll, deutsche Geschichte zu schreiben. Damals als das Buch entstand, war Hoffnung, daß die innere wie äußere atemversetzende Engigkeit des Bismarckschen Staats sich ausweiten werde zu einem freie Weltluft atmenden Reich. Dies Buch sollte, soweit ein Buch das kann, an seinem kleinen Teil darauf vorbereiten. Der harte und beschränkte Hegelsche Staatsgedanke, der mehr und mehr zum herrschenden des verflossenen Jahrhunderts geworden war und aus dem am 18. Januar 71 ‚wie der Blitz aus dem Gewölke' die weltgeschichtliche Tat sprang, – er sollte hier in seinem Werden durch das Leben seines Denkers hindurch gleichsam unter dem Auge des Lesers sich selber zersetzen, um so den Ausblick zu eröffnen auf eine nach innen wie außen geräumigere deutsche Zukunft. Es ist anders ge-

hinaus, um unsere Gegenwart zu begreifen. Die Entscheidung, diesen Versuch mit Hegel zu unternehmen, hat dabei Auswirkungen auf das Vorgehen – und bedarf der Rechtfertigung. Bevor wir darauf schauen, inwiefern die Europäische Union besonderer Ausdruck allgemein zu beobachtender Entwicklungen ist, werde ich in Abschnitt 3 ausführen, warum die Europäische Union vor dem Hintergrund der oben entwickelten Selbstwidersprüchlichkeit der Hegelschen *Rechtsphilosophie* als überstaatlicher Zusammenhang zu begreifen ist.

Mit Hegel begreife ich dabei im Folgenden das Recht und seine Entwicklung als Ausdruck der Entwicklung der Freiheit der Menschen. Die Entwicklung dieser Freiheit erfolgt in ihrer eigenen Weise, in der Form der Vernunft. Der vernunftgemäße Ausdruck menschlicher Freiheit ist aber nicht abstrakt-vernünftig in einer der Sinnlichkeit entgegenstehenden Weise, sondern Ausdruck der sinnlich-materiellen Fähigkeiten, der menschlichen *potentia*, des Vermögens der Menschen. Wenn die Entwicklung der Freiheit die Verwirklichung des Vermögens der Menschen ist, so steht das Recht nicht in einem Gegensatz zu politischer Macht, sondern beides ist zu begreifen als Organisationsform menschlichen Vermögens – wobei das eine die Durchsetzung solcher Organisation mittels Gewalt, das andere ihre Umsetzung entlang eines konkreten Prinzips ist.[315] Betrachten wir die Ausbildung rechtlicher Strukturen in der Gegenwart, so betrachte ich sie nicht vor dem Hintergrund eines zu erreichenden vernünftigen Ideals, sondern als vernunftgemäßen Ausdruck der Entwicklung des Vermögens der Menschen. Im Werden[316] der Europäischen Union sehen wir das für unsere

---

kommen. Ein Trümmerfeld bezeichnet den Ort, wo vormals das Reich stand." (Rosenzweig, Franz: *Hegel und der Staat*, Aalen: Scientia, 1962, S. XII.

315 Es wäre demzufolge falsch anzunehmen, dass Recht je vernunftlos sei, oder, wie Zazcyk, davon auszugehen, dass sich irgendeine Stufe des Rechts – und auch die zwischenstaatliche – von Macht lösen könne; sie kann bloß einen Ausdruck finden, in dem nicht mehr die Unterordnung der Freiheit eines Individuums unter das andere den Ausgangspunkt bildet. Vgl. Zaczyk, Rainer: *Selbstsein und Recht. Eine rechtsphilosophische Untersuchung*, Frankfurt (Main): Klostermann, 2014, S. 90: „Denn das Rechtsdenken emanzipiert sich an dieser Stelle [im Völker- oder Staatsrecht, JD] endgültig von der bloßen Stärke der Machtgewalt und baut ganz auf die Einsicht rechtlich-praktischer Vernunft."

316 Ich muss die methodische Bemerkung vorausschicken, dass wir das Werden der Europäischen Union nicht in jedem Schritt betrachten können. Im derzeitigen Stand der Entwicklung der Europäischen Union sehen wir eine Stufe dieses Wer-

Zeit bestimmende Hinausgehen der Staaten über sich selbst. Die Verfassung der Europäischen Union ist die rechtliche Fassung dieser Entwicklungen, wie ich schließlich in Abschnitt 4 darstellen werde.

1. Der „europäische Geist" als Grundlage der Europäischen Union?

In der Einleitung haben wir uns schon mit vier Beispielen der Behandlung der Europäischen Union vor dem Hintergrund der Hegelschen Philosophie auseinandergesetzt. Ihnen allen ist gemein, dass sie eine vorgängig vorausgesetzte europäische Identität annehmen und die Entwicklungen der Wirklichkeit mit diesem vorausgesetzten geistigen Hintergrund abgleichen.[317] Der gemeinsame Nenner aller dieser Auseinandersetzungen mit Europa ist, dass sie nicht die Europäische Union begreifen können, da sie sich zu sehr mit Europa beschäftigen und versuchen, zu ergründen, was das vorgängig gegebene Wesen Europas sei, das sich in der Europäischen Union verwirkliche. Auch Agamben, Balibar, Badiou, Derrida und andere diskutieren, wenn sie über Europa diskutieren, wenn auch im skeptischen und zweifelnden Habitus, ebenfalls darüber, was Europa ausmache, sein Wesen sei, ihm Identität stifte: „Y a-t-il (peut-il, doit-il y avoir) une identité européenne ou, au contraire, l'Europe est-elle nécessairement le lieu d'un défaut d'identité – d'un doute?"[318] Schauen wir auf Europa, so tritt uns dabei allerdings alles andere als Einheit und eine vorausgesetzte Identität entgegen: „Il suffit de regarder la carte des guerres en notre siècle, jusqu'à aujourd'hui – là, maintenant: l'Europe n'y apparaît, après coup, comme

---

dens, in dem sich vieles nun erkennen lässt, was im Verlauf der Jahrzehnte sich erst undeutlich abgezeichnet hat. (Die Gegenwart dient so als Schlüssel zur Betrachtung der Vergangenheit, vgl. Fetscher, Iring: Vier Thesen zur Geschichtsauffassung bei Hegel und Marx, in: Gadamer, Hans-Georg: *Stuttgarter Hegel-Tage 1970*, Bonn: Bouvier, 1974, S. 471–495, hier S. 479f.) Betrachten wir bspw. den Binnenmarkt der Europäischen Union, so interessieren uns die verschiedenen Schritte, die zu seinem derzeitigen Stand geführt haben, bloß als historisch nebensächliche.

317 Koschorke bringt dies bspw. deutlich zum Ausdruck, wenn er mit Bezug auf Hobsbawm davon spricht, dass in aller Regel das Bilden einer Nation als Identität dem Herausbilden staatlicher Strukturen nachfolge. Vgl. Koschorke, Albrecht: *Hegel und wir*, Berlin: Suhrkamp, 2015, S. 217f.

318 AutorInnenkollektiv: *Penser l'Europe à ses frontières*, ohne Ort: de l'Aube, 1993, S. 62.

rien d'autre qu'un gigantesque champ de bataille religieux."[319] Deswegen sei die Frage nach einer europäischen Identität kritisch zu diskutieren und die Frage zu stellen: „l'Europe doit-elle être le lieu d'émergence d'une nouvelle identité, ou ne doit-elle pas plutôt incarner le rejet de tout projet identitaire?"[320] Statt aber diese Frage zu beantworten, wenden sich die AutorInnen dem Wesen Europas zu und versuchen es zu ergründen, um das Scheitern ihrer Versuche zu dokumentieren. Badiou macht in seinem Beitrag deutlich, dass ihm die richtigen Kategorien fehlen, mit denen sich Europa begreifen lasse: „L'Europe est une catégorie de l'économie, éventuellement une catégorie de l'Etat [sic]. Ce n'est ni une catégorie possible de la politique, ni une catégorie nécessaire de la philosophie. L'Europe, par conséquent, vide, ou évide, la pensée."[321] Und auch Balibar ist Europa ein so unbegreifliches Ding, dass er nicht einmal zu sagen weiß, ob es Grenzen habe: „l'Europe est quelque chose de très limité, de très circonscrit, d'autant qu'elle se prend [...]. Mais l'Europe est quelque chose d'illimité, c'est-à-dire quelque chose qu'on n'arrivera jamais à enfermer dans les limites de quelque terre, de quelque descendance, de quelque tradition, de quelque pureté que ce soit, pas plus qu'aucune des ‚parties' qui la composent."[322]

Nur wenige der Versuche, eine Identität Europas philosophisch zu er- oder begründen weisen dabei so deutlich auf das Scheitern eines jeden solchen Unterfangens hin. Allen Unmöglichkeiten eine vorgängige europäische Identität zu bestimmen zum Trotz, gibt es heute zahlreiche Behandlungen Europas und der Europäischen Union, die genau dies versuchen. Der unausgesprochene – und vielleicht nicht einmal bewusste – aber dennoch erkennbare Hintergrund vieler dieser Behandlungen der Europäischen Union ist dabei die Frage, wie sich Europa in der Welt als Ganzes „behaupten"[323] könne. Eigentlicher Gegenstand der Behandlung Europas und der Europäischen Union ist dabei

319 Ebd., S. 76.

320 Ebd., S. 77.

321 Badiou, Alain: Note sur l'Europa, in: AutorInnenkollektiv (Hg.): *Penser l'Europe à ses frontières*, ohne Ort: de l'Aube, 1993, S. 88–90, hier S. 90.

322 Balibar, Étienne: Quelles frontières de l'Europe?, in: AutorInnenkollektiv (Hg.): *Penser l'Europe à ses frontières*, ohne Ort: de l'Aube, 1993, S. 90–100, hier S. 91.

323 Vgl. noch einmal Siep, der bis auf diese kurze Erwähnung darauf nicht weiter eingeht; Siep, Ludwig: *Hegel und Europa*, Paderborn et al.: Schöningh, 2003, S. 7.

also ein politischer, die Frage nämlich danach, wie sich die Europäische Union aufstellen müsse und wie sie sein *soll*, damit sie sich gegen andere Staaten und Staatenbünde durchsetzen könne.[324] Die Auseinandersetzung damit, was Europa im Kern ausmache, dient dabei in erster Linie der Stärkung der inneren Verfasstheit der Europäischen Union. Ein gutes Beispiel für den Versuch solcher Aktualisierung der Hegelschen Philosophie findet sich im Sammelband *Vermittlung und Versöhnung*, in dem es den Herausgeber:innen darum geht, die *Aktualität von Hegels Denken für ein zusammenwachsendes Europa* herauszuarbeiten. Es gebe, so schreiben die Herausgeber:innen, „kaum eine andere Philosophie als diejenige Hegels, die in gleicher Weise geeignet ist, als Kulminationspunkt des Europäischen Gedankenguts in dem Prozess der kulturellen Annäherung eine vermittelnde Rolle einzunehmen."[325] Siep hält in seinem Beitrag zum Sammelband fest, dass weder der Begriff Europa bei Hegel eine größere Rolle spiele[326] noch Hegel für die Entwicklung einer Einheit eines europäischen Staates in Stellung zu bringen sei: „Die Entwicklung zu einem europäischen Gesamtstaat hat Hegel nicht gefordert oder vorhergesehen."[327] „Für ihn bleiben die Einzelstaaten die treibenden Kräfte des Rechtsfortschritts und der Kulturentwicklung. Das setzt Konkurrenz zwischen den Staaten voraus, die immer wieder die Stufe gewaltsamer Konflikte erreicht und erreichen muss. Der Krieg zwischen den Staaten, auch den europäischen, ist

---

324 Die Konflikte der Europäischen Union sind dabei heute zahlreich; vom „Handelskrieg" mit den USA (*Tagesspiegel vom 12. Juli 2018*) – der eine längere Entstehungsgeschichte hat als die immer wieder bemühte Rückschau auf die US-Präsidentschaftswahlen von 2016 vermuten ließe – über Konflikte mit Russland (eine Übersicht bietet die SWP: *Themendossier Ukrainekrise*) bis zu den absehbaren Auseinandersetzungen mit China (vgl. Umbach, Frank/Fulda, Andreas: *Zur Zukunft der EU-China-Beziehungen im 21. Jahrhundert*, in: ASIEN Nr. 89, Jg. 2003, S. 47–56), um nur die aktuellsten zu nennen.

325 Quante, Michael/Erzsébet, Rózsa: Vorwort, in: dies. (Hg.): *Vermittlung und Versöhnung. Die Aktualität von Hegels Denken für ein zusammenwachsendes Europa*, Münster: LIT, 2001, S. 13–14, hier S. 13.

326 „Der Begriff ‚Europa' hat für Hegel keine zentrale Bedeutung, wohl aber die europäische Geschichte und Kultur." (Siep, Ludwig: Die Bedeutung Europas für Hegel und der hegelschen Philosophie für Europa, in: Quante, Michael/Erzsébet, Rózsa (Hg.): *Vermittlung und Versöhnung. Die Aktualität von Hegels Denken für ein zusammenwachsendes Europa*, Münster: LIT, 2001, S. 15–20, hier S. 15)

327 Ebd., S. 18.

unüberwindbar und für den inneren Zusammenhalt der Staaten auch periodisch notwendig."[328] Nichtsdestotrotz sei Hegel für die Begründung einer europäischen Kultur und Identität wichtig: „Die Einsicht in die Bedeutung des gemeinsamen rechtlichen und kulturellen Erbes der europäischen Geschichte in Zeiten einer radikalen Neuordnung der europäischen Staatenwelt" sei einer der sechs Aspekte, in denen Hegels Denken „Aktualität [...] für das Europa der Gegenwart hat".[329] Etwas deutlicher wird Erzsébet; sie will in ihrem Beitrag „für ein Europa, das die Aufspaltungen zu überwinden" – also eine vormals bestehende Identität wiederherzustellen – versucht, „kulturelle europäische Traditionen, in denen sich eine Einheit Europas, wenn auch auf sehr mannigfaltige, sogar extrem widersprüchliche Weise manifestiert hat und aufbewahrt wurde", finden. Denn „[d]iese Erbschaft kann als ein Medium dargestellt werden, welches als ein gemeinsames und unbezweifelbares Fundament auch für den gegenwärtigen Vereinigungsprozess relevant werden kann."[330] Dafür könne man an Hegel anknüpfen, denn Hegel war „einer der großen europäischen Denker der modernen Zeit"[331] und „einer der Philosophen, die Europa bzw. den ‚europäischen Geist' zu einem der Hauptthemen ihrer Philosophie gemacht haben."[332] Heutige europäische Philosophie habe daher die Aufgabe, „für den (Wieder) Aufbau von Europa auch seine eigenen Traditionen zu mobilisieren."[333] Und die „Teilnahme der Philosophie und der Philosophen an diesem Prozess ist eine Herausforderung des Zeitgeistes".[334] – Eine Aufforderung, der ich mich verweigern will – die Philosophie der Mobilmachung dienlich zu machen widerstrebt ihr so sehr wie mir selbst.

Ich will mich daher im Folgenden, wenn ich versuche, die Europäische Union mit Hegel zu begreifen, nicht mit Hegels Begriff des „eu-

---

328 Ebd., S. 28.

329 Ebd., S. 19; vgl. auch ebd., S. 15.

330 Erzsébet, Rózsa: ‚Versöhnlichkeit' als europäisches Prinzip. Zu Hegels Versöhnungskonzeption in der Berliner Zeit, in: Quante, Michael/Erzsébet, Rózsa (Hg.): *Vermittlung und Versöhnung. Die Aktualität von Hegels Denken für ein zusammenwachsendes Europa*, Münster: LIT, 2001, S. 21–52, hier S. 22.

331 Ebd., S. 21.

332 Ebd., S. 23.

333 Ebd., S. 23f.

334 Ebd., S. 24.

ropäischen Geistes", der europäischen Kultur oder Vergleichbarem auseinandersetzen und aus dessen vermeintem Bestehen sodann die Notwendigkeit eines europäischen Staates abzuleiten, gar genauer zu bestimmen, nach welchen Kriterien die Europäische Union umgestaltet werden sollte, um ein einem solchem „europäischen Geist" entsprechender Staat zu werden. Ich gehe nicht von einem vorgängig existierenden europäischen Geist oder einer sonstigen Essenz aus, die eine europäische Identität begründet und aus der heraus sich Besonderheiten der europäischen Geschichte begründen ließen.[335] Statt eine vorausgesetzte europäische Identität anzunehmen, deren Verwirklichung sich in der Europäischen Union erkennen ließe, will ich mir die wirklichen Voraussetzungen der gegenwärtigen Entwicklungen anschauen und im Anschluss daran einen Begriff der Europäischen Union erarbeiten, der sie als einen Ausdruck dieser Entwicklungen fasst.[336]

2. Die unbegriffene Europäische Union

Die Europäische Union ist zwar Gegenstand lebhafter und zahlreicher Debatten und wissenschaftlicher Auseinandersetzung, bislang bleibt ihr rechtliches Wesen aber unbegriffen. Allen voran der Wissenschaft, die sich insbesondere die Bestimmung von wirklichen Entwicklungen nach rechtlichen Gesichtspunkten zu ihrer Aufgabe gemacht hat, bleibt

---

335 So versucht es aber Innerarity: „Beim Betrachten der europäischen Geschichte stellt sich eine Frage unvermeidlich: Warum ist die Geschichte Europas von Umwälzungen gekennzeichnet? In anderen Kulturen finden wir auch den Wunsch nach Freiheit und bewundernswerte Institutionen, einander widerstrebende Interessen und dramatische Konflikte, aber nur das Abendland hat die unbedingte Freiheit zu einem Wesenszug seines Selbstbewußtseins gemacht." (Innerarity, Daniel: Hegels Idee von Europa, in *Zeitschrift für philosophische Forschung*. Bd. 46, Jg. 1992, S. 381–394, hier S. 385) Innerarity beschreibt Hegels „wahre Idee von Europa: die Zivilisation, die sich dazu entschlossen hat, das Endliche dem Allgemeinen zu unterwerfen, ohne es in seiner Unmittelbarkeit zu belassen, und umgekehrt der Ort, an dem das Allgemeine danach strebt, sich zu verendlichen." (Ebd., S. 393)

336 „Nicht darin liegt die Inkonsequenz, daß *ideelle* Triebkräfte anerkannt werden, sondern darin, daß von diesen nicht weiter zurückgegangen wird auf ihre bewegenden Ursachen." (Engels, Friedrich: *Ludwig Feuerbach und der Ausgang der klassischen deutschen Philosophie*, MEW 21, S. 298)

das rechtliche Wesen der Europäischen Union ein Geheimnis.[337] „Der besondere ‚suis generis' Charakter [sic] der Europäischen Union und die damit verbundenen Schwierigkeiten ihrer Einordnung in die gängigen Kategorien des Völkerrechts, aber auch der Politikwissenschaften,"[338] mag es den Jurist:innen besonders erschweren, begrifflich zu fassen, was als Unbegriffenes vorausgesetzt wird – aber diese begriffliche Selbstbeschränkung ist bloß Ausdruck eines tiefergehenden Unverständnisses. So umstritten und umkämpft das Verhältnis der EU zu ihren Mitgliedstaaten ist,[339] so unbegreiflich bleibt also ihr Wesen den Staatsrechtler:innen.

Schauen wir auf die Versuche der Rechtswissenschaften, die Europäische Union unter rechtlichen Gesichtspunkten zu fassen zu bekommen, scheint nicht einmal eindeutig, ob die Europäische Union überhaupt eine Rechtsperson ist. Ob die EU Völkerrechtspersönlichkeit habe, wird mitunter (auch vom Bundesverfassungsgericht) bestritten.[340] Spätestens mit dem Vertrag von Lissabon wird aber meist immerhin eine partielle Rechtspersönlichkeit angenommen.[341] Zumindest gehen die Europarechtler:innen in aller Regel davon aus, dass die Europäische Union faktisch Rechtspersönlichkeit habe, da sie (in einem beschränkten Rahmen) einen von den Mitgliedstaaten unabhängigen Willen bildet.[342] Sie wird häufig – in Anknüpfung an die Bezeichnung der vorhergegangenen Europäischen Gemeinschaften[343] – als „supranationale" Institution bezeichnet, womit gekennzeichnet sein soll, dass sie zwar mehr als ein bloßer völkerrechtlicher Vertrag, aber „insgesamt noch ein weites Stück von einem Staat oder einem auch nur staatsähnlichen Gebilde entfernt ist."[344] Der völkerrechtlichen Herkunft der Eu-

---

337 Zur „Unabhängigkeit gegenüber der Wirklichkeit" juristischer Begriffe vgl. auch Wank, Rolf: *Die juristische Begriffsbildung*, München: Beck, 1985; hier S. 143.

338 Pollak, Johannes/Stockhammer, Christine: Continuity and the challenge of change: The European project towards a European federal state?, in: Busek, Eberhard: *Kontinuitäten und Brüche*, Wien: Österreich, 2004, S. 351–354, hier S. 351.

339 Vgl. Herdegen, Matthias: *Europarecht*, München: Beck, 19. A. 2017, S. 90ff.

340 Vgl. Hobe, Stephan: *Europarecht*, München: Vahlen, 9. A 2017, S. 39.

341 Vgl. ebd.

342 Vgl. Herdegen, Matthias: *Europarecht*, München: Beck, 19. A. 2017, S. 76f. Dies entspricht aber selbstverständlich nicht dem, was Hegel mit Individualität meint.

343 Vgl. Hobe, Stephan: *Europarecht*, München: Vahlen, 9. A 2017, S. 38.

344 Herdegen, Matthias: *Europarecht*, München: Beck, 19. A. 2017, S. 84.

ropäischen Union zum Trotz ist sie „mehr als eine herkömmliche internationale Organisation."[345] Ihre Rechtsordnung beruhe „zwar auf einer vertraglichen Willenseinigung der Mitgliedstaaten; trotz dieser völkerrechtlichen Grundlage hat sie sich aber verselbstständigt und stellt nun eine autonome Rechtsordnung dar."[346]

Im Weiteren ist zumindest begrifflich völlig unklar, ob es sich bei der Europäischen Union um einen Staat oder etwas völlig anderes handelt. Für die Abgrenzung, ob es sich bei einem juristischen Gebilde um einen Staat handle, wird üblicherweise die von Jellinek geprägte juristische Definition zugrunde gelegt, nach welcher ein Staat sich dadurch auszeichne, dass er ein Staatsgebiet, ein Staatsvolk und Staatsgewalt besitze.[347] Unabhängig davon, dass dieser Begriff des Staates offensichtlich einen Zirkel schließt und damit zum Begreifen des Wesens des Staates ganz allgemein völlig ungeeignet ist, kommen die Jurist:innen hiermit auch beim Betrachten der Europäischen Union nicht weiter. Denn während die Europäische Union ein klar abgrenzbares „Staatsvolk", das sich aus der Summe der Bevölkerungen ihrer Mitgliedstaaten ergibt, ein klar umrissenes „Staatsgebiet", welches sich aus den Gebieten ihrer Mitglieder zusammensetzt, und auch eine eindeutig bestimmte „Staatsgewalt" hat, die sich aus den Hoheitsrechten ergibt, die den Verträgen entsprechend von den Mitgliedstaaten an die Europäische Union übertragen wurden,[348] ist die Europäische Union doch offen-

345 Kloepfer, Michael/Greve, Holger: *Staatsrecht kompakt*, Baden-Baden: Nomos, 2. A., 2016, S. 263.

346 Herdegen, Matthias: *Europarecht*, München: Beck, 19. A. 2017, S. 84.

347 „„Als Rechtsbegriff ist der Staat demnach die mit *ursprünglicher Herrschermacht ausgerüstete Körperschaft eines seßhaften Volkes* oder, um einen neuerdings gebräuchlichen Terminus anzuwenden, *die mit ursprünglicher Herrschermacht ausgestattete Gebietskörperschaft*". (Jellinek, Georg: *Allgemeine Staatslehre*, Berlin: Häring, 3. A. 1914, S. 183) Vgl. im Weiteren ebd., S. 394ff.

348 Bei Jellinek bestimmt sich allerdings die Staatsgewalt dadurch, dass sich ein Mitglied der Körperschaft dieser Gewalt nicht ohne Weiteres entziehen kann; vgl. ebd., S. 427ff. Angesichts der in Art. 50 Abs. 1 EUV eingeräumten Möglichkeit, aus der Europäischen Union auszutreten („Jeder Mitgliedstaat kann im Einklang mit seinen verfassungsrechtlichen Vorschriften beschließen, aus der Union auszutreten."), und dem Austritt Großbritanniens aus der Europäischen Union ist zumindest dieses Definitionsmerkmal des Staates bei der EU infrage gestellt. Allerdings bezieht Jellinek diesen Austritt aus der Körperschaft auf einzelne Personen. Die aber können aus der Europäischen Union ebenso wenig austreten wie aus den Mitgliedstaaten, deren Bürger:innen sie sind.

sichtlich kein Staat im eigentlichen Sinne – und soll keiner sein. Nichtsdestotrotz lehnen sich Bezeichnungen der Europäischen Union – wie bspw. als „supranationaler Beinahe-Staat"[349] – immer wieder an den Staatsbegriff an und weisen damit darauf hin, dass die Europäische Union trotz ihres Hervorgehens aus völkerrechtlichen Verträgen deutlich mehr als ein bloß völkerrechtliches Gebilde ist. Vor dem Hintergrund dieser völkerrechtlichen Herkunft der Europäischen Union wird denn auch die Kategorisierung der Europäischen Union von der anderen Richtung versucht und oft darauf hingewiesen, dass das Recht der Europäischen Union als Völkerrecht – d.h. bloß zwischen den Staaten als vertragsbasiertes und daher von der Einhaltung dieser Verträge abhängiges Recht – und damit als Völkerrecht einzuordnen sei.[350] Die Europäische Union wird also rechtlich irgendwo zwischen einem Nationalstaat – sie hätte dann den Charakter eines Bundesstaates – und einem internationalen oder völkerrechtlichen Vertrag – sie hätte dann den Charakter eines Staatenbundes – eingeordnet.[351]

Dieses Zwielichtige der Einordnung der Europäischen Union ist auch Ausdruck der Ausweitung der von den Mitgliedstaaten an die EU übertragenen Hoheitsrechte im Verlauf der Jahrzehnte; das Ausmaß dieser Übertragung – insb. auch die Währungshoheit – entspreche eher dem für die Schaffung eines Bundesstaates Typischen.[352] Während dabei eine lange Zeit die Perspektive „einer immer engeren Union"[353] und die Übertragung von immer mehr Hoheitsrechten an die Europäische Union die Vorstellungen über die EU leitete und jahrzehntelang die Entwicklung hin zu einem Bundesstaat – schlagwortartig als „Vereinigte Staaten von Europa" bezeichnet – die „natürliche" Entwicklung der Mitgliedstaaten der EU zu sein schien, ist diese Perspektive heute nicht mehr ohne Weiteres erkennbar.[354] Ein Begriff, der sich als Schöp-

349 Frenz, Walter: *Europarecht*, Heidelberg/Berlin: Springer, 2016, S. 2.

350 Vgl. Ehlers, Dirk: Verhältnis des Unionsrechts zu dem Recht der Mitgliedstaaten, in: Schulz, Reiner et al. (Hg.): *Europarecht. Handbuch für die deutsche Rechtspraxis*, Baden-Baden: Nomos, 3. A. 2015, S. 491–522; hier S. 494.

351 Hakenberg, Waltraud: *Europarecht*, München: Vahlen, 8. A. 2018, S. 21.

352 Vgl. Herdegen, Matthias: *Europarecht*, München: Beck, 19. A. 2017, S. 86.

353 Art. 1 Abs. 2 EUV.

354 Während „das Leitbild der ‚Vereinigten Staaten von Europa' von den Anfängen der europäischen Integration bis in die frühen 1990er Jahre tonangebend war, verblasst seitdem die Vorstellung von einer bundesstaatlichen Ordnung Europas. […] Dominierend blieb aber das Leitbild der ‚Supranationalisierung' durch Vergemein-

fung des Bundesverfassungsgerichtes zumindest in der deutschen juristischen Diskussion etabliert hat, ist der Begriff des „Staatenverbundes“, der die Besonderheit der Europäischen Union herausstreichen und markieren soll, dass sie weder bloßer (völkerrechtlicher) Staatenbund, noch (schon) Bundesstaat sei;[355] bei dieser hilfsweisen Bezeichnung handelt es sich aber mehr um den Versuch, sich einer Kategorisierung zu enthalten, als um einen tatsächlichen Begriff. Gleiches gilt für die Kategorisierung der Europäische Union als Gemeinwesen „sui generis“;[356] mit der Kategorisierung durch Nicht-Vornahme einer Kategorisierung ist aber nicht mehr gesagt, als dass ihr Wesen unbegriffen bleibt. Einem Begriff näher kommen dabei schon Auffassungen, die die Frage der Charakterisierung der Europäischen Union als Staat oder Nicht-Staat außenvorlassen und ihre Rechtsgrundlage – unabhängig von deren Benennung – ihrem tatsächlichem Wirken zufolge als Verfassung charakterisieren.[357]

Mitunter werden zwei gegenläufige Tendenzen im Recht Europas ausgemacht, die Tendenzen der Regionalisierung und der Europäisierung des Rechtes. [358] Zusammen beeinträchtigten sie nicht nur das Recht der Mitgliedstaaten, sondern führten auch zu „una pluralità di livelli di legislazione, regionale, nazionale, europea (ed in futuro anche

schaftung von Politikbereichen und des Aufbaus Europas nach föderalen Prinzipien und zunehmend, vor allem mit Blick auf die Länder, unter Beachtung der Subsidiarität.“ (Böttger, Katrin/Jopp, Mathias: Grundlinien deutscher Europapolitik, in: dies. (Hg.): *Handbuch zur deutschen Europapolitik*, Baden-Baden: Nomos, 2016, S. 13–28, hier S. 16)

355 Vgl. Herdegen, Matthias: *Europarecht*, München: Beck, 19. A. 2017, S. 89.

356 Vgl. Bergmann, Jan: Europäischer „unvollendeter“ Bundesstaat, in ders. (Hg.): *Handlexikon der Europäischen Union*, Baden-Baden: Nomos, 5. A. 2015, S. 184–185.

357 Vgl. Bieber, Roland/Epiney, Astrid et al.: *Die Europäische Union. Europarecht und Politik*, Baden-Baden: Nomos, 12. A. 2016, S. 101.

358 „Da un lato, si uniste alla progressiva formazione di un diritto uniforme al livello europeo […]. Dall’ altro, é in alto un processo di valorizzazione della pluralità die sistemi normativi nazionali (all’ interno dell’ Unione europea) ed anche regionali (all’ interno di ciascuno Stato) […].“ (Padoa-Schioppa, Antonio: Il diritto comune in Europa. Riflezzioni sul declino e sulla rinascita di un modello, in: Caroni, Pio/Dilcher, Gerhard: *Norm und Tradition. Welche Geschichtlichkeit für die Rechtsgeschichte?*, Köln et al.: Böhlau, 1998, S. 193–207, hier S. 193.

mondiale, altre che municipale)".[359] Vor diesem Hintergrund fällt es den Jurist:innen umso schwerer, die Trennlinie zwischen dem Recht der Mitgliedstaaten und dem der Europäischen Union zu ziehen und zu entscheiden, wann auf die Geltung welches Rechtes abzustellen ist.[360] Noch schwieriger wird es dann, versuchen sie, die jeweiligen Kompetenzen gegeneinander abzugrenzen:[361] „Die Kompetenzverteilung zwischen der Europäischen Union und ihren Mitgliedstaaten unterscheidet sich von der Zuständigkeitsverteilung zwischen Internationalen Organisationen und ihren Mitgliedern einerseits und derjenigen zwischen Bundesstaaten und ihren Gliedstaaten andererseits. Sie ist abstrakt schwer zu erfassen."[362]

Wir lassen dieses begriffliche Durcheinander der juristischen Definitionen so stehen und versuchen nun, einen Begriff der Europäischen Union zu erarbeiten.[363]

---

359 Ebd., S. 205. Darin habe das früher in Europa herrschende Gemeine Recht eine Wiederkehr.

360 Vgl. Ehlers, Dirk: Verhältnis des Unionsrechts zu dem Recht der Mitgliedstaaten, in: Schulz, Reiner et al. (Hg.): *Europarecht. Handbuch für die deutsche Rechtspraxis*, Baden-Baden: Nomos, 3. A. 2015, S. 491–522; hier S. 497ff.

361 Vgl. Epiney, Astrid: Zur Abgrenzung der Kompetenzen zwischen EU und Mitgliedstaaten, in: Busek, Eberhard: *Kontinuitäten und Brüche*, Wien: Österreich, 2004, S. 372–392.

362 Folz, Hans-Peter: Die Kompetenzverteilung zwischen der Europäischen Union und ihren Mitgliedstaaten nach föderalen Maßstäben, in: Gamper, Anna et al. (Hg.): *Föderale Kompetenzverteilung in Europa*, Baden-Baden: Nomos, 2016, S. 643–662, hier S. 643.

363 Was Kohler im Allgemeinen sagt, gilt also im Besonderen für die juristische Auseinandersetzung mit der Europäischen Union: heute kann keine rechtsphilosophische Betrachtung hinter Hegel zurück. (Vgl. Kohler, Josef: *Fichte's Naturrecht*, in: Archiv für Rechts- und Wirtschaftsphilosophie, Jg. 1909/10, S. 172–182, hier S. 181f.: „Allerdings gibt es Juristen genug, die über Rechtsphilosophie sprechen wollen, ohne Hegel zu verstehen: diese können wir ebenso beiseite lassen, wie etwa jemanden, der sich über römisches Recht zu urteilen unterfinge, ohne eine Seite der Digesten gelesen zu haben.")

3. Die Europäische Union als überstaatlicher Zusammenhang mit Hegel begriffen

Ich begreife die Europäische Union als ein Beispiel für das Entstehen solcher überstaatlicher Zusammenhänge, deren Existenz Hegel für ausgeschlossen hielt. Im vorausgegangenen Kapitel habe ich anhand einer analogen Betrachtung der Verhältnisse der einzelnen Staaten gegeneinander zu anderen Teilen der *Rechtsphilosophie* eine Selbstwidersprüchlichkeit der Hegelschen Philosophie aufzuzeigen versucht. Trifft die dann von mir vorgebrachte Erklärung zu, dass diese Selbstwidersprüchlichkeit im Wesentlichen Ausdruck der widersprüchlichen Entwicklung der Wirklichkeit ist, so müssten sich in der praktischen Widerlegung der Theorie durch den Fortgang der Entwicklung der Wirklichkeit auch diese Widersprüche aufgehoben finden.[364] Treffen die bisherigen Überlegungen zu, müssten sich in der Entwicklung der Europäischen Union die Entwicklungen aus den vorhergegangenen Stufen des Rechts auf einer höheren Ebene wiederfinden lassen.

Im Vergleich der ersten Seite des Rechts, des abstrakten Rechts, mit den Verhältnissen zwischen den Staaten hatten wir gesehen, dass auch die einzelnen Staaten als Rechtssubjekte den einzelnen Individuen gleichen. Wie diese müssten auch die Staaten nicht bloß die Anerkennung durch die anderen Staaten wollen und Verträge mit ihnen schließen, auf deren Geltung sie hoffen, sondern beides durch ein Sittliches, Objektives zugesichert wissen wollen.[365] In den Verträgen über die Europäische Union finden sich neben der implizit – wie in jedem Vertrag zwischen Staaten – vorausgesetzten gegenseitigen Anerkennung der einzelnen Staaten auch die explizite Anerkennung aller Mitgliedstaaten der Europäischen Union als solche:[366]

---

364 Womit selbstverständlich nicht gesagt sein soll, dass in diesem – oder, was Adorno annimmt (vgl. Adorno, Theodor W.: *Negative Dialektik*, Frankfurt (Main): Suhrkamp, 1966, S. 20: „Angesichts der konkreten Möglichkeit von Utopie ist Dialektik die Ontologie des falschen Zustandes. Von ihr wäre ein richtiger befreit, System so wenig wie Widerspruch.“), überhaupt in irgendeinem Stande der gesellschaftlichen Entwicklung – keine Widersprüche mehr aufzufinden seien. Hinreichend bestimmte Widersprüche werden aufgehoben, andere entwickeln sich.

365 Vgl. Abschnitt III. 1.

366 Relevant wird diese zuerst selbstverständliche Voraussetzung bei regionalen Unabhängigkeitsbestrebungen wie bspw. den jüngsten schottischen Unabhängigkeitsbestrebungen gegen Großbritannien oder die katalanischen gegen Spanien.

„Die Union achtet die Gleichheit der Mitgliedstaaten vor den Verträgen und ihre jeweilige nationale Identität, die in ihren grundlegenden politischen und verfassungsmäßigen Strukturen einschließlich der regionalen und lokalen Selbstverwaltung zum Ausdruck kommt. Sie achtet die grundlegenden Funktionen des Staates, insbesondere die Wahrung der territorialen Unversehrtheit, die Aufrechterhaltung der öffentlichen Ordnung und den Schutz der nationalen Sicherheit. Insbesondere die nationale Sicherheit fällt weiterhin in die alleinige Verantwortung der einzelnen Mitgliedstaaten." (Art. 4 Abs. 2 EUV)

Sowohl die gegenseitige Anerkennung der Mitgliedstaaten als Staaten als auch die der Verträge zwischen den Staaten überlassen die Mitgliedstaaten nicht der Willkür der einzelnen Staaten, sondern haben dafür eine – wenn auch von ihnen bestellte – gegenüber den Mitgliedstaaten eigenständige Gerichtsbarkeit geschaffen. Der Gerichtshof der Europäischen Union „sichert die Wahrung des Rechts bei der Auslegung und Anwendung der Verträge", (Art. 19 Abs. 1 EUV) wobei „das Recht" in diesem Fall nicht das besondere Recht eines Mitgliedsstaates meint, sondern das überstaatliche Recht der Europäischen Union: der Gerichtshof „entscheidet nach Maßgabe der Verträge", (Art. 19 Abs. 3 EUV) d.h. eben nicht nach Maßgabe des Rechts eines der Mitgliedsstaaten. Die Mitgliedstaaten der Europäischen Union haben sich also einen „Prätor zwischen Staaten" (§333) geschaffen, der nicht bloß als „Schiedsrichter und Vermittler" – dafür hat er allerdings auch eine Zuständigkeit[367] – fungiert, sondern (unter anderem) für Klagen gegen die Mitgliedstaaten wegen Verletzung oder mangelnder Umsetzung des EU-Rechts zuständig ist.[368] Die Verletzung des Rechts der Europäischen Union durch ihre Mitgliedstaaten kann von den Institutionen der EU (in erster Linie Kommission und Gerichtshof) mit Sanktionen belegt werden;[369] die Europäische Union hat also auch eine Gewalt gegen ihre Mitgliedstaaten. Die Rechte der Mitgliedstaaten der Europäischen Union, die sie aus den zwischen ihnen geschlossenen Verträgen begründen, haben darin „in einem allgemeinen zur Macht über sie con-

367 Vgl. Art. 272, 273 AEUV.

368 Vgl. Art. 258, 259, 263, 265 AEUV.

369 Die in Urteilen ausgesprochenen Sanktionen des Gerichtshofes sind vollstreckbar; vgl. Art. 280 in Verbindung mit Art. 299 AEUV. – Das gilt aber auch für weitere Rechtsakte bspw. des Rates, der Kommission und der Zentralbank; vgl. Art. 299 AEUV.

stituirten“ (§333) ihre Wirklichkeit und verbleiben nicht mehr in der formellen Geltung der Verträge,[370] sondern erheben sich als objektives Recht zur Wirklichkeit gegen die Staaten.

Weiters haben wir festgestellt, dass parallel zu Hegels Entwicklung der Wirklichkeit des allgemeinen Willens im Staat aus dem Gemeinsamen der Individuen in der bürgerlichen Gesellschaft das Gemeinsame zwischen den Staaten sich zu einem Allgemeinen fortentwickeln müsste. Hegels Annahme, dass die Staaten „vörnamlich sich in sich befriedigende Ganze sind“ und die Verträge zwischen den Staaten „von unendlich geringerer Mannigfaltigkeit“ seien als die zwischen den bürgerlichen Individuen, (§332) hatten wir dabei als zumindest überholt dargestellt.[371] Mit dem Herausbilden des Weltmarktes und der kapitalistischen Produktion hat die weltweite Verflechtung der Produktion im 19. und 20. Jahrhundert zugenommen, die einzelnen Staaten sind zunehmend voneinander abhängig; insbesondere die industriell fortgeschrittensten Staaten – darunter für Europa beispielsweise Großbritannien, Frankreich und Deutschland – sind stark mit der wirtschaftlichen Entwicklung der restlichen Welt verbunden.[372] Gerade diese Bezogenheit aufeinander führt aber zu einem immerwährenden wirtschaftlichen Kampf der einzelnen Staaten, insbesondere der industriell fortgeschrittensten Staaten gegeneinander.[373] Und also ist auch die Geschichte der europäischen Staaten im 19. und 20. Jahrhundert von einem ökonomischen Kampf der Staaten gegeneinander bestimmt, der

370 Vgl. §332.

371 Vgl. Abschnitt III. 2.

372 Hobson zeigt für das 19. Jahrhundert auf, dass der Handel Großbritanniens mit anderen Staaten den Verkehr mit seinen Kolonien dauerhaft um ein Vielfaches überstieg; vgl. Hobson, John A.: *Imperialism. A Study*, New York: Pott & Co., 1902, S. 34ff. Die Investition von Kapital aus den sogenannten Industrienationen im Ausland ist im 19. und zu Beginn des 20. Jahrhunderts eine übergreifend zu beobachtende Tendenz: „Every advanced industrial nation is tending to place a larger share of its capital outside the limits of its own political area, in foreign countries, or in colonies, and to draw a growing income from this source.“ (Ebd., S. 56f.) Während ein Großteil britischen Kapitals zum Ende des 19. und Beginn des 20. Jahrhunderts in den Kolonien angelegt ist, ist deutsches und französisches Kapital häufig in Europa (und Amerika) investiert. Die Tendenz der zunehmenden wirtschaftlichen Verflechtungen ist für die Entwicklung der kapitalistischen Produktion bestimmend.

373 Vgl. ebd., S. 301ff.

seinen Ausdruck auch in zahlreichen Kriegen, schließlich in den beiden Weltkriegen gefunden hat.[374] Trotz aller kriegerischen Auseinandersetzungen und Versuchen der ökonomischen Abgrenzung können wir zu Beginn des 20. Jahrhunderts immer noch eine starke wirtschaftliche Verflechtung der europäischen Staaten beobachten.[375] Die wirtschaftliche Entwicklung einzelner Staaten Europas ist also verbunden mit der wirtschaftlichen Entwicklung anderer Staaten; wenn diese Entwicklung auch eine der Konkurrenz bleibt, hemmt die Zurücksetzung wirtschaftlicher Entwicklung durch Krieg in Staaten, gegen die Krieg geführt wird, tendenziell also auch die wirtschaftliche Entwicklung im kriegführenden Staat.

Es ist also bloß folgerichtig, dass am Anfang der Europäischen Union das Verstärken wirtschaftlicher Verflechtungen steht und die Gründung der ihr vorausgehenden Europäischen Gemeinschaft für Kohle und Stahl (EGKS) maßgeblich bestimmte.[376] Auch nach dem Ende des Zweiten Weltkrieges konkurrieren die Staaten der Europäischen Union wirtschaftlich gegeneinander. In diesem Gegeneinander begründen sie jedoch – parallel zu den Individuen der bürgerlichen Gesellschaft – „ein System allseitiger Abhängigkeit“ (§183) und bringen aus diesem ein Gemeinsames hervor.[377] Mit dem Wachstum der Produktion ist auch die Verflechtung und gegenseitige Abhängigkeit

---

374 Womit nicht gesagt sein soll, dass diese Kriege dadurch vollständig erklärt wären – neben dem ökonomischen Kampf der Staaten lassen sich noch zahlreiche andere Gründe benennen, die zum Ausbruch dieser Kriege geführt haben. Vgl. im Übrigen ebd., S. 194f. sowie Horne, John: War and Conflict in Contemporary European History, 1914–2004, in: *Zeithistorische Forschungen/Studies in Contemporary History*, 3/2004, S. 347–362, hier S. 347: „The first half of the twentieth century was the most violent period in modern European history. War, revolution, civil war and the deliberate displacement or destruction of entire ethnic and cultural communities characterized much of the continent from 1914 to the early 1950s.“

375 Das wird bspw. deutlich an dem Scheitern der Versuche, sich ökonomisch von anderen Wirtschaftsräumen abzugrenzen: „Due to the *Zeitgeist* of the age, each country [in Europe, JD] turned inward to find domestic solutions. The consequence, paradoxically, was an utterly international crisis.“ (Berend, Ivan T.: *An Economic History of Twentieth-Century Europe. Economic Regimes from Laissez-Faire to Globalization*, Cambridge: University Press, 2006, S. 63)

376 Vgl. Becker-Döring, Claudia: *Die Außenbeziehungen der Europäischen Gemeinschaft für Kohle und Stahl von 1952–1960: Die Anfänge einer europäischen Außenpolitik?*, Stuttgart: Steiner, 2003, S. 94.

377 Vgl. §188.

der Staaten Europas gewachsen.[378] Die Staaten Europas haben jeweils ein Interesse daran, dass die anderen Staaten wirtschaftlich leistungsfähig sind, da ein Großteil der wirtschaftlichen Beziehungen der Mitgliedstaaten der Europäischen Union zu anderen Mitgliedstaaten besteht.[379] Nur, wenn genügend kaufkräftige Nachfrage in anderen Staaten der Europäischen Union besteht, können Exporte dorthin stattfinden. Das eigene wirtschaftliche Interesse des einen gegen einen anderen Staat wächst sich so zu seinem Gegenteil aus: dem Interesse an dem wirtschaftlichen Wohl des anderen Staates. Das führt zu dem auf den ersten Blick paradoxen Ergebnis, dass die einzelnen Staaten im – mitunter kriegerisch ausgeführten – Kampf gegeneinander durch die Verfolgung ihrer unmittelbaren eigenen Interessen mittelbar ihr eigenes Interesse verletzen. Die Bekämpfung der wirtschaftlichen Produktion anderer Staaten oder der Versuch der Beschränkung der wirtschaftlichen Verflechtungen mit anderen Staaten führt mittelbar zur Minderung der eigenen wirtschaftlichen Produktion.[380] Die Staaten Europas haben also im jeweiligen Interesse an einer zumindest bis zu einem gewissen Grade vorhandenen wirtschaftlichen Entwicklung der anderen Staaten Europas ein Gemeinsames; dieses Gemeinsame wird von ihnen allerdings nicht als solches und als eigenes Interesse gewusst, weswegen es notwendig ist, dass sich das Gemeinsame zu einer allgemeinen Macht gegen sie erwächst und sich auch gegen ihren besonderen Willen durchsetzt. Zu dieser allgemeinen Macht wird das gemeinsame Interesse in der Europäischen Union.[381] Wenn auch dieses

378 Stercken stellt fest, dass „die wirtschaftliche Verflechtung zwischen den Mitgliedstaaten der Europäischen Union inzwischen so stark [ist], daß sich eine völlige Renationalisierung kaum noch erreichen lassen würde, um wieder nach alten merkantilistischen Rezepturen zu verfahren“; vgl. Stercken, Hans: *Die Stellung Deutschlands in Europa*, Saarbrücken: Online-Publikation, 1997. Koschorke spricht von „ineinandergreifenden“ Interessen usw. der Institutionen in Europa; vgl. Koschorke, Albrecht: *Hegel und wir*, Berlin: Suhrkamp, 2015, S. 215.

379 „Traditionally, the EU Member States as a whole have traded goods more with other Member States than with countries outside the EU.“ (Eurostat: *Intra-EU trade in goods – recent trends*, Online-Quelle, 2018, abgerufen am 16. Oktober 2018) Daran ändert auch der zwischen 2003 und 2017 zu beobachtende Rückgang dieses Anteils an den Exporten nicht viel; vgl. ebd.

380 Vgl. das bereits in Fn. 375 gegebene Zitat.

381 In den Strukturen der *Rechtsphilosophie* gesprochen, entspricht die Europäische Union damit – wenn sie auch kein Staat ist – der Rolle, die der Staat gegenüber der

allgemeine Interesse in Einzelfällen im Widerspruch zu den besonderen Interessen der einzelnen Staaten steht, setzt es durch deren besondere Interessen ihr allgemeines durch.[382] Das Allgemeine wiederum, dessen Substanz die besonderen Interessen der einzelnen Staaten ausmachen, stehen diese besonderen Interessen weiterhin in einem Kampf gegeneinander.[383] Dieser Kampf ist nun aber verrechtlicht und verobjektiviert, und damit vernünftiger als der ihm vorhergehende, in dem die Staaten Europas sich bis zum Ziel der gegenseitigen Auslöschung bekämpft haben.

Das beste Beispiel für die Widersprüchlichkeit zwischen den eigenen unmittelbaren und mittelbaren Interessen der Mitgliedstaaten der Europäischen Union ist Deutschland. Deutschland exportiert – absolut

---

bürgerlichen Gesellschaft einnimmt, als da sie die Wahrheit des „an und für sich allgemeinen Zweckes" (§256) ausdrückt. Die einzelnen Staaten der Europäischen Union hingegen verhalten sich zur Europäischen Union wie die Korporationen zum Staat in der *Rechtsphilosophie.* Sie verfolgen „ihre eigenen innerhalb ihrer eingeschlossenen Interessen" (§252), d.h. die besonderen Interessen ihrer nationalen Unternehmen als allgemeine. Wie Hegel zwischen den Ständen unterscheidet und in erster Linie dem Stand des Gewerbes die Korporationen als eigentümlich zuweist, ließe sich zwischen den verschiedenen Unternehmen differenzieren; dabei sind es weder die großen, Nationalstaaten übergreifende Unternehmen (ein besonders treffendes Beispiel wäre hier Airbus, deren Interessen nicht von einem Nationalstaat der EU vertreten werden), noch kleine Unternehmen, sondern in erster Linie die sogenannten Kleinen- und Mittelständischen Unternehmen (KMU), die besonders auf die Vertretung ihrer besonderen Interessen als allgemeine durch den Nationalstaat angewiesen sind; der Bundesverband Mittelständische Wirtschaft stellt in seiner *Online-Selbstdarstellung* fest: „97,4% der deutschen Exporteure sind KMU".

382 „Berechnet man die kumulierten Zuwächse des Bruttoinlandsprodukts, die sich aus dem Zusammenwachsen Europas über den gesamten Zeitverlauf ergeben, können sich ausnahmslos alle betrachteten Volkswirtschaften zu den Gewinnern der europäischen Integration zählen." (Bertelsmann-Stiftung (Hg.): *20 Jahre Binnenmarkt. Wachstumseffekte der zunehmenden europäischen Integration*, Gütersloh: Selbstverlag, 2014, S. 6) – Wobei unter Ausschluss Luxemburgs bloß die bis 1995 der EU beigetretenen Staaten untersucht werden.

383 Und dieser Kampf der gegenseitigen Negation ist auch weiterhin notwendig; Siep stellt fest: „[D]ie Entwicklung der menschlichen Kultur erfordert [...] einen Wettbewerb zwischen unterschiedlichen Staaten und Kulturen." (Siep, Ludwig: Kant und Hegel über Krieg und Völkerrecht, in: Janssen, Dieter/Quante, Michael (Hg.): *Gerechter Krieg. Ideengeschichtliche, rechtsphilosophische und ethische Beiträge*, Paderborn: mentis, 2003, S. 100–115, hier S. 109)

betrachtet – am meisten Waren in andere Mitgliedstaaten der Europäischen Union.[384] Deutschlands wirtschaftliche Verflechtung mit den übrigen Mitgliedstaaten der Europäischen Union ist so besonders hoch.[385] Dabei hat Deutschland von der Stärkung der wirtschaftlichen Verflechtungen und der „Europäischen Integration" profitiert, da es seine wirtschaftliche Dominanz gegenüber den anderen Mitgliedstaaten innerhalb der Europäischen Union durchsetzen konnte.[386] Dabei spielte die Entwicklung eines einheitlichen, nach gleichen Rechten gestalteten Marktes und einer einheitlichen Währung eine wichtige Rolle;[387] da

---

384 Deutschlands Exporte in die Europäische Union belaufen sich auf einen Gesamtwert von etwa 750 Mrd. Euro; vgl. Eurostat: *Intra-EU trade in goods - recent trends*, Online-Quelle, 2018, abgerufen am 16. Oktober 2018.

385 Für den Zeitraum 1995–2005 stellt das Statistische Bundesamt die Verflechtungen der deutschen Wirtschaft mit dem Ausland dar: „Das Verhältnis der Importe und der Exporte zur inländischen Produktion kann den Grad der wirtschaftlichen Verflechtung eines Landes mit der übrigen Welt anzeigen. Nach diesem Maßstab ist die Verflechtung Deutschlands mit der übrigen Welt in der Zeit von 1995 bis 2005 um 65% intensiver geworden." (Statistisches Bundesamt (Hg.): *Verflechtung der deutschen Wirtschaft mit dem Ausland*, Wiesbaden: Selbstverlag, 2007, S. 12) „Über die Hälfte des deutschen Außenhandels wird mit anderen Mitgliedstaaten der Europäischen Union (EU) abgewickelt." (Ebd., S. 13.) Während 1995 noch 55% aller Importe und 57% aller Exporte im Verhältnis zu anderen Mitgliedsstaaten der Europäischen Union geschahen, waren es 2005 bereits 59% bzw. 62%; vgl. ebd. – 2015 sind es bereits zwei Drittel aller Importe und Exporte; vgl. Dreger, Christian: Der wirtschaftliche Nutzen Europas für Deutschland, in: Böttger, Katrin/Jopp, Mathias (Hg.): *Handbuch zur deutschen Europapolitik*, Baden-Baden: Nomos, 2016, S. 77–90, hier S. 77. Vgl. ebd.: „Die wirtschaftliche Verflechtung hat zugenommen, was zum einen auf den Trend einer steigenden internationalen Arbeitsteilung zurückzuführen ist, zum anderen aber auch durch den Binnenmarkt begründet sein dürfte. Wird in Rechnung gestellt, dass der Exportanteil am Bruttoinlandsprodukt (BIP) in Deutschland ungefähr bei über 45 Prozent liegt, zeigt sich die hohe Bedeutung der europäischen Integration."

386 „Private Haushalte und Unternehmen in Deutschland haben per Saldo von der europäischen Integration profitiert." (Ebd., S. 89) Auch in der bereits zitierten Bertelsmann-Studie „erweisen sich Dänemark und Deutschland als die größten Gewinner der europäischen Integration." (Bertelsmann-Stiftung (Hg.): *20 Jahre Binnenmarkt. Wachstumseffekte der zunehmenden europäischen Integration*, Gütersloh: Selbstverlag, 2014, S. 31)

387 „Die Anpassung ihrer Wechselkurse ist seit dem Beitritt zum Euroraum nicht mehr möglich. Dabei war es insbesondere für Deutschland wichtig, die währungspolitische Integration weiter voranzubringen. Nominale Abwertungen, meist gegenüber der D-Mark, wurden früher öfters vorgenommen, um preislich wettbe-

die deutsche Wirtschaft zu den „wettbewerbsfähigsten"[388] der Welt zählt und im Vergleich mit denen der anderen Staaten der Europäischen Union am stärksten ist, kann sie sich in einem einheitlichen Markt gegen andere leichter durchsetzen – und sich als dominanter Teil eines einheitlich handelnden Europas auch im weltweiten Kampf der Staaten gegeneinander besser behaupten.[389] Mittelbar hat Deutschland so also ein eigenes Interesse an der wirtschaftlichen Entwicklung der anderen Mitgliedstaaten der Europäischen Union.[390] Während Deutschland also einerseits ein unmittelbares Interesse daran hat, in der Konkurrenz mit anderen Mitgliedstaaten der Europäischen Union die Oberhand zu behalten – relativ zu ihnen also stärker zu wachsen –, hat es auf der anderen Seite ein mittelbares Interesse daran, um seine absolute wirtschaftliche Entwicklung zu stärken, dass sich auch die anderen Mitgliedstaaten wirtschaftlich entwickeln. Das führt zu einem zwiespältigen Verhältnis Deutschlands zur Europäischen Union. Aufgrund seiner wirtschaftlichen Dominanz profitiert es mittelfristig mehr als alle anderen Mitgliedstaaten der Europäischen Union von einer zunehmenden wirtschaftlichen Verflechtung innerhalb der Europäischen

---

werbsfähig zu werden. Deutsche Wettbewerbsvorteile, die auch durch Lohnzurückhaltung erwirtschaftet wurden, gingen so wieder verloren." (Dreger, Christian: Der wirtschaftliche Nutzen Europas für Deutschland, a.a.O., S. 85f.)

388 Vgl. World Economic Forum/Schwab, Klaus (Hg.): *The Global Competitiveness Report 2018*, Cologny: Selbstverlag, 2018, S. xi.

389 „Die Erfahrung, die europäische Integration wesentlich mitgestalten zu können, sowie die Erkenntnis, in einer zunehmend globalisierten und multipolaren Welt gegenüber existierenden und aufstrebenden Mächten gerade durch die Europäische Union ihre Marktmacht und die gemeinsame Währung Einfluss ausüben zu können und aufgrund des deutschen Gewichts in der Europäischen Union auch in der Außenwahrnehmung seitens Dritter zu profitieren, erklärt einen Teil der heutigen Bindungsbereitschaft Deutschlands an die Europäische Union." (Böttger, Katrin/ Jopp, Mathias: Grundlinien deutscher Europapolitik, in: dies. (Hg.): *Handbuch zur deutschen Europapolitik*, Baden-Baden: Nomos, 2016, S. 13–28, hier S. 20)

390 „Tatsächlich war es ein auch von Deutschland verfolgtes Leitmotiv des Binnenmarkts wie auch der Währungsunion, das interne Wachstum zu stärken, um weniger von globalen Schocks abhängig zu sein. Ferner gilt es, die wirtschaftliche Entwicklung in den Nachbarländer [sic] der Europäischen Union zu stimulieren […]. Dies könnte die Wachstumsperspektiven für Deutschland deutlich erhöhen." (Dreger, Christian: Der wirtschaftliche Nutzen Europas für Deutschland, in: Böttger, Katrin/Jopp, Mathias (Hg.): *Handbuch zur deutschen Europapolitik*, Baden-Baden: Nomos, 2016, S. 77–90, hier S. 90)

Union; dennoch ist nicht jede Maßnahme und jeder Rechtsakt der Europäischen Union – auch wenn er langfristig zu einer Vertiefung der wirtschaftlichen Verflechtungen führt – im unmittelbaren Interesse Deutschlands.[391] Das zeigt sich besonders deutlich an solchen Fällen, in denen die Europäische Kommission Vertragsverletzungsverfahren gegen Deutschland einleitet und darin den allgemeinen Willen der Europäischen Union gegen den besonderen Deutschlands durchsetzt.[392] Nicht zuletzt drücken sich innerhalb des Widerspruchs der unmittelbaren deutschen und europäischen Interessen auch interne Widersprüche der deutschen Interessen aus.[393]

Indem die Mitgliedstaaten der Europäischen Union Hoheitsrechte und damit einen Teil ihrer staatlichen Gewalt an die Europäische

---

391 „Je gewichtiger die auf der europäischen Agenda anstehenden Projekte zur Vertiefung oder Erweiterung der Europäischen Union waren und sind, die die Europäische Kommission mit der Verabschiedung eines MFR verknüpft hat, und je größer die potenziellen politischen und ökonomischen Vorteile sind, die von der Bundesregierung mit dem jeweiligen Projekt verbunden werden, desto eher muss das nationale fiskalische Spar- und Konsolidierungsinteresse in den Hintergrund treten." (Becker, Peter: Zwischen Zuchtmeister und Zahlmeister – Deutsche Europapolitik und die europäischen Finanzverhandlungen, in: Böttger, Katrin/Jopp, Mathias (Hg.): *Handbuch zur deutschen Europapolitik*, Baden-Baden: Nomos, 2016, S. 217–230, hier S. 217) Vgl. auch Böttger, Katrin/Jopp, Mathias: Grundlinien deutscher Europapolitik, in: dies. (Hg.): *Handbuch zur deutschen Europapolitik*, Baden-Baden: Nomos, 2016, S. 13–28, hier S. 21f.

392 Wie jüngst im Fall der Klage der Kommission gegen Deutschland und fünf weitere Mitgliedstaaten wegen Luftverschmutzung; vgl. Europäische Kommission: Pressemitteilung vom 17. Mai 2018. Dieser Fall ist von besonderem Interesse, da er die deutsche Automobilindustrie betrifft, die einen wichtigen Teil der deutschen Exporte ausmacht, und sich deshalb für das Herausstreichen des Widerspruchs der besonderen Interessen Deutschlands zu dem allgemeinen Willen der EU besonders eignet. Neben diesem herausgehobenen Fall gibt es allerdings eine Vielzahl von Fällen, in denen deutsche Interessen im Widerspruch zu den allgemeinen der EU stehen – im Frühjahr 2018 waren Dutzende Vertragsverletzungsverfahren gegen Deutschland bei der Kommission anhängig; vgl. Spiegel Online: *74 EU-Vertragsverletzungsverfahren gegen Deutschland*, vom 6. Februar 2018.

393 Vgl. Beichelt, Timm: Bundesregierung: Entscheidungsprozesse und europapolitische Koordinierung, in: Böttger, Katrin/Jopp, Mathias (Hg.): *Handbuch zur deutschen Europapolitik*, Baden-Baden: Nomos, 2016, S. 93–104, hier S. 97 sowie von Winter, Thomas: Die Europapolitik der deutschen Interessenverbände, in: Böttger, Katrin/Jopp, Mathias (Hg.): *Handbuch zur deutschen Europapolitik*, Baden-Baden: Nomos, 2016, S. 187–200.

Union übertragen, verrechtlichen sie das Verhältnis zwischen sich und geben dem „Naturzustand“[394] zwischen ihnen eine objektive Verfassung. Was in ihrem Verhältnis zueinander bislang nur sein sollte, wird so wirklich: die Verträge zwischen den Staaten entfalten unabhängig davon, ob sich die einzelnen Staaten an sie zu halten gedenken, ihre Wirksamkeit und werden von einem Dritten durchgesetzt. Ausgangspunkt und Substanz dieser sich zwischen den Staaten objektiv bildenden selbstbewussten Sittlichkeit bleiben die Staaten selbst. Sie stellen die Grundlage dar, von der ausgehend – sowohl im Europäischen Parlament als auch in Rat oder Kommission – der allgemeine Wille der Europäischen Union gebildet wird. Neben den subjektiven Willen der einzelnen Staaten bilden auch deren „allgemeine Rechtsgrundsätze“[395] sowie ihr Interesse am Aufrechterhalten des – rechtlich unbestimmten – „ordre public“[396] und damit (zum Teil) ungeschriebene, aber überlieferte Rechtsgrundsätze und Sitten eine Rolle für das Recht der Europäischen Union. Was bislang zwar Wirkung entfaltet hat, aber bloß subjektiv in den einzelnen Staaten, erhält so objektive Wirklichkeit.[397]

Die Individualität der Mitgliedstaaten der Europäischen Union ist durch die Übertragung von Hoheitsrechten an sie nicht beseitigt. Die Übertragung von bestimmten Teilen der nationalstaatlichen Souveränität an die Europäische Union geschieht dem Vertrag über die Europäi-

394 Wie zwischen den einzelnen Menschen, so ist auch der Naturzustand zwischen den Staaten nur ein fiktiver, „von welchem nichts Wahreres gesagt werden kann, als *daß aus ihm herauszugehen* ist.“ (GW 13, S. 228) In eine ähnliche Richtung zielt wohl Gosepath: „Bei diesen Problemen [den gescheiterten Versuchen einzelner Staaten angesichts einer durch Nationalstaaten unkontrollierbaren wirtschaftlichen Entwicklung habhaft zu werden, JD] sind wir [...] zu einem Vorgehen parallel zu dem *exeundum*-Argument bei Immanuel Kant gezwungen: Aus moralischen Vernunftgründen sind wir verpflichtet, die entsprechenden Institutionen zu schaffen, die die kollektive Verantwortung tragen und Individuen sowie Institutionen arbeitsteilig Teilverantwortung auferlegen können.“ (Gosepath, Stefan: Einhegung des Marktes, in: Bornmüller, Falk et al. (Hg.): *Menschenrechte und Demokratie. Georg Lohmann zum 65. Geburtstag*, Freiburg/München: Alber, 2013, S. 349–370, hier S. 369)

395 Europäischer Gerichtshof: *Urteil vom 17. Dezember 1970*, Rechtssache 11/70, in: Sammlungen der Rechtsprechung des EuGH, 1970, S. 1126–1141, hier S. 1135.

396 Europäischer Gerichtshof: *Urteil vom 14. März 2000*, Rechtssache 54/99, in: Sammlungen der Rechtsprechung des EuGH, 2000, S. 1353–1364, hier S. 1361ff.

397 Vgl. §156.

sche Union zufolge nur durch hoheitlichen Akt der Mitgliedstaaten selbst, bleibt also Ausdruck ihrer einzelstaatlichen Souveränität:

„Nach dem Grundsatz der begrenzten Einzelermächtigung wird die Union nur innerhalb der Grenzen der Zuständigkeiten tätig, die die Mitgliedstaaten ihr in den Verträgen zur Verwirklichung der darin niedergelegten Ziele übertragen haben. Alle der Union nicht in den Verträgen übertragenen Zuständigkeiten verbleiben bei den Mitgliedstaaten." (Art. 5 Abs. 2 EUV)

Die Rückbindung der Handlungsfähigkeit der Europäischen Union zeigt sich auch im Rahmen der bereits an sie übertragenen Kompetenzen an dem Prinzip der qualifizierten Mehrheiten für Entscheidungen im Rat der Europäischen Union – wonach es nicht bloß auf Stimmenmehrheit der vertretenen Staaten ankommt, sondern die für eine qualifizierte Mehrheit benötigten Staaten auch einen bestimmten Anteil der Gesamtbevölkerung der Mitgliedstaaten ausmachen müssen[398] – und an der heute zu beobachtenden Tendenz, nach welcher die Regierungen der Mitgliedstaaten und deren Vereinbarungen noch mehr Einfluss auf die Handlungen der Europäischen Union ausüben.[399] In der Europäischen Union finden sich die einzelnen europäischen Staaten so in ihrer Gattung aufgehoben, deren Willen sich aus den Willen der Einzelstaaten entwickelt, aus der heraus die Mitgliedstaaten bestimmt werden und deren Substanz sie zugleich ausmachen.

Im Werden der Europäischen Union finden sich also Widersprüche in ihrer Wirklichkeit aufgehoben, die uns bei Hegel als begriffliche entgegentreten. In der Europäischen Union können wir also einen Ausdruck der Aufhebung der Selbstwidersprüchlichkeit sehen, die sich im Fortgang der Entwicklung der Vernunft ergeben hat. Diese Aufhebung der Selbstwidersprüchlichkeit erfolgt aber nicht in der begrifflichen Entwicklung, sondern in der Wirklichkeit – und wird sodann begrifflich nachvollzogen. Um also zu begreifen, *was* die Europäische Union ist, reicht es nicht, in ihr eine Aufhebung dieser Selbstwidersprüchlichkeit zu sehen. Wir haben vielmehr die Europäische Union als

---

398 Vgl. Art. 238 AEUV.

399 Vgl. Böttger, Katrin/Jopp, Mathias: Grundlinien deutscher Europapolitik, in: dies. (Hg.): *Handbuch zur deutschen Europapolitik*, Baden-Baden: Nomos, 2016, S. 13–28, hier S. 17f.

Ausdruck der Entwicklungen der Gegenwart zu begreifen – und also einen Blick auf diese Entwicklungen zu werfen.

4. Die Entwicklungen der Gegenwart – das Hinausgehen der Staaten über sich selbst und die Europäische Union

Sehen wir heute, wie manche Nationalstaaten einen Teil ihrer Aufgaben auf überstaatliche Zusammenhänge übertragen, findet darin nicht eine Entwicklung ihren Abschluss; doch zeichnen sich bereits wesentliche Konturen eines Neuen ab.[400] Die Gestalt, die das Neue dabei zuerst einnimmt, wird nicht seine fertige sein, sondern auch dies Neue wird einen Gestalt- und damit Inhaltswandel durchmachen, in dem möglicherweise auch was in dem Gegeneinander der Staaten an sich liegt, sich zur Wirklichkeit bringen wird; doch erst der Blick zurück wird das offenlegen.[401] Sich beim Blick auf die Gegenwart also mit den Fundamenten oder der rechtlichen Ausgestaltung einer noch nicht wirklichen Organisationsform menschlichen Zusammenlebens zu beschäftigen, ist nicht fruchtbar.[402] Ein Weltstaat ist in unserer Gegenwart nicht

400 Viele Beobachtungen unserer Gegenwart gehen davon aus, dass die gegenwärtigen Entwicklungen der Demokratie kein simpler Rückschritt, sondern eine Transformation zu etwas Neuem darstellen; vgl. Michelsen, Danny/Walter, Franz: *Unpolitische Demokratie. Zur Krise der Repräsentation*, Berlin: Suhrkamp, 2013, S. 111. Geschichtsphilosophie kann dabei, so stellt Halbig richtigerweise fest, „in Zeiten der ‚Dämmerung‘ systematisch interessantere Perspektiven bereithalten [...] als in denen des ‚vollen Bewußtsein(s)‘.“ (Halbig, Christoph: Wahrheitstheorie und Geschichtsphilosophie bei Hegel, in: Quante, Michael/Erzsébet, Rózsa (Hg.): *Vermittlung und Versöhnung. Die Aktualität von Hegels Denken für ein zusammenwachsendes Europa*, Münster: LIT, 2001, S. 105–125, hier S. 124)

401 Bloß abstrakt mutmaßt also Siep: „Vielleicht ist erst die Errichtung, Erhaltung und Weiterentwicklung einer solchen – die menschliche Rechtsgemeinschaft umfassenden – gerechten Gemeinschaft der Endzweck der menschlichen Kultur und Geschichte.“ (Siep, Ludwig: Das Recht als Ziel der Geschichte, in: Fricke, Christel et al. (Hg.): *Das Recht der Vernunft. Kant und Hegel über Denken, Erkennen und Handeln*, Stuttgart: frommann-holzboog, 1995, S. 355–380, hier S. 379)

402 Daran ändert auch nichts, wenn man wirklichkeitswidrig „einmal unterstellt, daß eine derartige weltweite Rechtsgemeinschaft wirklich im Werden ist“. (Krawietz, Werner: Glokalisierung der Rechtskommunikation? Zum Globalisierungsdiskurs in der modernen Rechts- und Gesellschaftstheorie, in: ders./Sproede, Alfred (Hg.): *Gewohnheitsrecht – Rechtsprinzipien – Rechtsbewußtsein. Transformationen der*

wirklich und auch nicht wirklich im Werden begriffen. Wir beschäftigen uns im Weiteren also nicht mit dem Konzept eines Weltstaates und wie ein solcher zukünftig eventuell aussehen könnte. Was allerdings beobachtbar ist, sind wirkliche Entwicklungen des Hinausgehens der Staaten über sich selbst. Es entwickeln sich zwischenstaatliche Strukturen, die die Verhältnisse der Staaten gegeneinander verobjektivieren und dadurch gegen deren subjektive Willkür verselbstständigen. Dies sind Institutionen wie die World Trade Organization oder Freihandelsabkommen, in denen die einzelnen Staaten einen Teil ihrer Souveränität übertragen und sich einer Schiedsgerichtsbarkeit anvertrauen. Eine besonders anschauliche und möglicherweise die weitestreichende Entwicklung in der Herausbildung überstaatlicher Institutionen ist die Europäische Union. Im Folgenden werden wir uns also, um die wesentlichen Momente dieser Entwicklung zu begreifen, mit deren weitest fortgeschrittenem Standpunkt, der Entwicklung der EU zur überstaatlichen Organisation, auseinandersetzen.

Indem sich die Menschen ihre eigene Freiheit zum Gegenstand machen, machen sie sie wirksam; erst sie ist wirkliche Freiheit. Als ihnen objektiv können die Menschen ihre Freiheit bearbeiten und weiterentwickeln.[403] Im Recht verobjektivieren sich die Menschen zum einen ihre Freiheit und machen sie so bearbeitbar, zum anderen vollzieht sich die Entwicklung, also die tätige Bearbeitung ihrer Freiheit in der menschlichen Geschichte. Für Hegel ist nun die höchste Stufe, die die Entwicklung der Freiheit als objektive erreicht hat, der Staat. Die Staaten sind für Hegel nicht bloß die höchste Stufe der Entwicklung der Freiheit außerhalb der Geschichte, sondern stellen auch im Rah-

---

Rechtskultur in West- und Osteuropa, Berlin: Duncker & Humblot, 2004, S. XVII–XXI, hier S. XVII)

403 „Die Gesellschaft als rechtsetzende bezweckt mit der von ihr hervorgebrachten Rechtsordnung die Herstellung oder Festigung eines gesellschaftlichen Zustandes. Dieser ist Zweckursache (causa finalis) des rechtsetzenden gesellschaftlichen Aktes. Die gesetzte Rechtsordnung wirkt jedoch zurück auf die Gesellschaft, legt diese auf den Inhalt ihrer Norm fest und wirkt nun selbst auf ihren Urheber ein. Sie ist aus einer *causa finalis* des rechtsetzenden Aktes zur *causa efficiens* geltenden Rechtes geworden. Diese dialektische Umkehrung – analog der Seitenvertauschung des Spiegels – ist das logische Schema, von dem her das Verhältnis von Gesellschaft und Recht allererst verständlich wird." (Holz, Hans H.: *Zum Spiegelcharakter der Rechtsordnung*, in: Archiv für Rechts- und Sozialphilosophie, Jg. 1951, S. 556–565, hier S. 559)

men der Entwicklung der Freiheit in der Geschichte das höchste Maß der Freiheit dar[404] und Hegel betont, dass erst durch die Staaten die Menschen in der Lage seien, ihre Geschichte bewusst vernünftig zu gestalten.[405] Zwar wirkt durch die Geschichte der Wille des absoluten Geistes,[406] doch ist dieser Wille zum einen nicht aus dem Willen der Menschen hervorgegangen,[407] zum anderen setzt sich dieser Wille des

---

404 „Hegel senala [sic] que el Estado es la realización más perfecta del espíritu en la existencia.“ Deswegen ist es der Staat, in dem sich die Freiheit in der Geschichte zum Ausdruck bringt: „*En el estado* el espíritu objetivo se hace presente e [wohl Druckfehler, gemeint: „de“; JD] manera completa, con plenitud dentro de la historia.“ (Lopez Calera, Nicolás María: Espirítu objetivo: Historicidad y filosofía del derecho, in: Anonym (Hg.): *Hegel, L'Esprit Objectif, L'Unité de l'Histoire*, Lille: Giard, 1970, S. 215–219, hier S. 219; Hervorhebung JD.

405 „Alles ist des Volkes Werk, Religion, Gesetze, Sprache, und nur diß Werk ist jedes Volk. […] dieses Werk ist das Bestehende, und das Individuum hat sich diß Werk anzueignen, dh. sich ihm gemäß zu machen daß in diesem Ganzen auch die Seite des Individuums sei.“ (*Vorlesungen über die Geschichtsphilosophie*, GW 27.1, S. 39) „die beiden Seiten also die wir im Zusammenhang betrachtet haben, waren einerseits die Idee, anderseits die Leidenschaft, oder der subjective Wille, inso fern er das Bethätigende der Idee ist [gemeint sind die weltgeschichtlichen Individuen, JD], und das Prinzip der Erhaltung des sittlichen Ganzen, das vorhanden ist. Er hat also nicht nur die Seite der Particularität oder die bloße Verändrung hervorzubringen, sondern er ist auch Erhaltung des substantiellen, denn Verandrungen setzen etwas voraus, an dem sich alle Verandrungen begeben; dieß Vorausgesetzte ist die absolute Einheit der Idee und des subjectiven Willens, der sie verwirklicht. die Vereinigung der Idee, d.h. des Willens in seiner Wesenheit und des subjectiven Willens, ist das substantielle, das Vernünftige, das sittliche Ganze, das in sofern es den Willen zu seiner Bestimmung hat, die Idee als wollend ist, also der Staat überhaupt, die Idee als menschliche Freiheit. diese ist der Gegenstand der Weltgeschichte; also der Staat als solcher ist der näher bestimmte Gegenstand der Weltgeschichte.“ (Ebd., S. 60f.) „Jeder ist Sohn seiner Zeit, und seines Volks; was er wahrhaft ist, ist sein Volk als in einem Staate.“ (Ebd.., S. 62) „das wovon wir also ausgehn müssen, diß ist der Staat überhaupt, das allgemeine geistige Leben, worin die Individuen ihr Wollen, ihren Zweck, ihre Wesen vor sich haben, durch daßelbe als besondre sich erhalten, dafür thätig sind.“ (Ebd., S. 95f.) Wirklich wird dies allerdings erst im „Germanischen Reich“, in dem die Staaten bewusst das Wahre verfolgen; vgl. ebd., S. 99ff.

406 „die Weltgeschichte, sagten wir, sei eine Reihe geistiger Gestalten, die zur Verwirklichung seiner Prinzipe führe, und so ende, daß er sich selbst ergreife.“ (Vorlesungen über die Philosophie der Weltgeschichte, Nachschrift Hotho, GW 27.1, S. 77)

407 Vgl. schon Abschnitt III.8.

Geistes erst vermittels der einzelnen Staaten durch.[408] Hegels Behauptung allerdings, dass die Menschen durch das Recht und dessen weitestfortgeschrittene Entwicklungsstufe: die Staaten – also durch den objektiven und bewussten Ausdruck eines ihnen allgemeinen Willens – in der Lage seien, ihre Geschichte vernünftig zu gestalten, ist zwar an sich wahr, zu Hegels Lebzeiten aber noch kaum wirklich.[409] Es sind, als Hegel die Möglichkeit, durch Staaten Geschichte bewusst zu betreiben, darstellt, noch wenige Einzelne, die als Staatslenker:innen auch in der Lage sind, die Geschichte der Menschen bewusst zu entwickeln. Die Geschichte selbst entzieht sich so bei Hegel allerdings der Verobjektivierung. Sie wird und bleibt bestimmt vom absoluten Willen, der den Menschen nicht als Recht objektiv wird, sondern sich bloß durch die Willkür der einzelnen Staaten ausdrückt. Der Wille wird sich so nicht objektiv – die Menschen können sich also zu ihrer eigenen Geschichte nicht bewusst verhalten. Dies entspricht zwar der wahrgenommenen Wirklichkeit der Mehrheit der Menschen zu Hegels Lebzeiten. Wenn Hegel aber die Fähigkeit der Menschen, ihre Geschichte bewusst zu gestalten, schon beschreibt, bevor sie allgemeine Wirklichkeit ist, dann tut er damit keine Prophezeiungen kund.[410] Indem Hegel darauf hinweist, dass einzelne Individuen an der Spitze von Staaten in der Lage sind, Geschichte bewusst zu gestalten, nimmt dies bloß in anderer Weise und beschränkter Form vorweg, was sich als eine wesentliche Ent-

408 „Wir haben nun also kurz die darstellung der Weltgeschichte gemacht. die Absicht war zu zeigen, daß der ganze Gang ein Consequenter des Geistes ist, und die Geschichte nur Verwirklichung des Geistes sei, die die Staaten ausführen." (Ebd., S. 461)

409 „So führen die Zusammenstöße der zahllosen Einzelwillen und Einzelhandlungen auf geschichtlichem Gebiet einen Zustand herbei, der ganz dem in der bewußtlosen Natur herrschenden analog ist. […] Die geschichtlichen Ereignisse erscheinen so im ganzen und großen ebenfalls als von der Zufälligkeit beherrscht." (Engels, Friedrich: *Ludwig Feuerbach und der Ausgang der klassischen deutschen Philosophie*, MEW 21, S. 297) Es muss aber darum gehen, diese scheinbare Zufälligkeit zu begreifen, um den nur scheinbar zufälligen Verlauf bewusst gestalten zu können, denn: „Wo aber auf der Oberfläche der Zufall sein Spiel treibt, da wird er stets durch innre verborgne Gesetze beherrscht, und es kommt nur darauf an, diese Gesetze zu entdecken." (Ebd.)

410 Siep spricht von einem über die Grenzen der eigenen Zeit hinausgehenden „Überschuss an Problembewusstsein und Lösungsalternativen." (Siep, Ludwig: *Hegel und Europa*, Paderborn et al.: Schöningh, 2003, S. 6)

wicklung der kommenden Jahrzehnte abzeichnen sollte: die Erkenntnis, dass es die Menschen in ihrer Gesamtheit sind, die gemeinsam ihre Geschichte hervorbringen – und sie also auch gemeinsam bewusst und vernünftig gestalten können.[411] Die bewusste Auseinandersetzung mit der eigenen Geschichte weitet sich im weiteren Verlauf der Geschichte seit Hegels Gegenwart sodann von Einzelnen, die an der Spitze von Staaten stehen, auf einen Großteil der in ihnen lebenden Menschen aus.

Blicken wir auf den Gang der Geschichte seit Hegel, lässt sich eine Tendenz in der Entwicklung hinsichtlich der bewussten Gestaltung der Geschichte feststellen. Die erste Phase dieser Entwicklung beschreibt Hegel, indem er die Staaten in einem engen Sinn, die politischen Staaten also, – gegenüber den Staaten in einem weiten Sinn als die vernunftgemäß eingerichtete und organisch gegliederte Verfasstheit einer Vielzahl von Menschen[412] – als die Handelnden der Geschichte beschreibt, deren Handlungen durch einzelne Individuen festgesetzt und ausgeführt werden.[413] In einer zweiten Phase findet eine zweifache

---

411 „In einem wirklich vernünftigen Staat könnte man antworten: ‚Es *sollen* nicht *Alle einzeln* an der Beratung und Beschließung über die allgemeinen Angelegenheiten des Staats Anteil haben‘, denn die ‚Einzelnen‘ haben als ‚Alle‘, d. h. innerhalb der Sozietät und als Glieder der Sozietät, Anteil an der Beratung und Beschließung über die *allgemeinen Angelegenheiten*. Nicht Alle einzeln, sondern die Einzelnen als Alle.“ (Marx: MEW 1, S. 322)

412 Vgl. zur Unterscheidung Marx: MEW 1, S. 282.

413 Die gängige Vorstellung, nach welcher Hegels Geschichtsphilosophie in erster Linie eine Darstellung der Handlungen der großen Individuen sei, ist dabei eine falsche. Genau im Gegenteil geht es Hegel darum, in seiner Geschichtsphilosophie darzustellen, „daß die Geschichte in Wahrheit eine Geschichte der Institutionen und der leitenden religiösen Vorstellungen ist“. (Pöggeler, Otto: Der junge Hegel und die Lehre vom weltgeschichtlichen Individuum, in Henrich, Dieter/ Horstmann, Rolf Peter (Hg.): *Hegels Philosophie des Rechts*, Stuttgart: Klett-Cotta, 1982, S. 17–37, hier S. 36) Es sind nicht einzelne Individuen, die die Geschichte vorantreiben, sondern das Wirken der Institutionen, deren Spitze einzelne Individuen ausmachen: „Alle weltgeschichtlichen Taten müssen zweimal getan werden: durch Philipp und Alexander, Cäsar und Augustus; die Individuen gehen unter, aber die Institutionen, die an der Zeit sind, setzen sich durch […]. Was das Populäre an Hegels Rechts- und Geschichtsphilosophie auszumachen scheint – daß die großen Männer die Geschichte machen –, ist gerade nicht seine Lehre.“ (Ebd.) Was Hegel in seiner Geschichtsphilosophie für die weltgeschichtlichen Individuen, d. h. einzelne Menschen, herausarbeitet, dass sie nämlich Bedeutung einzig in einem Wirken der Institutionen erhalten, denen sie Ausdruck verschaffen – und die als menschliche Werke von ihnen gemeinsam mit anderen selbsttätig her-

Ausweitung des Staates nach Innen statt. Zum einen weitet sich die Menge der Personen aus, die an der Feststellung und Ausführung der Handlungen teilnehmen. Der politische Staat erhält als (repräsentative) Demokratie eine neue Form, weitet sich so in formeller Hinsicht nach innen aus. Zum anderen weitet sich aber auch das Betätigungsfeld des politischen Staates aus. Die Tatsache, dass die Gesamtheit der menschlichen Einrichtungen – der Staat im weiteren Sinne – nicht schlichtweg im politischen Staat aufgeht, sondern die materielle Produktion des gesellschaftlichen Lebens eine grundlegende Rolle spielt, wird erkannt und findet ihre Einbeziehung in politische Entscheidungen. Der politische Staat ordnet sich auch die wirtschaftlichen Prozesse unter, gibt ihnen denselben äußerliche Gesetze und weitet sich so in materieller Hinsicht nach innen aus.[414] Sowohl in materieller als auch in formeller Hinsicht geht der Staat hierbei in sich und festigt sich nach Innen, indem sich sowohl die Menge der in die Sphäre der Allgemeinheit einbezogenen Menschen ausweitet, als auch die Ausrichtung der Gesellschaft auf ihre allgemeine Seite. Im weiteren Verlauf – dessen Teil unsere Gegenwart ist – sehen wir nun gegenläufige Entwicklungen; zugleich beobachten wir darin aber auch die Selbstaufhebung des politischen Staates und also die Verwirklichung des Staates in seiner Gesamtheit mit allen darin liegenden widersprüchlichen Tendenzen.

War die vorige Entwicklung geprägt von einem Insichgehen der Staaten, so zeichnet sich ihre gegenwärtige wesentlich durch ein Übersichhinausgehen des politischen Staates aus. Dem formellen Insichgehen des Staates steht heute in formeller Hinsicht ein Übersichhinausgehen des Staates gegenüber; indem die Staaten sich an der Errichtung überstaatlicher Zusammenhänge beteiligen, setzen sie allgemeine Interessen

---

vorgebracht wurden –, muss strukturell auch für die einzelnen Staaten in Entsprechung gelten: Die einzelnen Staaten als Individuen sind vergänglich, was sich durch ihr Handeln durchsetzt, ist das Wirken der von ihnen hervorgebrachten Institutionen, dem sie zum Ausdruck verhelfen. Wie die Staaten nicht in einem einzigen Willensakt entstehen, sondern aus dem Gegeneinander des Wirkens der einzelnen Menschen hervorgehen und darin zugleich den Rahmen bilden, in dem dieses Gegeneinander des Wirkens stattfindet, so müssen auch die von den einzelnen Staaten hervorgebrachten Institutionen nicht in einem einzigen Willensakt gesetzt werden, sondern aus dem gegeneinander Wirken der einzelnen Staaten hervorgebracht werden.

414 Dieses sogenannte Primat der Politik wird heute als angegriffen aufgefasst und von vielfacher Seite wiederherzustellen versucht.

auch über ihre eigenen Grenzen hinaus durch und damit außerhalb ihres formellen Geltungsbereichs. Diese formelle Gegenbewegung beinhaltet zugleich die Negation des formellen Insichgehens der Staaten, da im Rahmen der überstaatlichen Zusammenhänge in erster Linie Vertreter:innen der Regierungen der einzelnen Staaten handeln und so die in die Sphäre der Allgemeinheit einbezogenen Menschen im Vergleich zu den einzelnen Staaten deutlich sinkt. Und auch in materieller Hinsicht steht dem Insichgehen des Staates eine Bewegung des Übersichhinausgehens entgegen. Die Seite der Allgemeinheit unserer gesellschaftlichen Verhältnisse weitet sich aus, macht nicht mehr bloß eine gegenüber der Gesellschaft besondere Seite aus, sondern die Menschen bringen sie in dem Besonderen der gesellschaftlichen Verhältnisse selbst hervor; die Seite der Allgemeinheit weitet sich so von einer abstrakt-allgemeinen zu einer konkret-allgemeinen aus und hebt darin die Trennung der Gesellschaft in eine Seite der Besonderheit und eine Seite der Allgemeinheit auf. Auch in dieser Bewegung findet sich die Negation der ihr vorausgehenden; die Tendenz der Beschränkung der in der Allgemeinheit verfolgten Zwecke auf abstrakt-allgemeine negiert die ihr vorausgegangene Tendenz, die auf das Allgemeine ausgerichteten Bereiche der Gesellschaft auszuweiten.

Durch die schematische Auflistung dieser Seiten der Entwicklungen unserer Gegenwart sind sie allerdings noch nicht begriffen. Begriffen sind sie erst, wenn ihre wirkliche Ursache und die Entwicklungen als notwendig aus ihr folgend erkannt sind. Wir begreifen diese Entwicklungen, wenn wir sie als Seiten einer übergreifenden Entwicklung begreifen, indem wir die hier skizzierten Bewegungen von der Seite der Selbstaufhebung des Staates zu ergründen versuchen. In den zuvor beschriebenen Entwicklungen zeichnet sich die Aufhebung der für den modernen, kapitalistischen Staat spezifischen Trennung von ökonomischer und politischer Sphäre ab. Diese Aufhebung findet ihren negativen Ausdruck in der bloßen Aufkündigung des für die zweite Phase bezeichnenden Versuchs, ökonomische Entwicklungen politischen, d.h. das gesellschaftliche Ganze unmittelbar angehenden Erwägungen unterzuordnen. Ihren positiven Ausdruck findet sie in der nicht mehr bloß im eigentlichen politischen Staat, also in der Sphäre des Allgemeinen stattfindenden Auseinandersetzung mit dem gesellschaftlich Sinnvollen oder dem Vernünftigen. War die bewusste Auseinandersetzung mit dem gesellschaftlich Sinnvollen bislang gewissermaßen Privileg der politischen Sphäre, findet diese Auseinandersetzung heute an vielen anderen Orten, insbesondere in der besonderen Sphäre der Produktion statt. Im Versuch, auch diese Auseinandersetzungen mit dem gesellschaftlich Sinnvollen zum eigenen Behuf zu machen, geht der politische Staat nun über sich hinaus – und hebt sich darin selbst auf.

Eine weitere Seite der Selbstaufhebung der Staaten findet sich darin, dass sie über ihre eigenen Grenzen hinausgehen. So hat nämlich die stetige Ausweitung der Produktion und deren Hinauswachsen über die Grenzen der einzelnen Staaten es unmöglich gemacht, die Produktion gewisser Unternehmen noch in einen besonderen politischen Staat einzugliedern und ihm unterzuordnen.[415] Die Fortentwicklung des Staates im weiteren Sinn ist also über den Staat im engeren Sinne hinausgegangen. Auch dieser Entwicklung versucht der politische Staat nun Herr zu werden, indem er über sich hinausgeht und nicht mehr bloß seinen eigentlichen Bereich zu seinem Wirkfeld erklärt, sondern über die eigenen Grenzen in mehrerlei Hinsicht hinausstrebt; er strebt sowohl über seine inhaltliche Bestimmtheit hinaus, indem er sich weite Teile der bürgerlichen Gesellschaft dem allgemeinen Interesse unterzuordnen sucht,[416] als auch über seine formelle Bestimmtheit, indem er

---

415 Brunkhorst bringt diesen Sachverhalt in einem mehrfach schiefen Bild zum Ausdruck: „Die Peitsche des Gesetzes trifft das globalisierte Kapital nicht mehr, sondern nur noch den Wind, der durch es hindurchgeht – so wie einst Xerxes in einer ähnlichen Zwangslage das Meer auspeitschen ließ, um es zu besänftigen." (Brunkhorst, Hauke: Kapitalismus und Demokratie in Europa. Das *Kantian mindset* als existierender Begriff, in: Bornmüller, Falk et al. (Hg.): *Menschenrechte und Demokratie. Georg Lohmann zum 65. Geburtstag*, Freiburg/München: Alber, 2013, S. 333–348, hier S. 343) Diese Entwicklung als Hinauswachsen der bürgerlichen Gesellschaft über den Staat beschreibt schon Hegel, doch gelingt es dem politischen Staat noch, die bürgerliche Gesellschaft unter sich zu befassen; vgl. Ottmann, Henning: Hegelsche Logik und Rechtsphilosophie. Unzulängliche Bemerkungen zu einem ungelösten Problem, in: Henrich, Dieter/Horstmann, Rolf Peter (Hg.): *Hegels Philosophie des Rechts*, Stuttgart: Klett-Cotta, 1982, S. 382–392; hier S. 389f.

416 „Der Staat verläßt […] die Reservestellung, die er unter der Geltung der bürgerlichen Prämisse von der Selbststeuerungsfähigkeit der Gesellschaft bezogen hatte und nur vorübergehend räumen sollte, wenn eine Störung der Selbststeuerung eingetreten war oder unmittelbar bevorstand. Seine Tätigkeit verliert auf diese Weise ihre punktuelle und retrospektive Ausrichtung und gewinnt einen flächendecken-prospektiven Charakter […]. Sozialbereiche, die dem staatlichen Einfluß

die Verfolgung des allgemeinen Interesses in über ihn selbst hinausgehende überstaatliche Zusammenhänge verlegt. Das Vermögen der Staaten ist über diese herausgewachsen und es hat sich darin gezeigt, dass dessen Grundlage nicht das Vermögen der Staaten ist, sondern vielmehr das Vermögen der Menschen, welches seine höchste Form bis zu einem bestimmten Zeitpunkt in der bewussten Lenkung durch den Staat erfahren hatte. Schon zu Hegels Lebzeiten ist eine solche Lenkung der Produktion durch den Staat nicht mehr tatsächlich möglich, die Produktion in der bürgerlichen Gesellschaft hat sich gegenüber dem Staat als Allgemeinem verselbstständigt.[417] Begreift Hegel das Verhältnis von Staat und bürgerlicher Gesellschaft in der *Rechtsphilosophie* als eines der Unterordnung der Letzteren unter Ersteren, so ist dieses Verhältnis bereits im Untergang begriffen.[418] Wenn schon für Hegels Zeit gilt, dass die bürgerliche Gesellschaft sich gegen den Staat verselbstständigt,[419] so gilt dies umso mehr für unsere Gegenwart. Produktion und Konsumtion haben in Form von globalen Konzernen

---

gänzlich entzogen wären, sind nicht mehr erkennbar." (Grimm, Dieter: *Die Zukunft der Verfassung*, Frankfurt (Main): Suhrkamp, 1991, S. 416)

417 Vgl. Marx, MEW 1, S. 277.

418 Analog Weil, zu Hegels Darstellung Preußens: „Oui, la Prusse est justifiée en tant qu'État de la pensée, – justifiée et, par là même, condamnée; l'ésprit s'apprête à faire un nouveau pas. Hegel l'a si bien su qui'il l'a dit en tête de sa *Philosophie du Droit* [… .] Une forme de la vie a vieilli." (Weil, Éric: *Hegel et l'État*, Paris: Vrin, 1950, S. 103f.) Ähnlich Avineri: „The rose in the cross of the present, the tragic irony of Hegel's dialectical apprehension of his world, means that while Hegel saw himself as comprehending the new world of post-1789 (or post-1815) Europe, this by itself meant that this new world, which Hegel heralded in his *Phenomenology*, is already reaching its maturity and is somehow, slowly but surely, on its way out." (Avineri, Shlomo: *Hegel's Theory of the Modern State*, Cambridge: University Press, 1972, S. 129)

419 „In dem Staat der *Philosophie des Rechts* kann die politische Sphäre die wirtschaftliche nur deshalb kontrollieren, weil sich die Konflikte der zivilisierten Gesellschaft nicht unmittelbar und direkt auf ihn entladen und so ist auch die Dialektik zwischen Reichtum und Armut nicht deshalb explosiv, weil der Kolonialismus der notwendige Ausfluss desjenigen Staates ist, den Hegel beschrieben hat." (Bodei, Remo: Systematische Aspekte und Perspektiven einer Epoche in Hegels Philosophie der Weltgeschichte, in: Anonym (Hg.): *Hegel, L'Esprit Objectif, L'Unité de l'Histoire*, Lille: Giard, 1970, S. 43–49, hier S. 49.

heute längst die Grenzen der einzelnen Staaten überschritten.[420] Der Gegensatz der Vernunft, den die modernen Staaten bislang noch „zu seiner ganzen Stärke auseinandergehen", aber doch einigermaßen überwältigen und in sich zusammenhalten konnten, hat sich weiterentwickelt und sich aus den einzelnen Staaten herausentwickelt. Damit hat er auf einem anderen Stufenniveau aufs Neue die Folgen der bürgerlichen Gesellschaft hervorgebracht: [421] die global unorganisierte und keiner Lenkung unterworfene Produktion und Konsumtion bringt Armut und Elend in einem globalen Maßstab hervor, global agierende Konzerne treten den Staaten mitunter unmittelbar gegenüber, negieren darin nicht nur die einzelnen Staaten, über die sie hinauswachsen – indem sie an ihrer Statt die Ausverhandlungen der Bedingungen der globalen Produktion und Konsumtion übernehmen –, sondern auch die Staaten, denen sie gegenübertreten, indem sie sie zum Vertragspartner mit besonderen Zwecken herunterziehen, worin das Wesentliche der Staaten, den Vertragsverhältnissen gegenüber absolut zu sein, nicht erscheint.[422] Nicht nur zwischen den Staaten, sondern auch innerhalb derselben wachsen Produktion und Konsumtion über ein Maß hinaus, das die einzelnen Staaten noch ihrer Lenkung unterwerfen könnten.[423]

---

420 „Deutlich ist bereits für Hegel, dass die Dynamik des Marktes die einzelstaatlichen Grenzen überschreitet. Aber er kann zu Beginn des 19. Jahrhunderts noch darauf hoffen, dass sich die Wirkungen durch staatliche Außenhandelspolitik und Förderung von Auswanderung und Kolonienbildung auffangen lassen." (Siep, Ludwig: *Hegel und Europa*, Paderborn et al.: Schöningh, 2003, S. 15)

421 Vgl. §§195, 245.

422 „Unternehmen suchen sich die für sie beste institutionelle Regelung mit dem Effekt eines *race to the bottom* (Regimeshopping). Die Kapitalseite ist inzwischen oft mächtiger als einzelne Staaten; so können z.B. Banken zurzeit Staaten zu bestimmten Unterstützungen nötigen, weil ihr Untergang systemrelevant wäre." (Gosepath, Stefan: Einhegung des Marktes, in: Bornmüller, Falk et al. (Hg.): *Menschenrechte und Demokratie. Georg Lohmann zum 65. Geburtstag*, Freiburg/München: Alber, 2013, S. 349–370, hier S. 369) Man denke außerdem an die Verhandlungen von Google oder Facebook mit einzelnen Staaten zu Datenschutzbestimmungen und dergleichen mehr.

423 Als Beispiel mögen hier die Aufgaben der Daseinsvorsorge gelten, die von einzelnen Unternehmen übernommen werden; Apple und andere Unternehmen bspw. bauen Krankenhäuser für ihre eigenen Beschäftigten. Die Auffassung, wonach es der Rückzug der Staaten sei, der zur Übernahme der Daseinsvorsorge durch die Unternehmen geführt habe, verwechselt die Ursache mit dem Resultat, als da es

Die Entwicklung des Hinausgehens der Staaten über sich selbst vollzieht sich mit Notwendigkeit, da sie eine Widerspiegelung der Entwicklung unserer Produktion ist. Die Entwicklung unserer Produktion ist dabei die treibende und grundlegende Seite der ganzen Entwicklung.[424] Es ist kein bloßer Zufall, dass die Gegenwart Hegels, in der er den Staat als den höchsten Ausdruck des Rechts begreift, die Zeit ist, in der sich die kapitalistische Produktion in ihrer industriellen Form herausbildet. Im Rahmen der kapitalistischen Produktion hat der in seinen Grenzen beschränkte Nationalstaat die Aufgabe übernommen, die Seite eines beschränkten Allgemeinen gegen die mannigfaltigen besonderen Interessen sowie mannigfaltige andere – beschränkte – allgemeine Interessen durchzusetzen. Und auch am Anfang der Europäischen Union stehen die Handlungen von Nationalstaaten. Anfangs wurde der Prozess des Werdens der Europäischen Union in erster Linie von im Interesse der Nationalstaaten, die sie vertraten, handelnden Personen politisch organisiert[425] – worin sich noch deutlich das Gegeneinander der Nationalstaaten abzeichnet, die ihre Konflikte in von Vertreter:innen der Nationalstaaten ausgehandelten Verträgen zeitweise befrieden. Mit Blick auf die Entwicklungen unserer Gegenwart, in der die Staaten über sich selbst hinauswachsen, gibt es verschiedene Vorstellungen und Träume, dass die Nationalstaaten in diesen Entwicklungen weiterhin eine dominierende Rolle spielten[426] oder ihre Rolle als

---

die Entwicklung des allgemeinen Vermögens über das vom Staat noch der Lenkung unterwerfbare Maß hinaus ist, die die Veränderung der Lenkung bedingt und bestimmt.

424 Vgl. Marx: MEW 1, S. 206.

425 „Jahrzehnte blieb die Europäische Integration unterhalb der Schwelle öffentlicher Aufmerksamkeit. Sie wurde von einer überschaubaren Zahl von politischen Spezialisten vorangetrieben, die (so sie als Vertreter nationaler Interessen agierten) einander Grenzen setzten, die aber von ihrer gesellschaftlichen Umwelt kaum gestört wurden. Diese Politik führte zu einem sehr langsamen aber doch voranschreitenden Integrationsprozess. Spätestens Anfang der 90er Jahre ist die Europäische Integration ihrem alten Politikmodus entwachsen." (Vobruba, Georg: *Die Dynamik Europas*, Wiesbaden: Verlag für Sozialwissenschaften, 2. A. 2007, S. 11)

426 So bspw. Streeck, der davon ausgeht, dass „Demokratie auf absehbare Zeit an den Nationalstaat gebunden bleibt" und deshalb am Nationalstaat als wichtigstem Akteur festhalten will. (Streeck, Wolfgang: Einleitung. Internationale Wirtschaft, nationale Demokratie?, in: ders. (Hg.): *Internationale Wirtschaft, nationale Demokratie: Herausforderungen für die Demokratietheorie*, Frankfurt/New York: Campus, 1998, S. 11–58, hier S. 39)

Nationalstaat durch die Europäische Union aufrechterhalten wird.[427] Darüber hinaus gibt es die Hoffnung, dass die Europäische Union an die Stelle trete, die bisher die Nationalstaaten eingenommen haben, die angesichts einer weltumspannenden Produktion unfähig sind, ein allgemeines Interesse durchzusetzen, und statt ihrer als „Gegenpol" zu einem „unregulierten Kapitalismus" handeln solle.[428] Wir werden allerdings sehen, dass weder die (National-) Staaten ihre Funktion beibehalten werden, noch die Europäische Union als ein Größeres bloß an ihre funktionale Stelle tritt.[429] Vielmehr ist die Europäische Union der besondere Ausdruck des Hinausgehens der Staaten über sich selbst.

Die Grundlage dieses Hinausgehens der Staaten über sich selbst ist eine bestimmte Weiterentwicklung unserer Produktion, genauer: die Entwicklung einer bestimmten produktiven Fähigkeit, die es möglich und zugleich notwendig macht, die von Hegel dargestellte Trennung von bürgerlicher Gesellschaft und politischem Staat[430] aufzuheben. Hegels Beweggrund, die bürgerliche Gesellschaft zwar vom Staat zu unterscheiden, sie ihm aber als ein Moment unterzuordnen, ist die tiefere Einsicht, dass der Fortgang der Entwicklung der Freiheit nicht zu einem Auseinander der unterschiedlichen Bestimmungen der Freiheit, sondern zu deren Einheit führen muss. Oder, konkreter ausgedrückt: der gesellschaftliche Fortschritt der Menschen darf im Ergebnis nicht zu einem Auseinandergehen der Gesellschaft führen, sondern muss in einer zunehmenden Vergesellschaftung, das heißt der Herbeiführung der Einheit der Menschen bestehen. Hegel wendet sich gegen die Trennung von politischem Staat und bürgerlicher Gesellschaft, weil sie der Verwirklichung des Begriffs nicht entsprechen; dabei ist sein Begriff des Staates nicht imstande, die Trennung als eine wirkliche zu fassen.

---

427 Milward, Alan S.: *The European Rescue of the Nation-State*, London/New York: Routledge, 2. A., 2000, S. 3: „After 1945 the European nation-state rescued itself from collapse, created a new political consensus as the basis of its legitimacy, and through changes in its response to its citizens which meant a sweeping extension of its functions and ambitions reasserted itself as the fundamental unit of political organization. The European Community only evolved as an aspect of that national reassertion and without it the reassertion might well have proved impossible."

428 Müller-Dohm, Stefan: Die Zivilisierung des Kapitalismus und die Zukunft Europas, in: Repic, Smail (Hg.): *Habermas und der Historische Materialismus*, Freiburg/München: Alber, 2014, S. 203–216, hier S. 215.

429 Sie könnte sich dann schlicht zu einem Bundesstaat erwachsen.

430 Vgl. dazu oben, Abschnitt II.4.c).

Statt den Begriff der Wirklichkeit anzupassen oder diese zu verändern, betrachtet er die Wirklichkeit bloß als dem Begriff unzureichend entsprechende. Die wirkliche Trennung hingegen ist auch eine notwendige, da erst durch sie, die Aufhebung der Unterordnung ökonomischer Akteur:innen unter die das gesellschaftliche Ganze betreffende Erwägungen, die Freiheit in der Produktion im engeren Sinne Einzug erhält. Die Seite, die der (politische) Staat dabei vertritt, ist die Seite der Allgemeinheit der Gesamtheit des menschlichen Stoffwechselprozesses mit der Natur (Produktion und Reproduktion); ihm kommt die Rolle zu, die den gesellschaftlichen Gesamtzusammenhang betreffenden Angelegenheiten, die allgemeinen Interessen zu vertreten. Diese Seite des Stoffwechselprozesses der Menschen ist zwar eine notwendige – da der Prozess immer ein gesellschaftlicher ist –, aber nicht notwendigerweise auch die vorherrschende Seite. Die kapitalistische Produktionsweise, beispielsweise, ist eine, in der die Seite der Besonderheit die vorherrschende ist; die Seite der Allgemeinheit ist ihr untergeordnet.[431] Gegenüber den vorhergehenden Produktionsweisen muss dies als ein Fortschritt begriffen werden, da mit der kapitalistischen Produktionsweise die Freiheit und das Prinzip des Besonderen als vorherrschendes in die Produktion einzogen, nicht jeder Aspekt der Produktion also nach seiner gesamtgesellschaftlichen Seite betrachtet werden muss. Dieser Fortschritt ist jedoch kein absoluter, sondern bloß relativ zu den vorhergehenden Produktionsweisen zu sehen. Mit der Unterordnung der Seite der Allgemeinheit in der Produktion geht schließlich auch die Möglichkeit verloren, den gesamten Produktionsprozess zu betrachten, ihn also bewusst zu vollziehen – mit den bekannten Folgen der Armut, des Elends und des unfassbaren Reichtums Einzelner. Der Fortschritt der kapitalistischen Produktion ist somit bloß ein relativer, aber doch ein Fortschritt. Die wirkliche – und damit zugleich notwendige und vernünftige – Entwicklung zu Hegels Gegenwart war diese sich weiter herausbildende Trennung von ökonomischer und politischer Sphäre, die Trennung also von politischem Staat und bürgerlicher Gesellschaft, die Loslösung der Seite der Besonderheit von der Seite der Allgemeinheit der Produktion. Der Fortgang der Entwicklung der Freiheit erfor-

431 Mit Engels gesprochen herrscht in ihr eine gesamtgesellschaftliche Anarchie – bei gleichzeitiger Planung in den Unternehmen. (Vgl. Engels, Friedrich: *Die Entwicklung des Sozialismus von der Utopie zur Wissenschaft, in: Werke, Bd. 19*, Berlin: Dietz, 1962, S. 177–228, hier S. 215)

dert nicht die Entwicklung der Seite der Besonderheit als ein Moment der Allgemeinheit, sondern ihre Entwicklung ins Extrem und die Aufhebung der dadurch entstehenden wirklichen Trennung in eine neue Einheit.[432] Diese Entwicklung einer Einheit von allgemeiner und besonderer Seite unserer gesellschaftlichen Produktion wird heute wirklich. Nicht allerdings durch das Hereinnehmen des Besonderen ins Allgemeine, sondern durch das Entstehen der Seite des Allgemeinen im Besonderen.

In den letzten Jahrzehnten haben wir Menschen die Fähigkeit gelernt, uns in unserer Arbeit mit dem gesellschaftlichen Sinn unserer Arbeit auseinanderzusetzen, das heißt: unsere individuelle Arbeitstätigkeit in den gesamtgesellschaftlichen Zusammenhang ihrer Vermittlung zu stellen und sowohl ihre Voraussetzungen als auch ihre Auswirkungen in sie einzubeziehen.[433] Wir haben es gelernt, uns gemeinsam mit den gesellschaftlichen Bedingungen unserer Arbeit auseinanderzusetzen, unsere Arbeit mit der gesamtgesellschaftlichen Produktion zu vermitteln und unsere Arbeit während der Arbeit selbst zu bearbeiten.[434] Das ist eine Fähigkeit, die wir uns allmählich – erst außerhalb, in den letzten Jahrzehnten auch innerhalb unserer Arbeitstätigkeit – angeeignet haben und die es uns erlaubt, die gesamtgesellschaftlichen Ange-

---

432 Davon kann zu Hegels Lebzeiten jedoch keine Rede sein, die Entwicklung der Seite der Besonderheit in der bürgerlichen Gesellschaft war noch keinesfalls zu ihrem Ende gekommen. Die Einheit, die Hegel herzustellen beabsichtigt, ist also nur konsequenterweise keine der Aufhebung, sondern der Unterordnung. Vgl. Adorno, Theodor W.: *Drei Studien zu Hegel*, Frankfurt (Main): Suhrkamp, 1963, S. 242f.

433 Die Entwicklung dieser Fähigkeit findet sich zuerst begriffen und wirklich dargestellt bei Siemens, Stephan/Frenzel, Martina: *Das unternehmerische Wir*, Hamburg: VSA, 2014.

434 Ihren offensichtlichsten Ausdruck erfährt die Entwicklung dieser Fähigkeit derzeit in der Ausbildung neuer Arbeitsorganisationsformen, also in Gruppen- oder Teamarbeit, in der die arbeitenden Menschen sich selbstständig mit den Zielen ihrer Arbeit auseinandersetzen und ihre Arbeit darauf ausgerichtet selbstständig organisieren. Die Nutzbarmachung dieser Fähigkeit durch indirekte Steuerung und die Beschränkung der verfolgten Ziele auf das eine des Profits wirkt sich dabei auf die arbeitenden Menschen als immense Belastung aus und äußert sich in psychischen Krankheiten und massiver Erhöhung der Ausbeutung durch sogenannte Arbeitszeitentgrenzung. (Vgl. ebd.) Weniger offensichtliche Ausdrücke der Entwicklung dieser Fähigkeit sind gesellschaftliche Bewegungen die als Digitalisierung, Individualisierung o.ä. beschrieben werden.

legenheiten bei der Wahrnehmung unseres individuellen Anteils am gesellschaftlichen Stoffwechselprozess mit der Natur in Betracht zu ziehen und zur Geltung kommen zu lassen. Dies aber, das zur Geltung kommen Lassen der gesamtgesellschaftlichen Angelegenheiten war die eigentümliche Aufgabe des (politischen) Staates – da den allgemeinen Interessen in der bürgerlichen Gesellschaft keine unmittelbare Geltung zukam, mussten sie von allgemeiner Seite, durch den Staat vertreten werden. Das war auch notwendig, da wir nur so die produktiven Fähigkeiten zur eigenverantwortlichen Produktion usw. vollumfänglich erlernen konnten. Der nächste Schritt in der Entwicklung unserer Freiheit besteht darin, unsere neuen produktiven Fähigkeiten der Einbeziehung der gesamtgesellschaftlichen Angelegenheiten in unsere individuelle Arbeitstätigkeit vollumfänglich zu erlernen. Da die Verfolgung der gesamtgesellschaftlichen Angelegenheiten eine Aufgabe ist, die bisher nahezu ausschließlich der politischen Sphäre des Staates zugeordnet war, die individuelle Arbeitstätigkeit in aller Regel aber in der von ihr getrennten bürgerlichen Sphäre vollzogen wird, ist diese Trennung in bürgerliche und politische Sphäre nicht mehr notwendig, mehr noch, sie ist dem vollumfänglichen Erlernen unserer Fähigkeiten und damit der Entwicklung unserer Freiheit hinderlich.

Diese Aufhebung erweist sich zwar schon heute als Notwendigkeit, ihre Aufhebungsbewegung setzt sich jedoch noch nicht als wirkliche durch. Viele der politischen Entwicklungen der Gegenwart lassen sich als Gegenentwicklungen zu dieser Aufhebungsbewegung deuten.[435] Die konkrete Gestalt, die die Aufhebungsbewegung des politischen Staates in der Gegenwart erhält, ist die Hervorbringung der allgemeinen Zwecke der Produktion als konkrete. So finden sich heute Fälle, in denen die Beschäftigten von Unternehmen sich damit auseinandersetzen, welche gesellschaftlichen Auswirkungen ihre Arbeit hat und so die konkreten Zwecke ihrer Produktion bearbeiten,[436] oder

---

435 Wo die Verfasstheit der Europäischen Union Wirklichkeit erhalten hat, kämpft sie gegen die Voraussetzungen, aus denen sie entstanden ist, „wie jede Konsequenz gegen die Existenz ihrer Voraussetzungen kämpft." (Marx: MEW 1, S. 247)

436 Ein besonders anschauliches Beispiel bietet die Entscheidung der Unternehmensleitung von Google, aus einem Vertrag mit dem Pentagon zur Entwicklung einer Software für Kriegsdrohnen auszusteigen, nachdem Tausende Mitarbeiter:innen von Google dagegen protestiert und auf das Unternehmensmotto „Don't be evil"

Unternehmen es für notwendig erachten, zumindest den Anschein zu erwecken, mit ihrer Unternehmung nicht bloß ihre eigenen Interessen, sondern auch ein allgemeines Gut zu verfolgen.[437] Spiegelbildlich zur Hervorbringung der allgemeinen Zwecke als konkrete in der Sphäre des Besonderen, also in den Unternehmen, findet sich in der Sphäre des Allgemeinen, also im politischen Staat, die Verfolgung der allgemeinen Zwecke als abstrakter. Der abstrakte Zweck der Produktion unter kapitalistischen Bedingungen ist die Orientierung der Produktion am unternehmerischen Profit. Seit den 70er Jahren gibt es die Tendenz innerhalb der Sphäre des politischen Staates, dessen Funktion auf die Durchsetzung dieses abstrakt allgemeinen Zweckes der kapitalistischen Produktion zu reduzieren.[438]

Während die Durchsetzungsfähigkeit der den allgemeinen Willen vertretenden politischen Sphäre schwindet, wird dies gemeinhin nicht als Aufhebung der Notwendigkeit der Durchsetzung der allgemeinen Interessen gegen die besonderen vermittels einer verselbstständigten Gewalt begriffen, sondern eine taktische Schwäche oder innere Zersetzung der politischen Sphäre durch Korruption oder schwache Politiker:innen dafür verantwortlich gemacht. Diese Schwäche oder Zersetzung müsse dadurch beseitigt werden, dass Stärke und Hoheit der politischen Sphäre wiederhergestellt werde. Auf der einen Seite der politischen Lager findet sich die Position, die Hoheit der politischen Sphäre wiederherzustellen, indem klar zwischen besonderen und allgemeinen Zwecken getrennt werden müsse und der abstrakt-allgemeine Zweck des Profits aus den politischen Zwecken ausgeschlossen werden müsse, um stattdessen die wirklichen allgemeinen Zwecke zu verfolgen. Demgegenüber tritt die andere Seite der politischen Lager mit dem Anspruch der Rigidität an, will in seiner faschistischen Version die schwachen Politiker:innen aus der politischen Sphäre entfernen, damit das allgemeine Interesse wirklich durchsetzen, in

---

hingewiesen hatten, dem die Herstellung von Kriegsgerät widerspreche. Vgl. New York Times vom 01. Juni 2018.

437 Hierfür bietet die Werbung heute ausreichend Anschauungsmaterial.

438 Diese Tendenz wird häufig auch als Neoliberalismus bezeichnet. Wenn die Ursache des Neoliberalismus in einem Rückzug des Staates gesehen wird, wird allerdings die Wirkung für die Ursache genommen; beispielhaft: Crouch, Colin: *Postdemokratie*, Frankfurt (Main): Suhrkamp, 2008.

jedem Fall Recht und Ordnung des Staates gegenüber den besonderen Interessen der Gesellschaft wiederherstellen.[439]

Während einzelne Unternehmen längst über die Staaten und deren Macht hinausgewachsen sind, bilden die Staaten eine über ihnen stehende allgemeine Sphäre aus, indem sie mithilfe von Handelsabkommen die zwischenstaatlichen Verhältnisse allgemeingültig zu regeln versuchen. In diesen Abkommen setzt sich aber – da die Staaten in ihnen die Interessen ihrer nationalen Produktion vertreten – wesentlich die Seite der Ökonomie durch, sodass sich über den Staaten, dem Ausdruck der Seite des Allgemeinen, die Seite des Besonderen als ein Allgemeines erhebt. Die Staaten erschaffen sich so eine Umwelt, die ihnen die Notwendigkeit, die abstrakt-allgemeinen Belange der kapitalistischen Produktion durchzusetzen, unmittelbar vorgibt. Dies tun sie zum einen durch internationale Handelsvereinbarungen, in deren Rahmen die Staaten nach und nach Vorgaben in diesem Sinne entwickeln;[440] ihnen fehlt allerdings, da sie auf der Souveränität der Staaten

---

439 Einen besonderen Ausdruck erhält die faschistische Ausprägung dieser politischen Bewegung, wo sie mit dem oben angesprochenen Neoliberalismus verbunden wird und die Durchsetzung des starken Staates als dealmaker Ziel der Politik, so der abstrakt-allgemeine Zweck des Profits bzw. die besonderen Interessen explizit zu den allgemeinen erhoben werden. Das Allgemeine wird so zu der Sphäre, in der die besonderen Zwecke der bürgerlichen Gesellschaft die Form des Allgemeinen erhalten, während sich in der Sphäre des Besonderen die wirklichen allgemeinen Zwecke herausbilden. Der Staat, der das Allgemeine vertritt, kann die Behauptung der besonderen Zwecke der kapitalistischen Produktion – die auf den einen des Profits hinauslaufen – gegen die unterschiedlichen aus der bürgerlichen Gesellschaft hervorgebrachten Zwecke nicht ohne Weiteres durchsetzen, ohne dass der Schein der Form der Allgemeinheit zerfällt. Es bedarf, damit der Staat die Seite der Unternehmen vertreten kann, entweder der Gewalt in der Logik der faschistoiden Bewegung, die die Durchsetzung des wirtschaftlichen Interesses mit dem Krieg der Staaten legitimiert und die Gewalt nach innen mit der Notwendigkeit sich gegen die äußere Gewalt wehren zu müssen, erklärt.

440 Beispielhaft sei hier die Entwicklung des „General Agreement on Tariffs and Trade“ (GATT) von 1947 erwähnt, in dem sich Staaten vertraglich auf Regeln des internationalen Handels einigten. Über einige Weiterentwicklungen erwuchs sich GATT schließlich 1995 zur „World Trade Organization“ (WTO), die, beinahe weltumspannend, nicht nur die Aufgabe hat, mit einer eigenen Gerichtsbarkeit den internationalen Handel zu regulieren, sondern sich auch darauf verpflichtet hat, weitere allgemeine Zwecke – wie bspw. menschenwürdige Arbeitsbedingungen oder Zugang zu Essen für alle Menschen – im weltweiten Handel durchzusetzen.

beruhen, die Durchsetzungsfähigkeit gegenüber den Staaten. Diese Schwäche erweist sich als eine Schwäche der Staaten, sich den Entwicklungen der Produktion anzupassen, indem sie ihre Umwelt verändern.

Wir sehen nun in der Europäischen Union nicht bloß einen Ausdruck des Hinausgehens der Staaten über sich selbst, sondern die Selbstaufhebungsbewegung der Staaten samt ihren widersprüchlichen Entwicklungen sich in ihrer ganzen Breite entfalten. An erster Stelle finden wir in ihr die Entwicklung der Verallgemeinerung der zwischenstaatlichen Verhältnisse durch Freihandelsabkommen und ähnliches, die nicht nur am Anfang der Europäischen Union standen, sondern von dort erst ihre weltweite Verbreitung angetreten haben.[441] Die Europäische Union hat ebenfalls eine Vorreiterposition eingenommen hinsichtlich der Entwicklung, die abstrakt-allgemeinen Zwecke der Produktion zu politischen zu machen. Sie hat die Ausrichtung ihrer politischen Maßnahmen an den Erfordernissen der kapitalistischen Produktion sogar zu ihrer erklärten Voraussetzung gemacht.[442] Dass

---

Vgl. Joseph, Sarah: *Blame it on the WTO? A Human Rights Critique*, Oxford: University Press, 2011, S. 8, 32ff.

441 „Die hegemoniale Wirtschaftsverfassung Europas war der erste Schritt auf dem Weg der großen Transformation der Weltgesellschaft." (Brunkhorst, Hauke: Kapitalismus und Demokratie in Europa. Das *Kantian mindset* als existierender Begriff, in: Bornmüller, Falk et al. (Hg.): *Menschenrechte und Demokratie. Georg Lohmann zum 65. Geburtstag*, Freiburg/München: Alber, 2013, S. 333–348, hier S. 340)

442 Vgl. Art. 3 Abs. 3 des Vertrages über die Europäische Union: „Die Union errichtet einen Binnenmarkt. Sie wirkt auf die nachhaltige Entwicklung Europas auf der Grundlage eines ausgewogenen Wirtschaftswachstums und von Preisstabilität, eine in hohem Maße wettbewerbsfähige soziale Marktwirtschaft, die auf Vollbeschäftigung und sozialen Fortschritt abzielt, sowie ein hohes Maß an Umweltschutz und Verbesserung der Umweltqualität hin. Sie fördert den wissenschaftlichen und technischen Fortschritt." Ergänzend dazu vgl. auch Art. 26 des Vertrages über die Arbeitsweise der Europäischen Union, Abs. 1 („Die Union erlässt die erforderlichen Maßnahmen, um nach Maßgabe der einschlägigen Bestimmungen der Verträge den Binnenmarkt zu verwirklichen beziehungsweise dessen Funktionieren zu gewährleisten.") sowie Abs. 2: „Der Binnenmarkt umfasst einen Raum ohne Binnengrenzen, in dem der freie Verkehr von Waren, Personen, Dienstleistungen und Kapital gemäß den Bestimmungen der Verträge gewährleistet ist." Folgerichtig daher Einschätzungen, wonach die Grundlage der Verfasstheit der Europäischen Union die Unterordnung der politischen Entscheidungen unter ökonomische „Zwänge" sei; vgl. bspw. Brunkhorst, Hauke: Kapitalismus und Demokratie in Europa. Das *Kantian mindset* als existierender Begriff, in: Bornmüller, Falk et al.

diese Entwicklung in Europa zuvorderst im Rahmen der Europäischen Union und nicht – wie andernorts – vorrangig innerhalb der einzelnen Nationalstaaten erfolgte, mag seine Begründung in den historischen Besonderheiten Europas haben;[443] hieraus mag sich auch erklären, warum die Europäische Union nicht im Stand der Freihandelsabkommen zwischen den europäischen Nationalstaaten verblieben ist.

Dass die Europäische Union über den Stand bloßer zwischenstaatlicher Abkommen hinausgewachsen ist, aber sich nicht als einheitlicher Staat herstellt, bleibt so ein Widerspruch – ein Widerspruch allerdings, der sich nicht aus der Inkonsequenz oder Schwäche der politisch Handelnden ergibt, sondern Ausdruck der widersprüchlichen Entwicklungen unserer Gegenwart ist.

Die spezifische Rolle der Staaten in der modernen Gesellschaft, also unter Bedingungen kapitalistischer Produktion, ergibt sich aus der Notwendigkeit, dass allgemeine Interessen besonders verfolgt werden müssen, da in der gesellschaftlichen Sphäre der Produktion im engeren Sinne keine allgemeinen, sondern bloß besondere Zwecke verfolgt werden. Die allgemeinen Interessen sind dennoch notwendig, daher bedarf es einer besonderen gesellschaftlichen Anstalt, die sie verfolgt: der Staat. Das Hinauswachsen der Produktion über die Grenzen der Nationalstaaten macht zwar eine Verrechtlichung der weltweiten Verhältnisse der Produktion nötig. Diese Verrechtlichung muss aber nicht zwangsläufig über und im Staat geschehen. Sind wir in der Lage, unsere allgemeinen Interessen in der Produktion selbst hervorzubringen und zu verfolgen, fällt die Notwendigkeit einer besonderen Institution, die diese allgemeinen Interessen gegen uns durchsetzt, weg. Ein weltweites Unternehmen, dessen Beschäftigte die allgemeinen Interessen, die im

(Hg.): *Menschenrechte und Demokratie. Georg Lohmann zum 65. Geburtstag*, Freiburg/München: Alber, 2013, S. 333–348, hier S. 337f. Vgl. auch Hardt, Michael/Negri, Antonio: Empire. Die neue Weltordnung, Frankfurt (Main): Campus, 2002, S. 101: „Die moderne europäische Souveränität ist eine kapitalistische Souveränität, eine Form der Befehlsgewalt, welche die Beziehung zwischen Individualität und Universalität als Funktion der Kapitalentwicklung überdeterminiert."

443 Die Reduktion des Nationalstaates auf die Funktion der Durchsetzung der abstrakt-allgemeinen Zwecke der Produktion war insbesondere in Europa aufgrund einer langen Geschichte des Sozialstaats, starken Gewerkschaften usw. schwierig. Die Kräfteverhältnisse innerhalb der Nationalstaaten waren dafür entsprechend ungünstig; die Verschiebung dieser Reduktion auf die EU hat dabei das Kräfteverhältnis verschoben.

Zusammenhang mit der Produktion dieses Unternehmens stehen, selbst hervorbringen und durchsetzen,[444] erfüllt die Notwendigkeit der Verrechtlichung im Sinne einer Verobjektivierung der Verhältnisse unserer weltweiten Produktion bereits, bringt diese Verrechtlichung allerdings bloß als materielle, nicht als formelle hervor. Die Verobjektivierung unserer Freiheit in einem Unternehmen ist daher noch kein Fortschritt gegenüber der Stufe der Verobjektivierung, die sie im Staat erhält; Unternehmen sind in aller Regel Eigentum Einzelner und schließen so eine Mehrzahl der Menschen schon formell aus der gemeinsamen Entwicklung der Freiheit aus. Bislang ist die Verfolgung unserer allgemeinen Interessen in weltweiten Unternehmen bloß eingeschränkt möglich, solange Einzelne die Verfügungsgewalt über diese Unternehmen besitzen. Allerdings zeigt die Hervorbringung der allgemeinen Zwecke in der Sphäre des Besonderen, dass es nicht notwendigerweise eine besondere Institution braucht, die in der gesamtgesellschaftlichen Organisation der Produktion die allgemeinen Zwecke hervorbringt und sich zu einer besonderen Gewalt gegen die besonderen Interessen erhebt. Es braucht also, um die Seite der Allgemeinheit in unseren gesellschaftlichen Verhältnissen zu beachten, nicht den Staat als besondere Gewalt der Allgemeinheit. Während sich diese Wahrheit noch zur Wirklichkeit zu entwickeln hat und ihre Durchsetzung im Widerspruch zu den heute bestehenden Einzelstaaten erfolgen wird, zeichnet sie sich in der Entwicklung der Europäischen Union bereits ab; die Notwendigkeit, dass die Europäische Union sich zu einem Staat entwickle, damit sie die Interessen der Allgemeinheit durchsetze, ist durch die Entwicklungen unserer Fähigkeiten nicht mehr gegeben. Die Widersprüchlichkeit, mit der sich die Entwicklung der Europäischen Union vollzieht, zeigt allerdings auch auf, dass die Weise der Organisation unserer gesellschaftlichen Verhältnisse die Durchsetzung der Seite der Allgemeinheit durch eine besondere Gewalt noch nötig macht. Und angesichts einer über die Grenzen der Einzelstaaten hinausdrängenden Produktion muss sich diese besondere Gewalt über diesen Staaten organisieren. Die Europäische Union ist Ausdruck beider Bewegungen; in ihr organisiert sich zum einen die besondere Gewalt, die die allgemeinen Interessen gegen die besonderen durchsetzt, zum anderen ist sie Ausdruck der Selbstaufhebungsbewegung dieser besonderen

---

444 Vgl. das schon in Fn. 436 gegebene Beispiel.

Gewalt. Dass die Europäische Union kein Staat ist, bleibt also solange ein Mangel, als unsere Produktion nicht in einer Weise organisiert ist, die im Besonderen hervorgebrachten allgemeinen Interessen zu verfolgen. In diesem Mangel der Europäischen Union und ihrer Widersprüchlichkeit sehen wir allerdings die Notwendigkeit, dass die Seite der Allgemeinheit in der Produktion durch die besondere Gewalt des Staates vertreten werde, im Schwinden begriffen.

V. Schlussfolgerungen

Wir sind nun in der Lage, die einleitend vorgestellten Thesen bestimmter zu fassen und Schlussfolgerungen daraus zu ziehen:

1. Wir haben gesehen, dass in Hegels *Rechtsphilosophie* beträchtliche Widersprüche in der Darstellung der überstaatlichen Zusammenhänge bestehen. Anhand der Analogie zwischen den Einzelpersonen im abstrakten Recht und den Einzelstaaten im Äußeren Staatsrecht haben wir festgestellt, dass bei Hegel auch zwischen den Staaten ein abstraktes Recht besteht, das sich aber nicht zur Wirklichkeit entwickelt, und anhand der Analogie zwischen den Individuen in der bürgerlichen Gesellschaft und den individuellen Staaten im Zusammenhang der weltweiten Produktion haben wir gesehen, dass Hegel das gemeinsame Interesse der Individuen sich das eine Mal zur Selbstständigkeit im Staat erwachsen lässt, die analoge Entwicklung zwischen den Staaten aber verneint. Die widersprüchliche und über den Zeitverlauf veränderte Verwendung des Bildes vom Naturzustand lässt vermuten, dass Hegel selbst auf argumentative Lücken seiner Konzeption gestoßen ist. Das Verharren der Staaten im Sollen, das Hegel an anderer Stelle vehement kritisiert, und die fehlende Aufhebung der Seite des abstrakten Rechts und der Moralität zur Sittlichkeit zwischen den Staaten haben sich uns jedenfalls als strukturelle Schwächen in Hegels Konzeption der *Rechtsphilosophie* dargestellt. Aus der Dynamik dieser fünf widersprüchlichen Momente ergab sich uns die Schlussfolgerung, dass Hegels *Rechtsphilosophie* aus ihrer eigenen Dynamik auf überstaatliche Zusammenhänge hinausläuft. Hegels Behandlung der Heiligen Allianz, die er richtigerweise nicht als Beispiel für eine Aufhebung der Einzelstaaten begreift, steht dem nicht entgegen, sondern zeigt allenfalls, dass eine über den Staaten sich erhebende Institution sich zu einer Einheit bringen muss, um wirklich zu sein. Auch Hegels Festhalten an der Notwendigkeit des Krieges steht der Schlussfolgerung, dass sich aus der Bewegung der Wirklichkeit solche überstaatliche Institutionen zu einer Einheit entwickeln, nicht entgegen; der Krieg ist notwendig, um zur Negation der Einzelstaaten zu gelangen – wie die Negation der einzelnen

Individuen aber nicht durch deren Tod im gegenseitigen Kampf hervorgebracht wird, sondern sich aus diesem Gegeneinander der Staat erhebt, der die Individuen herabsetzt, könnte auch eine überstaatliche Institution die Einzelstaaten herabsetzen und darin negieren. Dass diese überstaatliche Institution aber nicht ein Einzelstaat ist, sondern sich als Gattung zu einer Einheit über den Einzelstaaten entwickelt, zeigt Hegel selbst auf; diese Gattung als Fortgang in der Entwicklung der Freiheit kann aber nicht die Weltgeschichte sein, sondern müssen die Staaten selbstständig hervorbringen, indem sie sich in einer aus ihnen hervorgehenden und über ihnen stehenden Einheit aufheben. Obwohl also ein Begriff überstaatlicher Zusammenhänge mit der Hegelschen Philosophie nicht nur vereinbar ist, sondern sie aus sich selbst dazu treibt, verneint Hegel explizit, dass solche Zusammenhänge in der Wirklichkeit oder im Begriff sein könnten. Hegels Beharren auf der Einzelstaatlichkeit und der Ausschluss überstaatlicher Zusammenhänge aus der *Rechtsphilosophie* widerspricht daher seiner eigenen philosophischen Konzeption.

2. Diese Selbstwidersprüchlichkeit in der Philosophie Hegels ergibt sich jedoch, wie wir im Weiteren gesehen haben, mit Notwendigkeit aus ihr selbst, da es ihr Anspruch ist, die Entwicklung der Wirklichkeit auf den Begriff zu bringen – und die Entwicklung der Wirklichkeit selbst in Widersprüchen verläuft, deren Dynamik immer wieder über den bestimmten Standpunkt, von welchem aus sie auf einen Begriff gebracht wird, hinaustreibt. Hegels Philosophie hat eine über sich selbst hinaustreibende Dynamik, die selbst Ausdruck der immer wieder über sich selbst hinaustreibenden Entwicklung der Wirklichkeit der menschlichen Gesellschaft ist. Insofern wir in der Wirklichkeit das Hinauswachsen der Staaten über sich selbst beobachten können und die Dynamik der Hegelschen *Rechtsphilosophie* in sich über die Einzelstaaten hinaustreibt, bleiben wir daher Hegels Methode und Haltung getreu, wenn wir seinen Ausschluss solcher überstaatlicher Zusammenhänge als eine von seinem bestimmten geschichtlichen Standpunkt der Entwicklungsstufe der Wirklichkeit entsprechende Schlussfolgerung begreifen und uns im Versuch, unsere Gegenwart zu begreifen, nicht an diesem bestimmten Standpunkt, sondern an Hegels Haltung orientieren und so das Herausbilden überstaatlicher Zusammenhänge in unserer Gegenwart begreifen können.
3. Vor dem Hintergrund der Hegelschen Philosophie, in der Methode an sie angelehnt, haben wir sodann die Entwicklungen unserer Gegenwart betrachtet. Dabei haben wir allerdings gegenüber Hegel eine bedeutsame

Veränderung vornehmen müssen und zum Verständnis der Entwicklungen unserer Gegenwart in erster Linie auf die Entwicklung unserer Produktion abgestellt. Dabei haben wir gesehen, dass den auf der Ebene der Erscheinungen zu beobachtenden Bewegungen eine Entwicklung unserer produktiven Fähigkeiten zugrundeliegt, die es uns ermöglicht, die unter den gegenwärtigen Verhältnissen – also den Voraussetzungen kapitalistischer Produktionsweise – notwendige Trennung der Seiten der Besonderheit und der Allgemeinheit unserer Produktion aufzuheben. Mit der Aufhebung dieser Trennung hebt sich allerdings auch der Staat, die verselbstständigte und zu einer Gewalt gegen die übrige Gesellschaft erwachsene Seite der Allgemeinheit, selbst auf. Hat sich diese Aufhebung auch noch nicht als wirkliche durchgesetzt, sehen wir in den Entwicklungen unserer Gegenwart sich doch diese Aufhebungsbewegung abzeichnen. Auch und insbesondere die Entstehung der Europäischen Union ist ein Ausdruck dieser Aufhebungsbewegung. Sie ist nicht bloß ein zeitlich frühes Beispiel der Verobjektivierung dieser Bewegung in Form rechtlicher Strukturen, sondern in der Europäischen Union zeichnen sich auch die vielen Seiten dieser Aufhebungsbewegung in ihrer Breite und Widersprüchlichkeit ab. Daran haben wir gesehen, dass die Entwicklungen in der Gegenwart im Allgemeinen und das Werden der Europäischen Union im Besonderen sich vor dem Hintergrund der Hegelschen Philosophie begreifen lassen, sofern wir ihrer Haltung, die Entwicklungen der Wirklichkeit auf den Begriff zu bringen, getreu bleiben und darin über ihren bestimmten geschichtlichen Standpunkt und damit schließlich über sie selbst hinausgehen.

Versuchen wir heute die Bewegung der Selbstaufhebung zu begreifen, so machen wir uns daran, etwas zu begreifen, was sich in der Wirklichkeit noch nicht zu seiner fertigen Gestalt gebracht, sich noch nicht völlig verwirklicht hat, und noch mit den Zufälligkeiten und Widersprüchlichkeiten behaftet ist, die jede neue Gestalt der Wirklichkeit in ihrer Entwicklung begleiten. Der Begriff des Rechts kann in seiner Entwicklung schon darstellen, was sich in der Wirklichkeit erst undeutlich abzeichnet,[445] und im Begriff kann Widersprüchliches aufge-

---

445 Hegel selbst führt dafür das Beispiel der Sklaverei an; vgl. Hösle, Vittorio: Das abstrakte Recht, in Jermann, Christoph (Hg.): *Anspruch und Leistung von Hegels Rechtsphilosophie*, Stuttgart: frommann-holzboog, 1987, S. 55–100, hier S. 76.

hoben sein, was in der Wirklichkeit noch unmittelbar widersprüchlich ist. Die Widersprüche in der Entwicklung unserer gesellschaftlichen Verhältnisse sind aber wirkliche – und wenn auch ihre Aufhebungsbewegung begrifflich nachvollzogen werden kann, ist nicht vorbestimmt, in welche Richtung sie sich wirklich entwickeln und in welcher Weise die in dieser Entwicklung wirkenden Widersprüche aufgehoben werden. Die Entwicklungen unserer Gegenwart zeigen uns, dass es möglich und notwendig ist, die Unterordnung der konkreten Zwecke der Produktion unter die abstrakt allgemeinen aufzuheben und unsere gesellschaftlichen Verhältnisse in einer Weise zu organisieren, in denen die konkret-allgemeinen Zwecke im Besonderen hervorgebracht werden; vollziehen wir sie nach, können wir darin die Aufhebungsbewegung in ihrer gesamten Widersprüchlichkeit begreifen. Begrifflich allerdings können wir allein nachvollziehen, in welcher Weise diese Widersprüche aufgehoben werden und uns darin nachträglich ihr Resultat begreiflich machen, uns mit ihm versöhnen – wollen wir jedoch dieses Resultat beeinflussen, können wir nur die Aufhebungsbewegung selbst wirklich machen.

Literaturnachweise

Adorno, Theodor W.: *Drei Studien zu Hegel*, Frankfurt (Main): Suhrkamp, 1963.

ders.: *Negative Dialektik*, Frankfurt (Main): Suhrkamp, 1966.

Angehrn, Emil: *Freiheit und System bei Hegel*, Berlin/New York: de Gruyter, 1977.

ders.: Die Ambivalenz der Moderne. Staat und Gesellschaft in Hegels Rechtsphilosophie, in: Kimmerle, Heinz et al. (Hg.): *Hegel-Jahrbuch 1988*, Bochum: Germinal, 1989, S. 170–180.

Anonym: *Briefe eines Abgeordneten bey dem Congresse zu Rastadt.* Bd. 1, Erscheinungsort und Verlag unbekannt, 1798, S. 46.

AutorInnenkollektiv: *Penser l'Europe à ses frontières*, ohne Ort: de l'Aube, 1993, S. 62.

Avineri, Shlomo: *Hegel's Theory of the Modern State*, Cambridge: University Press, 1972.

Badiou, Alain: Note sur l'Europa, in: AutorInnenkollektiv (Hg.): *Penser l'Europe à ses frontières*, ohne Ort: de l'Aube, 1993, S. 88–90.

Balibar, Étienne: Quelles frontières de l'Europe?, in: AutorInnenkollektiv (Hg.): *Penser l'Europe à ses frontières*, ohne Ort: de l'Aube, 1993, S. 90–100.

Becker, Peter: Zwischen Zuchtmeister und Zahlmeister – Deutsche Europapolitik und die europäischen Finanzverhandlungen, in: Böttger, Katrin/Jopp, Mathias (Hg.): *Handbuch zur deutschen Europapolitik*, Baden-Baden: Nomos, 2016, S. 217–230.

Becker-Döring, Claudia: *Die Außenbeziehungen der Europäischen Gemeinschaft für Kohle und Stahl von 1952–1960: Die Anfänge einer europäischen Außenpolitik?*, Stuttgart: Steiner, 2003.

Beichelt, Timm: Bundesregierung: Entscheidungsprozesse und europapolitische Koordinierung, in: Böttger, Katrin/Jopp, Mathias (Hg.): *Handbuch zur deutschen Europapolitik*, Baden-Baden: Nomos, 2016, S. 93–104.

Berend, Ivan T.: *An Economic History of Twentieth-Century Europe. Economic Regimes from Laissez-Faire to Globalization*, Cambridge: University Press, 2006.

Bergmann, Jan: Europäischer „unvollendeter" Bundesstaat, in ders. (Hg.): *Handlexikon der Europäischen Union*, Baden-Baden: Nomos, 5. A. 2015.

Bertelsmann-Stiftung (Hg.): *20 Jahre Binnenmarkt. Wachstumseffekte der zunehmenden europäischen Integration*, Gütersloh: Selbstverlag, 2014

Bieber, Roland/Epiney, Astrid et al.: *Die Europäische Union. Europarecht und Politik*, Baden-Baden: Nomos, 12. A. 2016.

Bockenheimer, Eva: *Hegels Familien- und Geschlechtertheorie*, Hamburg: Meiner, 2013.

dies.: „[...] wie halten wir es nun mit der Hegelschen Dialektik?" – Marx' Hegel-Kritik, in Arndt, Andreas et al. (Hg.): *Hegel-Jahrbuch 2015*, Berlin et al.: de Gruyter, 2015, S. 204–216.

Böttger, Katrin/Jopp, Mathias: Grundlinien deutscher Europapolitik, in: dies. (Hg.): *Handbuch zur deutschen Europapolitik*, Baden-Baden: Nomos, 2016, S. 13–28.

Bourgeois, Bernard: Der Begriff des Staates, in: Siep, Ludwig (Hg.): G.W.F. Hegel: *Grundlinien der Philosophie des Rechts*, Berlin/Boston: de Gruyter, 4. A. 2017, S. 225–246.

Brunkhorst, Hauke: Kapitalismus und Demokratie in Europa. Das *Kantian mindset* als existierender Begriff, in: Bornmüller, Falk et al. (Hg.): *Menschenrechte und Demokratie. Georg Lohmann zum 65. Geburtstag*, Freiburg/München: Alber, 2013, S. 333–348.

Bruns, Johannes: Selbst- und Fremdbestimmung der Geschichte bei Kant und Hegel, in Arndt, Andreas et al. (Hg.): *Hegel-Jahrbuch 2017*, Berlin et al.: de Gruyter, 2018, S. 418–423.

Bülck, Hartwig: Bandbreite Europa, in: Forsthoff, Ernst/Hörstel, Reinhard (Hg.): *Standorte im Zeitstrom. Festschrift für Arnold Gehlen zum 70. Geburtstag*, Frankfurt (Main): Athenäum, 1974, S. 1–26.

Bulgan, Birden Güngören: Hegels Kritik am „Ewigen Frieden" von Kant und ein Vergleich ihrer Völkerrechtstheorien, in Arndt, Andreas et al. (Hg.): *Hegel-Jahrbuch 2017*, Berlin et al.: de Gruyter, 2018, S. 307–312.

Bundesverband Mittelständische Wirtschaft: *Der Mittelstand ist Garant für Stabilität und Fortschritt*, online abrufbar: https://www.bvmw.de/themen/mittelstand/zahlen-fakten/, abgerufen am 01. November 2018; zitiert als: Bundesverband Mittelständische Wirtschaft: *Online-Selbstdarstellung.*

Cavallar, Georg: Kant's Society of Nations: Free Federation or World Republic?, in: Journal of the History of Philosophy 32, Jg. 1994, S. 461–482.

Colliot-Thélène, Catherine: Réalisme politique et normalisme dans la Philosophie du Droit de Hegel, in: Kimmerle, Heinz et al. (Hg.): *Hegel-Jahrbuch 1988*, Bochum : Germinal, 1989, S. 191–198.

Crouch, Colin: *Postdemokratie*, Frankfurt (Main): Suhrkamp, 2008.

Dreger, Christian: Der wirtschaftliche Nutzen Europas für Deutschland, in: Böttger, Katrin/Jopp, Mathias (Hg.): *Handbuch zur deutschen Europapolitik*, Baden-Baden: Nomos, 2016, S. 77–90.

Ehlers, Dirk: Verhältnis des Unionsrechts zu dem Recht der Mitgliedstaaten, in: Schulz, Reiner et al. (Hg.): *Europarecht. Handbuch für die deutsche Rechtspraxis*, Baden-Baden: Nomos, 3. A. 2015, S. 491–522.

Engels, Friedrich: *Die Entwicklung des Sozialismus von der Utopie zur Wissenschaft, in: Werke, Bd. 19*, Berlin: Dietz, 1962, S. 177–228; zitiert als MEW 19.

ders.: *Ludwig Feuerbach und der Ausgang der klassischen deutschen Philosophie*, in: Marx-Engels-Werke, Bd. 21, Berlin: Dietz, 1962, S. 259–307; zitiert als MEW 21.

Epiney, Astrid: Zur Abgrenzung der Kompetenzen zwischen EU und Mitgliedstaaten, in: Busek, Eberhard: *Kontinuitäten und Brüche*, Wien: Österreich, 2004, S. 372–392.

Erzsébet, Rózsa: ‚Versöhnlichkeit' als europäisches Prinzip. Zu Hegels Versöhnungskonzeption in der Berliner Zeit, in: Quante, Michael/Erzsébet, Rózsa (Hg.): *Vermittlung und Versöhnung. Die Aktualität von Hegels Denken für ein zusammenwachsendes Europa*, Münster: LIT, 2001, S. 21–52.

Europäische Kommission: Pressemitteilung vom 17. Mai 2018, online abrufbar: https://ec.europa.eu/germany/news/20180517-luftverschmutzung-klage_de; abgerufen am 16. Oktober 2018.

Europäischer Gerichtshof: *Urteil vom 17. Dezember 1970*, Rechtssache 11/70, in: Sammlungen der Rechtsprechung des EuGH, 1970, S. 1126–1141.

ders.: *Urteil vom 14. März 2000*, Rechtssache 54/99, in: Sammlungen der Rechtsprechung des EuGH, 2000, S. 1353–1364.

Eurostat: *Intra-EU trade in goods - recent trends*, Online-Quelle, 2018: https://ec.europa.eu/eurostat/statistics-explained/index.php/Intra-EU_trade_in_goods_-_recent_trends#Evolution_of_intra-EU_trade_in_goods:_2002-2018; abgerufen am 16. Oktober 2018.

Fetscher, Iring: Vier Thesen zur Geschichtsauffassung bei Hegel und Marx, in: Gadamer, Hans-Georg: *Stuttgarter Hegel-Tage 1970*, Bonn: Bouvier, 1974, S. 471–495.

Folz, Hans-Peter: Die Kompetenzverteilung zwischen der Europäischen Union und ihren Mitgliedstaaten nach föderalen Maßstäben, in: Gamper, Anna et al. (Hg.): *Föderale Kompetenzverteilung in Europa*, Baden-Baden: Nomos, 2016, S. 643–662.

Frenz, Walter: *Europarecht*, Heidelberg/Berlin: Springer, 2016.

Geisthövel, Alexa: *Restauration und Vormärz 1815–1847*, Paderborn et al.: Schöningh, 2008.

Gerardi, Giovanni Die Hegelsche Theorie des Völkerrechts, in Arndt, Andreas/Gerhard, Myriam et al.: *Hegel-Jahrbuch 2014*, Berlin et al.: de Gruyter, 2014, S. 340–345.

ders.: Hegels Kritik am kantischen Kosmopolitismus, in Arndt, Andreas et al. (Hg.): *Hegel-Jahrbuch 2017*, Berlin et al.: de Gruyter, 2018, S. 323–328.

Gerhardt, Volker: Eine kritische Theorie der Politik. Über Kants Entwurf „Zum ewigen Frieden", in Kodalle, Klaus-M.: *Der Vernunftfrieden. Kants Entwurf im Widerstreit*, Würzburg: Königshausen & Neumann, 1996, S. 5–20.

Gosepath, Stefan: Einhegung des Marktes, in: Bornmüller, Falk et al. (Hg.): *Menschenrechte und Demokratie. Georg Lohmann zum 65. Geburtstag*, Freiburg/München: Alber, 2013, S. 349–370.

Grimm, Dieter: *Die Zukunft der Verfassung*, Frankfurt (Main): Suhrkamp, 1991.

Hakenberg, Waltraud: *Europarecht*, München: Vahlen, 8. A. 2018.

Halbig, Christoph: Wahrheitstheorie und Geschichtsphilosophie bei Hegel, in: Quante, Michael/Erzsébet, Rózsa (Hg.): *Vermittlung und Versöhnung. Die Aktualität von Hegels Denken für ein zusammenwachsendes Europa*, Münster: LIT, 2001, S. 105–125.

Hardt, Michael/Negri, Antonio: *Empire. Die neue Weltordnung*, Frankfurt (Main): Campus, 2002, S. 101.

Hegel, Georg Wilhelm Friedrich: *Jenaer Kritische Schriften*, hg. von Hartmut Buchner und Otto Pöggeler, in: Gesammelte Werke, Bd. 4, Hamburg: Meiner, 1968; zitiert als: *Glauben und Wissen*, *Naturrechtsaufsatz* bzw. GW 4.

ders.: *Phänomenologie des Geistes*, hg. von Wolfgang Bonsiepen und Reinhard Heede, in: Gesammelte Werke, Bd. 9, Hamburg: Meiner, 1980; zitiert als: *Phänomenologie* bzw. GW 9.

ders.: *Wissenschaft der Logik. Erster Band, Die objektive Logik (1812/13)*, hg. von Friedrich Hogemann und Walter Jaeschke, in: Gesammelte Werke, Bd. 11, Hamburg: Meiner, 1978; zitiert als: GW 11.

ders.: *Wissenschaft der Logik. Zweiter Band, Die subjektive Logik (1816)*, hg. von Friedrich Hogemann und Walter Jaeschke, in: Gesammelte Werke, Bd. 12, Hamburg: Meiner, 1981; zitiert als: *Wissenschaft der Logik. Lehre vom Begriff* bzw. GW 12.

ders.: *Enzyklopädie der philosophischen Wissenschaften im Grundrisse. (1817)*, hg. von Wolfgang Bonsiepen und Klaus Grotsch, in: Gesammelte Werke, Bd. 13, Hamburg: Meiner, 2000; zitiert als: GW 13.

ders.: *Grundlinien der Philosophie des Rechts. Naturrecht und Staatswissenschaft im Grundrisse. Grundlinien der Philosophie des Rechts*, hg. von Klaus Grotsch und Elisabeth Weisser-Lohmann, in: Gesammelte Werke, Bd. 14,1, Hamburg: Meiner, 2009; zitiert als: *Grundlinien*, *Rechtsphilosophie* bzw. GW 14.1.

ders.: *Grundlinien der Philosophie des Rechts. Beilagen*, hg. von Klaus Grotsch und Elisabeth Weisser-Lohmann, in: Gesammelte Werke, Bd. 14,2, Hamburg: Meiner, 2010; zitiert als: GW 14.2.

ders.: *Grundlinien der Philosophie des Rechts. Anhang*, hg. von Klaus Grotsch und Elisabeth Weisser-Lohmann, in: Gesammelte Werke, Bd. 14,3, Hamburg: Meiner, 2011.

ders.: *Enzyklopädie der philosophischen Wissenschaften im Grundrisse. (1827)*, hg. von Wolfgang Bonsiepen und Hans-Christian Lucas, in: Gesammelte Werke, Bd. 19, Hamburg: Meiner, 1989; zitiert als: GW 19.

ders.: *Enzyklopädie der philosophischen Wissenschaften im Grundrisse. (1830)*, hg. von Wolfgang Bonsiepen und Hans-Christian Lucas, in: Gesammelte Werke, Bd. 20, Hamburg: Meiner, 1992; zitiert als: GW 20.

ders.: *Wissenschaft der Logik. Erster Teil, Die Objektive Logik. Erster Band: Die Lehre vom Sein (1832)*, hg. von Friedrich Hogemann und Walter Jaeschke, in: Gesammelte Werke, Bd. 21, Hamburg: Meiner, 1985; zitiert als: GW 21.

ders.: *Vorlesungen über die Philosophie des Rechts. Nachschriften zu den Kollegen der Jahre 1817/18 und 1819/20*, hg. von Dirk Felgenhauer, in: Gesammelte Werke, Bd. 26,1, Hamburg: Meiner, 2013; zitiert als: GW 26.1.

ders.: *Vorlesungen über die Philosophie des Rechts. Nachschriften zu den Kollegen der Jahre 1821/22 und 1822/23*, hg. von Klaus Grotsch, in: Gesammelte Werke, Bd. 26,2, Hamburg: Meiner, 2015; zitiert als: GW 26.2.

ders.: *Vorlesungen über die Philosophie des Rechts. Nachschriften zu den Kollegen der Jahre 1824/25 und 1831*, hg. von Klaus Grotsch, in: Gesammelte Werke, Bd. 26,3, Hamburg: Meiner, 2015; zitiert als: GW 26.3.

ders.: *Vorlesungen über die Philosophie der Weltgeschichte. Nachschriften zu dem Kolleg des Wintersemester 1822/23*, hg. von Bernadette Collenberg-Plotnikov, in: Gesammelte Werke, Bd. 27,1, Hamburg: Meiner, 2015; zitiert als: GW 27.1.

ders.: *Grundlinien der Philosophie des Rechts oder Naturrecht und Staatswissenschaft im Grundrisse. Mit Hegels eigenhändigen Notizen und den mündlichen Zusätzen*, hg. von Eva Moldenhauser und Karl Markus Michel, in: Werke, Bd. 10, Frankfurt (Main): Suhrkamp, 1970; zitiert als: TWA 10.

ders.: *Enzyklopädie der philosophischen Wissenschaften im Grundrisse (1830). Dritter Teil: Die Philosophie des Geistes. Mit den mündlichen Zusätzen*, hg. von Eva Moldenhauser und Karl Markus Michel, in: Werke, Bd. 7, Frankfurt (Main): Suhrkamp, 1970; zitiert als: TWA 7.

ders.: *Berliner Schriften 1818–1831*, hg. von Eva Moldenhauser und Karl Markus Michel, in: Werke, Bd. 11, Frankfurt (Main): Suhrkamp, 1970; zitiert als: TWA 11.

ders.: *Vorlesungen über die Philosophie der Geschichte*, hg. von Eva Moldenhauser und Karl Markus Michel, in: Werke, Bd. 12, Frankfurt (Main): Suhrkamp, 1970; zitiert als: TWA 12.

ders.: *Vorlesungen über die Geschichte der Philosophie I*, hg. von Eva Moldenhauser und Karl Markus Michel, in: Werke, Bd. 18, Frankfurt (Main): Suhrkamp, 1971; zitiert als: TWA 18.

ders./Gans, Eduard (Hg.): *Grundlinien der Philosophie des Rechts oder Naturrecht und Staatswissenschaft im Grundrisse*, Berlin: Duncker und Humblot, 1833; zitiert als: Gans: *Grundlinien.*

Henrich, Dieter (Hg.): *Hegels Wissenschaft der Logik. Formation und Rekonstruktion*, Stuttgart: Klett-Cotta, 1986.

Herdegen, Matthias: *Europarecht*, München: Beck, 19. A. 2017.

Herzog, Lisa: Hegel als Denker des Marktes, in: Siep, Ludwig (Hg.): G.W.F. Hegel: *Grundlinien der Philosophie des Rechts*, Berlin/Boston: de Gruyter, 4. A. 2017, S. 209–224.

Hobbes, Thomas: *De Cive*, in: Opera Philosophica, Bd. 2, Aalen: Scientia, S. 157–432.

Hobe, Stephan: *Europarecht*, München: Vahlen, 9. A 2017

Hobson, John A.: *Imperialism. A Study*, New York: Pott & Co., 1902.

Hölscher, Lucian: Hegel und die Zukunft, in: Bubner, Rüdiger/Mesch,Walter: *Die Weltgeschichte–das Weltgericht?*, Stuttgart: Klett-Cotta, 2001, S. 323–333.

Holz, Hans H.: *Zum Spiegelcharakter der Rechtsordnung*, in: Archiv für Rechts- und Sozialphilosophie, Jg. 1951, S. 556–565.

Horne, John: War and Conflict in Contemporary European History, 1914–2004, in: *Zeithistorische Forschungen/Studies in Contemporary History*, 3/2004, S. 347–362.

Hösle, Vittorio: Die Stellung von Hegels Philosophie des objektiven Geistes in seinem System und ihre Aporie, in Jermann, Christoph (Hg.): *Anspruch und Leistung von Hegels Rechtsphilosophie*, Stuttgart: frommann-holzboog, 1987, S. 11–54.

ders.: Das abstrakte Recht, in Jermann, Christoph (Hg.): *Anspruch und Leistung von Hegels Rechtsphilosophie*, Stuttgart: frommann-holzboog, 1987, S. 55–100.

ders.: Der Staat, in Jermann, Christoph (Hg.): *Anspruch und Leistung von Hegels Rechtsphilosophie*, Stuttgart: frommann-holzboog, 1987, S. 183–226.

Hook, Sidney: Hegel Rehabilitated?, in: Kaufmann, Walter (Hg.): *Hegel's Political Philosophy*, New York: Atherton, 1970, S. 55–70.

Horstmann, Rolf-Peter: Der geheime Kantianismus in Hegels Geschichtsphilosophie, in: Henrich, Dieter/Horstmann, Rolf Peter (Hg.): *Hegels Philosophie des Rechts*, Stuttgart: Klett-Cotta, 1982, S. 56–71.

ders.: Hegels Theorie der bürgerlichen Gesellschaft, in: Siep, Ludwig (Hg.): G.W.F. Hegel: *Grundlinien der Philosophie des Rechts*, Berlin/Boston: de Gruyter, 4. A. 2017.

Hudson, Stephen: The Rational Content of Patriotism in the Philosophy of Right, in Arndt, Andreas et al. (Hg.): *Hegel-Jahrbuch 2017*, Berlin et al.: de Gruyter, 2018, S. 335–340.

Innerarity, Daniel: Hegels Idee von Europa, in *Zeitschrift für philosophische Forschung*. Bd. 46, Jg. 1992, S. 381–394.

Jaeschke, Walter: *Hegel-Handbuch*, Stuttgart: Metzler, 2010.

James, Daniel/Knappik, Franz:. Exploring the Metaphysics of Hegel's Racism: The Teleology of the 'Concept' and the Taxonomy of Races, in *Hegel Bulletin*, Bd. 44 (1), S. 1–28.

Jellinek, Georg: *Allgemeine Staatslehre*, Berlin: Häring, 3. A. 1914

Jermann, Christoph: Die Moralität, in ders. (Hg.): *Anspruch und Leistung von Hegels Rechtsphilosophie*, Stuttgart: frommann-holzboog, 1987, S. 101–144.

ders.: Die Familie, Die bürgerliche Gesellschaft, in ders. (Hg.): *Anspruch und Leistung von Hegels Rechtsphilosophie*, Stuttgart: frommann-holzboog, 1987, S. 145–182.

Joseph, Sarah: *Blame it on the WTO? A Human Rights Critique*, Oxford: University Press, 2011.

Kant, Immanuel: *Grundlegung zur Metaphysik der Sitten*, in: Werke, Bd. 7, Frankfurt (Main): Suhrkamp, 1974, S. 7–102; zitiert als: *Grundlegung zur Metaphysik der Sitten.*

ders.: *Idee zu einer allgemeinen Geschichte in weltbürgerlicher Absicht*, in: Werke, Bd. 11, Frankfurt (Main): Suhrkamp, 1977, S. 83–102; zitiert als: *Idee zu einer allgemeinen Geschichte in weltbürgerlicher Absicht.*

ders.: *Mutmaßlicher Anfang der Menschheitsgeschichte*, in: Werke, Bd. 11, Frankfurt (Main): Suhrkamp, 1977, S. 83–102; zitiert als: *Mutmaßlicher Anfang der Menschheitsgeschichte.*

ders.: *Über den Gemeinspruch: Das mag in der Theorie richtig sein, taugt aber nicht für die Praxis*, in: Werke, Bd. 11, Frankfurt (Main): Suhrkamp, 1977, S. 125–172; zitiert als: *Gemeinspruch.*

ders.: *Zum ewigen Frieden. Ein philosophischer Entwurf*, in: Werke, Bd. 11, Frankfurt (Main): Suhrkamp, 1977, S. 191–251; zitiert als: *Zum ewigen Frieden.*

Klenner, Hermann: Hegels Rechtsphilosophie: Zeitgeist oder Weltgeist?, in: Henrich, Dieter/Horstmann, Rolf Peter (Hg.): *Hegels Philosophie des Rechts*, Stuttgart: Klett-Cotta, 1982, S. 206–222.

Kloepfer, Michael/Greve, Holger: *Staatsrecht kompakt*, Baden-Baden: Nomos, 2. A., 2016.

Kohler, Josef: *Fichte's Naturrecht*, in: Archiv für Rechts- und Wirtschaftsphilosophie, Jg. 1909/10, S. 172–182.

Koschorke, Albrecht: *Hegel und wir*, Berlin: Suhrkamp, 2015.

Krawietz, Werner: Glokalisierung der Rechtskommunikation? Zum Globalisierungsdiskurs in der modernen Rechts- und Gesellschaftstheorie, in: ders./Sproede, Alfred (Hg.): *Gewohnheitsrecht–Rechtsprinzipien – Rechtsbewußtsein. Transformationen der Rechtskultur in West- und Osteuropa*, Berlin: Duncker & Humblot, 2004, S. XVII–XXI.

Ley, Hermann: Zur Rekonstruktion der Hegelschen Logik, in: Henrich, Dieter (Hg.): *Hegels Wissenschaft der Logik. Formation und Rekonstruktion*, Stuttgart: Klett-Cotta, 1986, S. 77–93.

Lopez Calera, Nicolás María: Espirítu objetivo: Historicidad y filosofía del derecho, in: Anonym (Hg.): *Hegel, L'Esprit Objectif, L'Unité de l'Histoire*, Lille: Giard, 1970, S. 215–219.

Lucas, Hans-Christian: „Es giebt keinen Prätor zwischen Staaten." Zu Hegels Kritik an Kants Konzeption, in Kodalle, Klaus-M.: *Der Vernunftfrieden. Kants Entwurf im Widerstreit*, Würzburg: Königshausen & Neumann, 1996, S. 53–60.

Lübbe-Wolf, Getrude: Über das Fehlen von Grundrechten in Hegels Rechtsphilosphie. Zugleich ein Beitrag zum Verständnis der historischen Grundlagen des Hegelschen Staatsbegriffs, in Lucas, Hans-Christian/Pöggeler, Otto (Hg.): *Hegels Rechtsphilosophie im Zusammenhang der europäischen Verfassungsgeschichte*, Stuttgart: frommann-holzboog, 1986, S. 421–446.

Marcuse, Herbert: *Vernunft und Revolution. Hegel und die Entstehung der Gesellschaftstheorie*, Neuwied: Luchterhand, 1962.

Marmasse, Gilles: Die List in der Geschichte bei Kant und Hegel, in Arndt, Andreas et al. (Hg.): *Hegel-Jahrbuch 2017*, Berlin et al.: de Gruyter, 2018, S. 424–429.

Marx, Karl: *Aus der Kritik der Hegelschen Rechtsphilosophie*, in Werke Bd. 1, S. 201–333; zitiert als MEW 1.

ders./Engels, Friedrich: *Deutsche Ideologie*, in: Werke, Bd. 3, Berlin: Dietz, 1969, S. 9–530; zitiert als: MEW 3.

Menger, Philipp: *Die Heilige Allianz*, Stuttgart: Steiner, 2014.

Meyer, Lukas (Hg.): *Legitimacy, Justice and Public International Law*, Cambridge: University Press, 2009.

Meyer, Lukas/Sanklecha, Pranay: Introduction, in: Meyer, Lukas (Hg.): *Legitimacy, Justice and Public International Law*, Cambridge: University Press, 2009, S. 1–28.

Meyer, Philipp Anton Guido (Hg.): *Corpus Iuris Confoederationis Germanicae oder Staatsakten für Geschichte und öffentliches Recht des Deutschen Bundes. Teil 1. Staatsverträge*, Aalen: Scientia, 1978.

Meyer, Thomas: Kant und Hegel über internationale Strafgerichtsbarkeit, in Arndt, Andreas et al. (Hg.): *Hegel-Jahrbuch 2017*, Berlin et al.: de Gruyter, 2018, S. 405–410.

Michelsen, Danny/Walter, Franz: *Unpolitische Demokratie. Zur Krise der Repräsentation*, Berlin: Suhrkamp, 2013.

Milward, Alan S.: *The European Rescue of the Nation-State*, London/New York: Routledge, 2. A., 2000.

Müller-Dohm, Stefan: Die Zivilisierung des Kapitalismus und die Zukunft Europas, in: Repic, Smail (Hg.): *Habermas und der Historische Materialismus*, Freiburg/München: Alber, 2014, S. 203–216.

New York Times: Google Will Not Renew Pentagon Contract That Upset Employees, online abrufbar: https://www.nytimes.com/2018/06/01/technology/google-pentagon-project-maven.html, abgerufen am 30.10.2018; zitiert als: New York Times vom 01. Juni 2018.

Ottmann, Henning: Hegelsche Logik und Rechtsphilosophie. Unzulängliche Bemerkungen zu einem ungelösten Problem, in: Henrich, Dieter/Horstmann, Rolf Peter (Hg.): *Hegels Philosophie des Rechts*, Stuttgart: Klett-Cotta, 1982, S. 382–392.

ders.: Die Weltgeschichte, in: Siep, Ludwig: *G.W.F. Hegel: Grundlinien der Philosophie des Rechts*, Berlin/Potsdam: de Gruyter, 4. A. 2017, S. 281–297.

Padoa-Schioppa, Antonio: Il diritto comune in Europa. Riflezzioni sul declino e sulla rinascita di un modello, in: Caroni, Pio/Dilcher, Gerhard: *Norm und Tradition. Welche Geschichtlichkeit für die Rechtsgeschichte?*, Köln et al.: Böhlau, 1998, S. 193–207.

Peperzak, Adriaan: Zur Hegelschen Ethik, in: Henrich, Dieter/Horstmann, Rolf-Peter (Hg.): *Hegels Philosophie des Rechts*; Stuttgart: Klett-Cotta, 1982, S. 103–131.

ders.: *Hegel contra Hegel in His Philosophy of Right: The Contradictions of International Politics*, in: Journal of the History of Philosophy 32, Jg. 1994, S. 241–263.

Pinkard, Terry: *Does History Make Sense? Hegel on the Historical Shapes of Justice*, London: Cambridge MA, 2017.

Pippin, Robert: Hegel, Freedom, The Will, in: Siep, Ludwig (Hg.): G.W.F. Hegel: *Grundlinien der Philosophie des Rechts*, Berlin/Boston: de Gruyter, 4. A. 2017, S. 23–42.

Planty-Bonjour, Guy: Vorwort, in: Lucas, Hans-Christina/Pöggeler, Otto: *Hegels Rechtsphilosophie im Zusammenhang der europäischen Verfassungsgeschichte*, Stuttgart: frommann-holzboog, 1986, S. 7–10.

Pöggeler, Otto: Der junge Hegel und die Lehre vom weltgeschichtlichen Individuum, in Henrich, Dieter/Horstmann, Rolf Peter (Hg.): *Hegels Philosophie des Rechts*, Stuttgart: Klett-Cotta, 1982, S. 17–37.

Pollak, Johannes/Stockhammer, Christine: Continuity and the challenge of change: The European project towards a European federal state?, in:

Busek, Eberhard: *Kontinuitäten und Brüche*, Wien: Österreich, 2004, S. 351–354.

Popper, Karl: *The Open Society and Its Enemies. Volume 2: Hegel and Marx*, London/New York: Routledge, 1995.

Przylebski, Andrzej: Hegels Korrektur des Kantschen Republikanismus, in Arndt, Andreas et al. (Hg.): *Hegel-Jahrbuch 2017*, Berlin et al.: de Gruyter, 2018, S. 289–294.

Quante, Michael/Erzsébet, Rózsa: Vorwort, in: dies. (Hg.): *Vermittlung und Versöhnung. Die Aktualität von Hegels Denken für ein zusammenwachsendes Europa*, Münster: LIT, 2001, S. 13–14.

Riedel, Manfred: *Studien zu Hegels Rechtsphilosophie*, Frankfurt (Main): Suhrkamp, 1969.

ders.: *Zwischen Tradition und Revolution. Studien zu Hegels Rechtsphilosophie*, Stuttgart: Klett-Cotta, 1982.

Röd, Wolfgang: Der Weg der Philosophie, Bd. 2, München: Beck, 1996.

Rolin, Jan: *Der Ursprung des Staates. Die naturrechtlich-rechtsphilosophische Legitimation von Staat und Staatsgewalt im Deutschland des 18. und 19. Jahrhunderts*, Tübingen: Mohr-Siebeck, 2005

Rosenzweig, Franz: *Hegel und der Staat*, Aalen: Scientia, 1962.

Rothe, Barbara/Türpe, Andrée: Das Wesen des Krieges bei Hegel und Clausewitz, in: Deutsche Zeitschrift für Philosophie, Jg. 1977, S. 1331–1343.

Schiller, Friedrich: *Über Anmuth und Würde*, in: Sämtliche Werke, Bd. 5, München: Hanser, 3. A. 1962, S. 433–488.

Schnädelbach, Herbert: Die Verfassung der Freiheit, in: Siep, Ludwig: *G.W.F. Hegel: Grundlinien der Philosophie des Rechts*, Berlin/Potsdam: de Gruyter, 4. A. 2017, S. 261–280.

Siemens, Stephan/Frenzel, Martina: *Das unternehmerische Wir*, Hamburg: VSA, 2014.

Siep, Ludwig: Das Recht als Ziel der Geschichte, in: Fricke, Christel et al. (Hg.): *Das Recht der Vernunft. Kant und Hegel über Denken, Erkennen und Handeln*, Stuttgart: frommann-holzboog, 1995, S. 355–380.

ders.: Die Bedeutung Europas für Hegel und der hegelschen Philosophie für Europa, in: Quante, Michael/Erzsébet, Rózsa (Hg.): *Vermittlung und Versöhnung. Die Aktualität von Hegels Denken für ein zusammenwachsendes Europa*, Münster: LIT, 2001, S. 15–20.

ders.: *Hegel und Europa*, Paderborn et al.: Schöningh, 2003.

ders.: Kant und Hegel über Krieg und Völkerrecht, in: Janssen, Dieter/Quante, Michael (Hg.): *Gerechter Krieg. Ideengeschichtliche, rechtsphilosophische und ethische Beiträge*, Paderborn: mentis, 2003, S. 100–115.

Spiegel Online: *74 EU-Vertragsverletzungsverfahren gegen Deutschland*, vom 6. Februar 2018, online abrufbar: http://www.spiegel.de/wirtschaft/soziales/74-eu-vertragsverletzungsverfahren-laut-medienbericht-gegen-deutschland-a-1191963.html; abgerufen am 16. Oktober 2018.

Statistisches Bundesamt (Hg.): *Verflechtung der deutschen Wirtschaft mit dem Ausland*, Wiesbaden: Selbstverlag, 2007.

Stercken, Hans: *Die Stellung Deutschlands in Europa*, Saarbrücken: Online-Publikation, 1997; abrufbar unter: https://europainstitut.de/fileadmin/schriften/355.pdf; abgerufen am 16. Oktober 2018.

Stiftung Wissenschaft und Politik: *Implikationen für europäische und internationale Sicherheit*, online abrufbar: https://www.swp-berlin.org/swp-themendossiers/krise-um-die-ukraine/europaeische-und-internationale-sicherheit/, abgerufen am 31. Oktober 2018; zitiert als: SWP: *Themendossier Ukrainekrise.*

Stone, Alison: Hegel and Colonialism, in: *Hegel Bulletin*, Bd. 41 (2), S. 247–270.

Streeck, Wolfgang: Einleitung. Internationale Wirtschaft, nationale Demokratie?, in: ders. (Hg.): *Internationale Wirtschaft, nationale Demokratie: Herausforderungen für die Demokratietheorie*, Frankfurt/New York: Campus, 1998, S. 11–58.

Tagesspiegel: *Was im Handelskrieg auf dem Spiel steht*, online abrufbar: https://www.tagesspiegel.de/wirtschaft/usa-china-europa-was-im-handelskrieg-auf-dem-spiel-steht/22778234.html, abgerufen am 31. Oktober 2018; zitiert als: *Tagesspiegel vom 12. Juli 2018.*

Umbach, Frank/Fulda, Andreas: *Zur Zukunft der EU-China-Beziehungen im 21. Jahrhundert*, in: ASIEN Nr. 89, Jg. 2003, S. 47–56.

Vobruba, Georg: *Die Dynamik Europas*, Wiesbaden: Verlag für Sozialwissenschaften, 2. A. 2007.

Vogel, Rudolf: Über die Legierungen des Goldes mit Wismut und Antimon, in: *Zeitschrift für anorganische Chemie*, Bd. 50, Hamburg/Leipzig: Voss, 1906, S. 146–157.

Wank, Rolf: *Die juristische Begriffsbildung*, München: Beck, 1985

Webster, Charles: *The Congress of Vienna*, London: Thames and Hudson, 1963.

Weil, Éric: *Hegel et l'État*, Paris: Vrin, 1950.

Weiss, Leonhard: *G.W.F. Hegels Geschichtsphilosophie in ihrer Relevanz für ein Verständnis des modernen Europa*, Wien: Diss, 2010.

ders.: *Hegels Geschichtsphilosophie und das moderne Europa*, Münster et al.: LIT, 2012.

Wenke, Hans: *Hegels Theorie des objektiven Geistes*, Halle (Saale): Niemeyer, 1927.

von Winter, Thomas: Die Europapolitik der deutschen Interessenverbände, in: Böttger, Katrin/Jopp, Mathias (Hg.): *Handbuch zur deutschen Europapolitik*, Baden-Baden: Nomos, 2016, S. 187–200.

World Economic Forum/Schwab, Klaus (Hg.): *The Global Competitiveness Report 2018*, Cologny: Selbstverlag, 2018.

Wyschogrod, Edith: *Spirit in Ashes: Hegel, Heidegger, and Man-Made Mass Death*, Yale: University Press, 1985.

Zaczyk, Rainer: *Selbstsein und Recht. Eine rechtsphilosophische Untersuchung*, Frankfurt (Main): Klostermann, 2014.